KB191001

헤르만 헤세가 이야기의 주인공인 에밀 싱클레어라는 필명으로 1919년 발표한 『데미안』
초판의 표지(왼쪽). 『데미안』이 헤르만 헤세의 문체와 같다는 것이 알려지고 신인 문학상
까지 받게 되자 상을 반납한 뒤 헤세 이름으로 1920년 출간된 4쇄의 표지(오른쪽)

헤르만 헤세(1877∼1962)

헤르만 헤세의 서재(스위스 몬타뇰라)

쿠르트 타소티의 헤르만 헤세 동상(독일 칼브)

헤르만 헤세 분수(독일 칼브)

헤르만 헤세 박물관(스위스 몬타뇰라)

헤르만 헤세 서명

헤르만 헤세가 쓰던 타자기

헤르만 헤세 묘지(스위스 젠틸리노)

데미안

에밀 싱클레어의 젊은 날 이야기

일러두기

* 이 책의 원전은 Demian-Die Geschichte von Emil Sinclairs Jugend(Suhrkamp Verlag, 1921)입니다.
* 본문의 각주는 모두 옮긴이가 정리했습니다.
* 부록의 '헤르만 헤세의 문학 세계를 기리며'는 헤르만 헤세의 친구이자 유명한 소설 가인 토마스 만이 『데미안』 영문판(1947년 출간)에 쓴 서문을 번역한 글입니다.

데미안

헤르만 헤세 · 송용구 옮김

Demian

Hermann Hesse

시간과공간사

차례

나는 다만 내 마음속에서 저절로
우러나오는 삶을 살아가려고 했을 뿐이다.
그것이 어째서 그토록 어려웠을까?

　내가 살아온 이야기를 하려면 오래전으로 세월을 거슬러 올라
가야 한다. 할 수만 있다면 그보다 아득히 더 먼 곳, 내 어린 시절
에서 몇 년을 훌쩍 뛰어넘어 조상들이 살던 아주 먼 옛날로 돌아
가야 한다.
　작가들은 소설을 쓸 때면 자기들이 신이라도 된 듯하다. 자기들
이 그 어떤 사람의 인생 이야기라도 낱낱이 꿰뚫어 보고 헤아릴
수 있다는 듯, 신이 사람의 인생 이야기를 자기들에게 직접 들려
주기라도 하는 듯 언제 어디서나 전혀 거리끼지 않고 거침없이 써
내려간다. 하지만 나는 그렇게 할 수는 없다. 사실 작가들도 그렇
게 하면 안 된다. 그리고 작가들이 자기 이야기를 중요하게 생각하
는 것 이상으로 내게는 내 인생 이야기가 중요하다. 이것은 내 이
야기이고 '나'라는 한 인간의 이야기이기 때문이다. 상상해 낸 이
야기가 아니며 있을 수도 있는 인간 이야기도 아니다. 어떤 이상적
인 인간의 이야기가 아니다. 여하튼 지상에 존재하지 않는 어떤 인
간의 이야기가 아니라 실제로 단 하나 존재하고 뚜렷이 살아 있는
'나'라는 인간의 이야기다.

그러나 정말로 살아 있는 인간이 도대체 어떤 인간인지 현대인은 예전 사람들보다 더 모른다. 모든 인간은 자연이 단 한 번 시도해서 생겨난 너무나 소중한 존재인데, 그렇게 귀한 사람들을 총으로 쏘아 무더기로 없애 버리니 말이다.* 우리 모두 단 하나뿐인 인간으로 존재하지 않는다면 이런 이야기를 하는 것 자체가 전혀 의미 없는 일이다. 그 누구든지 한 사람, 한 사람을 총알 하나로 세상에서 모조리 제거할 수 있다면 이런 이야기를 글로 쓰는 것이 무슨 의미가 있는가. 모든 인간은 각자 저 자신일 뿐 아니라 세상의 모든 현상이 교차하는 지점이다. 인간은 누구나 한 번뿐인 지점이자 아주 특별한 지점이다. 어떤 일이 있어도 변함없이 중요하고 독특한 하나의 지점이다. 인간은 누구나 한 번만 고유하게 존재하는 오직 하나밖에 없는 지점이다. 그러므로 인간 각자의 이야기는 소중하고 영원하며 신성하다. 숱한 우여곡절에도 삶을 지탱하며 자연의 뜻을 이루는 인간은 그 누구라도 마땅히 주목할 만한 경이로운 존재다. 모든 인간은 각자 내면에서 정신이 곧 형상이 된다. 각 사람의 내면에서 피조물이 고통받고, 구세주가 십자가에 못 박히는 일**을 경험한다.

지금은 인간이 도대체 어떤 존재인지 아는 사람이 드물다. 무엇이 인간인지 어렴풋이나마 알게 된 사람은 죽을 때 좀 더 가벼워진 마음으로 눈을 감는다. 내가 들려주는 이 이야기를 끝까지 쓴

---

* 이 문장에서 제1차 세계대전과 제2차 세계대전에 대한 헤세의 비판의식과 반전(反戰)의식을 엿볼 수 있다.

** '피조물'은 자연의 모든 생물을 의미한다. 헤세는 '구세주'인 예수 그리스도가 '십자가에 못 박히는 것'은 인간의 죄를 대속(代贖)함으로써 인간을 구원할 뿐 아니라 인간 이외의 다른 피조물까지 모두 '고통'의 굴레에서 해방하여 '자유'를 부여하려는 행위라고 해석한다. 로마서 8장 21절 참조.

다음에는 나도 좀 더 홀가분하게 눈을 감을 것이다.

　나 자신이 무언가를 명쾌히 아는 사람이라고 말하기에는 거리낌이 있다. 나는 끊임없이 그 무언가를 탐구하는 사람이었을 뿐이고, 그것은 지금도 마찬가지다. 하지만 이제는 하늘의 별을 올려다보거나 책을 뚫어지게 바라보면서 그 무언가를 찾지는 않는다. 다만 내 피가 몸속을 흘러가면서 들려주는 내면의 가르침에 귀를 기울이기 시작했다. 내가 하는 이야기는 그다지 유쾌하지도 않고, 상상으로 지어낸 이야기들처럼 감미롭거나 조화롭게 잘 짜인 것도 아니다. 무의미와 혼란이 뒤섞인 맛, 광기 어린 꿈의 맛이 나는 이야기다. 이제 더는 자신을 속이지 않겠다는 의지가 있는 모든 사람의 인생 같은 이야기다.

　그 누구든 각자 인생은 자기 자신에게 이르는 길이다. 인생은 자기 자신에게 가는 길을 열려는 노력이며, 그 좁다란 오솔길을 가리키는 이정표다. 세상에서 아무도 완전하게 자기 자신이 되어본 적은 없지만 누구나 자기 자신이 되려고 노력한다. 어떤 사람은 다소 희미하게, 어떤 사람은 아주 분명하게 누구나 고유한 방식으로 자기 자신이 되려고 애를 쓴다. 그 누구든 출생 뒤에 남은 찌꺼기를, 자신을 낳아준 근원의 점액과 알 껍질을 죽을 때까지 몸에 지니고 길을 간다. 어떤 이들은 결코 인간이 되지 못한 채 개구리, 도마뱀, 개미로 남아 있다. 어떤 이들은 윗몸은 인간이고 아랫몸은 물고기로 남아 있기도 하다. 그러나 이 모든 것 또한 그들에게 인간이 되라고 자연이 내던진 일이다. 모든 사람이 태어난 유래는 다르지 않다. 모두 같은 어머니를 두었다. 우리는 모두 같은 심연에서 나왔다. 그 심연에서 바깥으로 던져진 하나의 시도가 바로 인간이다.

그러기에 누구나 자기 자신만의 목적지를 향해 나아간다. 우리는 서로 상대방을 이해할 수 있다. 하지만 인생의 의미를 온전히 해석할 수 있는 건 오직 자기 자신뿐이다.

1

두 세계

열 살 무렵 작은 도시에 있는 라틴어 학교에 다닐 때 겪은 일로 이야기를 시작하려 한다.

그 유년의 세월에서 짙은 향기가 밀려 들어와 내면에서부터 고통과 유쾌한 전율로 나를 흔든다. 어두운 골목길과 환한 집과 탑들, 시간을 알리는 종소리와 사람들 얼굴, 따뜻하고 아늑함과 쾌적함이 넘치는 방, 비좁지만 다사로운 방, 작은 토끼와 하녀들, 상비약, 말린 과일이 서로 어우러진 향기가 감돈다. 거기에는 서로 다른 두 세계가 뒤섞여 있다. 두 세계의 양쪽 끝에서 낮과 밤이 나왔다.

두 세계 중 하나는 아버지 집이었다. 그 세계는 너무 좁아서 사실 부모님밖에 없는 세계였다. 그래서인지 나는 그 세계를 속속들이 잘 알았다. 그 세계는 어머니와 아버지라는 이름으로, 사랑과 엄격함이라는 이름으로, 모범과 학교라는 이름으로 불렸다. 세계에 속한 것들은 다사로운 광채, 맑음과 깨끗함, 나긋하고 다정한 이야기, 깨끗이 씻은 손, 말끔한 옷, 일상의 좋은 습관이었다. 그 세계는 아침에 찬송가를 부르고 크리스마스 축제를 즐기는 곳이었다. 그 세계에는 미래로 이어지는 선들과 길들이 있었다. 또한 의무와 죄, 양심의 가책과 참회, 용서와 선한 의도, 사랑과 존경, 성경 말씀과 지혜가 있었다. 인생을 선명하고 깨끗하게, 아름답고 가지런하게 정돈하려면 그 세계에 남아 있어야만 했다.

또 다른 세계는 우리 집 한가운데서 시작되었지만 앞의 세계와는 전혀 다른 세계였다. 냄새도 달랐고, 주고받는 말도 달랐고, 약속도 요구도 달랐다. 그 두 번째 세계 안에는 하녀들과 직공들이 살았다. 귀신 이야기와 추한 소문이 있었다. 소름 끼칠 만큼 공포스러운 것들, 유혹하는 것들, 무언가 섬뜩한 것들, 수수께끼 같은 것들이 그곳에 있었다. 도살장과 감옥이 있었고 술꾼들과 악을 쓰며 다투는 여자들도 있었다. 그곳에는 새끼를 낳는 암소들과 쓰러진 말들이 있었다. 강도가 갑자기 습격하기도 하고 살인을 저지르는가 하면 자살하는 일도 있었다. 아름답지만 너무나 무서운 일들, 사납고도 잔혹한 일들이 사방에 널려 있었다. 그런 일들이 다름 아닌 옆집과 옆 골목에서 있었다. 부랑자들과 경찰관들이 돌아다녔다. 주정뱅이들은 아내를 흠씬 두들겨 팼다. 저녁 무렵에는 공장에서 젊은 여자들이 한데 엉겨 붙은 덩어리처럼 떼 지어 걸어 나왔다. 늙은 여자들은 마음만 먹으면 누구에게나 마술을 걸 수 있었고 병이 나게 할 수도 있었다. 숲속에는 도둑 무리가 살았다. 방화자들은 그들을 추적하는 경관들에게 이내 붙잡혔다. 아버지 어머니가 살았던 우리 집을 제외하고는 어디에서나 이 두 번째의 격렬한 세계가 솟구쳐 오르며 특유의 냄새를 내뿜었다. 그것은 참 좋았다. 우리 집에 평화와 질서와 휴식이 있다는 것, 선한 양심과 의무가 있고 용서와 사랑이 있다는 것이 놀랍도록 마음에 들었다. 이것과는 다른 모든 것, 째지는 듯 요동치는 소음이 있고 어둡고도 폭력적인 것이 있긴 했지만 그것들에서 한 발짝만 벗어나면 어머니에게로 안전하게 피신할 수 있다는 것이 이루 말할 수 없이 좋았다.

도무지 이해되지 않는 일은 서로 다른 그 두 세계가 나란히 붙어 있다는 사실이었다. 어쩌면 이렇게 가까울 수 있을까 하는 생각이 들 정도로 두 세계는 잇닿아 있었다. 이를테면 저녁 예배 시간에 우리 집 하녀 리나는 거실로 들어오는 문 옆에 앉아 깔끔하게 다린 앞치마 위에 깨끗이 씻은 두 손을 가만히 올려놓은 채 쾌활한 목소리로 우리 가족과 함께 노래를 부르곤 했다. 그때마다 리나는 한 번도 어긋남 없이 아버지와 어머니의 세계, 우리의 세계, 밝고 올바른 세계에 속한 사람이었다. 그러다가도 언제 그랬냐는 듯 이내 부엌이나 장작을 포개놓은 헛간에서 나에게 머리 없는 난쟁이 이야기를 들려주거나 조그만 푸줏간에서 이웃 여자들과 팔을 걷어붙이고 싸울 때는 전혀 다른 사람이 되었다. 리나는 다른 세계에 속해 있었다. 비밀에 에워싸인 사람이었다. 리나만이 아니라 모든 것이 그랬다. 나 자신이 가장 그랬다. 물론 나는 밝고 올바른 세계에 속해 있었다. 나는 내 부모님의 아이였으니 그럴 수밖에 없었다. 그러나 내 눈과 귀가 향하는 곳에는 어디에나 다른 세계가 있었다. 그 다른 것이 나에게는 가끔 낯설고 섬뜩했으며 그것과 맞닥뜨릴 때면 늘 양심의 가책과 불안에 사로잡혔지만, 나는 그 다른 세계 속에서도 살고 있었다. 금지된 세계 속에서 사는 것을 아주 좋아하기까지 했다. 그러다 보니 밝은 세계로 돌아오는 것이 그토록 필요하고 좋은 일이라고 해도, 덜 아름다운 세계, 더 지루한 세계, 더 황량한 세계로 돌아오는 것만 같았다. 종종 내 인생의 목표는 아버지와 어머니처럼 되는 것, 그분들처럼 밝고 깨끗해지는 것, 그토록 차분하고 반듯하게 정돈된 상태가 되는 것임을 나는 잘 알았다. 하지만 그곳에 이르는 길은 너무나 멀었다. 그곳에 도달하려면 학교에 다니면서 열심히 공부하고 대학이라는 관문을 거쳐 숱한 시험을 보아야만 했다. 그 길은 언제나 또 다른 어두운 세계를 지나가거나 그 세계의 한가운데를 관통하는 길이었다. 그 세계에 머물러 깊이 빠져드는 것도 전혀 불가능한 일은 아니었다. 그렇게 또 다른 어두운 세계 속에 빠져드는 것을 경험한 탕아蕩兒들 이야기가 있었다. 나는 그런 이야기들을 즐겨 읽고 또 읽었다. 그 탕아들 이야기에서는 언제나 아버지와 선한 세계로 돌아오는 것이 구원이며 훌륭한 일이었다. 나는 이것만이 올바르고 선하고 바람직한 일이라고 마음속에 뚜렷이 되새기고 있었다. 그렇지만 그 이야기 가운데서도 악한 자들과 탕아들 사이에 일어나는 이야기 전개가 훨씬 더 재미있었다. 숨김없이 말한다면 탕아가 죄를 깊이 뉘우치고 다시금 아버지와 선한 세계로 돌아와 구원받는다는 것이 생각할수록 유감스러운 일이었다. 그러나 유감스러운 것을 입 밖으로 말해서는 안 되었고 생각해서도 안 되는 상황이었다. 그런 것은 예감이나 가능성 정도로만 내 감정의 가장 깊은 곳에 꼭꼭 숨겨두어야만 했다. 악마를 머릿속에 그려 볼 때면 그가 변장한 모습이든 변장하지 않은 모습이든 저 아래 사람들이 다니는 길거리나 시장 한복판이나 술집에 있는 그의 모습이 아주 또렷하게 떠올랐다. 하지만 우리 집에 있는 악마의 모습은 도무지 머릿속에 그려

지지 않았다.

　내 누이들도 부모님과 마찬가지로 밝은 세계에서 살고 있었다. 누이들의 타고난 기질이 아버지와 어머니에게 더 가까이 속해 있다는 생각을 떨쳐버릴 수 없었다. 누이들은 나보다 더 선하고 예의 바르며 잘못을 저지르는 일이 드물었다. 물론 누이들에게도 결점이 있고 좋지 못한 습관이 있었지만 내게는 그것이 그다지 심각할 정도는 아니라는 생각이 들었다. 누이들은 나와는 다른 사람들이었다. 밝은 세계보다는 어두운 세계에 훨씬 더 가까이 기울어져 악한 사람과 만나면서 자주 고통받고 아파하던 내 상황만큼 심각하지는 않았다. 누이들은 부모님처럼 귀하게 대우받고 존중받아야 할 사람들이었다. 누이들과 다투고 나서도 시간이 흐르면 내 양심에 비추어 언제나 스스로 잘못한 나쁜 사람임을 시인하면서 그들에게 용서를 빌어야 했다. 누이들을 업신여기는 것은 그들 안에 계시는 부모님을, 선함과 율법을 모독하는 일이었다. 누이들보다는 오히려 거리의 방탕한 소년들과 주고받을 수 있는 비밀들이 있었다. 세상이 밝게만 보이고 양심에 거리낌이 전혀 없는 평화로운 날에는 누이들과 어울려 노는 것, 그들과 더불어 선하고 조신하게 지내며 착실하고 기품 있는 내 모습을 보는 일이 흐뭇하고 즐거웠다. 천사라면 당연히 그래야 했다. 천사가 된다는 것은 우리가 알고 있는 최고 경지였다. 천사가 되는 것을 우리는 달콤하고 경이로운 일이라고 생각했다. 크리스마스나 행복처럼 밝은 가락과 향기에 에워싸인 것으로 감격스럽게 여겼다. 아, 그토록 경이로운 시간과 나날들은 얼마나 드물었던가? 우리에게 허락된 천진난만한 놀이를 즐기는 동안에도 나는 격정에 휩싸여 누이들이 감당하기 어려운 거친 행동을 마다하지 않았고, 즐겁던 놀이는 싸움과 불행한 상황으로 이어지곤 했다. 치밀어오르는 분노에 휩쓸려 나는 섬뜩함이 느껴질 정도로 사나운 말과 행동을 마구 해댔다. 그런 말과 행동을 아무렇지도 않게 하는 동안에 나는 그것이 얼마나 잘못된 짓인지 절실히 느꼈다. 그 후에는 후회와 자책에 휩싸이는 어둡고 우울한 시간이 다가오고, 누이들에게 용서를 구하는 고통스러운 순간이 찾아왔다. 그런 다음에야 다시 광명의 빛이 비치고 몇 시간 또는 몇 순간 불화 없는 고요하고 고마운 행복이 이어졌다.

나는 라틴어 학교에 다녔다. 우리 학급 아이들 중 시장의 아들과 수석 삼림 공무원의 아들이 가끔 우리 집에 놀러 오곤 했다. 거칠고 사나운 녀석들이었지만 어른들이 정해놓은 선한 세계에서는 벗어나지 않는 아이들이었다. 그런데도 평상시에 나는 우리가 꼴보기 싫어하던 이웃 아이들과 가깝게 지냈다. 그들은 내가 다니는 라틴어 학교가 아니라 공립학교 학생들이었다. 그들 중 한 아이와 관계있는 내 이야기를 지금부터 하려고 한다.

수업이 없는 어느 날 오후였다. 열 번째 생일을 지낸 지 얼마 안되었을 때 나는 친구 녀석 둘과 함께 우리 집 근처를 쏘다녔다. 그때 덩치 큰 사내아이가 우리 앞으로 다가왔다. 열세 살쯤으로 무척 억세 보이는 그 녀석은 공립학교 학생이었다. 재단사인 그 애 아버지는 술주정뱅이였고 그 애 가족 모두 좋지 않은 사람들로 소문이 나 있었다. 그렇기에 나도 프란츠 크로머라는 이름을 잘 알았다. 나는 그 애가 무서웠다. 게다가 느닷없이 그 애가 우리 틈에 끼어드니 불쾌했다. 그 애는 나이에 맞지 않게 어른처럼 보였고 젊은 기계공들의 걸음걸이와 말투를 흉내 냈다. 그 애가 밀어붙이는 대로 우리는 다리 옆에서 강변 쪽으로 내려갔다. 첫 번째 교각 밑에서 우리는 눈에 띄지 않게 몸을 숨겼다. 아치형 교각과 느릿느릿 흐르는 강물 사이 좁다란 강변은 쓰레기로 뒤덮여 있었다. 깨진 유리 조각, 잡동사니들, 녹슨 철사와 그 밖의 쓰레기들이 여기저기 널려 있었다.

그곳에서는 가끔 쓸 만한 물건들이 눈에 띄기도 했다. 프란츠 크로머가 시키는 대로 우리는 쓰레기들을 샅샅이 뒤져 찾아낸 물건들을 그 애에게 보여주어야 했다. 그러면 크로머는 그 물건을 자기 호주머니에 넣기도 하고, 강물에 던져버리기도 했다. 그 애는 우리가 찾아낸 물건 가운데 납이나 구리 또는 주석으로 된 것이 있는지 주의 깊게 살펴보라고 하고는 그런 것들은 보여주는 대로 자기 호주머니에 챙겨 넣었다. 뿔로 만든 낡고 허름한 빗도 냉큼 호주머니에 넣었다. 크로머와 어울릴수록 압박감을 떨쳐버릴 수 없었다. 그 애와 만나는 것을 아버지가 알기라도 하는 날에는 당장이라도 만나지 못하게 하리라는 사실을 알았기 때문만은 아니었다. 마음이 짓눌리는 것은 그 애가 두렵기 때문이기도 했다. 물론 그 애가 나를 받아주고 다른 아이들과 똑같이 대해 준다는 것은 기쁜 일이었다. 크로머는 명령을 내렸고 우리는 그에게 복종했다. 그 애와 처음 함께 있었지만, 그렇게 명령하고 복종하는 것이 마치 오랫동안 해온 일처럼 익숙하게 느껴졌다.

이윽고 우리는 맨땅에 앉았고 크로머는 강물에 침을 뱉었다. 그 애는 어른처럼 보였다. 이 사이로 침을 뱉으면 어느 방향이든 원하는 곳을 겨냥해 맞혔다. 크로머가 이야기를 늘어놓기 시작했다. 그에 맞추어 아이들은 학생으로 저지를 수 있는 갖가지 영웅적 행위와 나쁜 짓을 뽐내듯 우쭐대며 떠들어댔다. 나는 한마디도 하지 않았지만 그것이 오히려 눈에 거슬려 크로머의 화를 돋울까 봐 몹시 두려웠다. 다른 두 친구는 크로머를 만나자마자 나와 거리를 두고 자기들은 그 애 편이라고 떠들어댔으므로 나는 그들 속에 있으면서도 이방인이나 다름없었다. 내 옷차림이나 태도가 그 애들 기분을 상하게 한다는 사실을 나는 알고 있었다. 크로머가 라틴어 학교 학생에다 괜찮은 집안 아들인 나를 탐탁지 않게 여기는 것은 당연했다. 두 친구는 내가 크로머에게 곤란한 일을 당해도 못 본 척하리라는 것을 나는 이미 알고 있었다.

끝내 두려움을 떨쳐버리지 못한 나는 이야기를 꾸며대기 시작했다. 도둑 이야기를 그럴싸하게 지어내 나를 도둑질의 주인공으로 만들어 버렸다. 어둑한 밤에 모퉁이 물방앗간 옆에 있는 과수원에서 친구와 함께 사과를 훔쳐 자루에 가득 담아왔다고 얘기를 늘어놓았다. 누구나 알고 있는 흔한 사과가 아니라 최상품인 라이네테*와 골트파르메네**만 골라 훔쳐 왔다고 말이다. 두려움에서 오는 순간의 위험에서 벗어나려고 이야기 속으로 달아나 버린 것이다. 그럴듯하게 꾸며낸 이야기를 늘어놓는 것은 내게 쉬운 일이었다. 이야기하다가 금방 말문이 막혀 더 곤혹스러운 상황에 빠지는 일은 없어야 했기에 나는 온갖 잔꾀를 다 부리며 이야기를 이어갔다. "우리 중 한 명은 계속 망을 보아야 했어. 다른 한 명은 나무에 올라가서 사과를 밑으로 던졌지. 사과를 훔쳐 담은 자루가

---

* 라이네테(Reinette): 사과 품종의 하나. '레네테(Renette)'와 같다.
** 골트파르메네(Goldparmäne): 사과 품종의 하나.

너무 무거워서 어쩔 수 없이 다시 자루를 풀어 사과를 절반쯤 놔두고 올 수밖에 없었어. 하지만 반 시간 정도 지난 뒤에 다시 가서 나머지 절반도 가져왔지."

나는 이야기를 마치면서 박수가 나오리라고 조금은 기대했다. 마지막에는 몸이 열기로 달아올랐다. 이야기를 꾸며내는 희열에 흠뻑 빠진 것이다. 작은 두 아이는 잠자코 지켜볼 뿐이었지만 크로머는 실눈을 뜨고 나를 뚫어지게 노려보며 위압적인 목소리로 물었다. "정말 그랬단 말이야?"

"물론이지." 내가 대답했다.

"그러니까 정말로 그랬단 말이지?"

"그래, 정말로 그랬다니까." 나는 속으로는 겁에 질려 숨이 막힐 지경이었지만 아무렇지도 않은 척 힘주어 말했다.

"맹세할 수 있어?"

나는 너무 놀랐지만 곧바로 그렇다고 대답했다.

"그러면 이렇게 말해. 하느님을 걸고 하늘의 축복을 걸고 맹세한다고!"

나는 말했다. "하느님을 걸고 하늘의 축복을 걸고 맹세해."

"그럼 됐어." 그 애는 몸을 돌렸다.

나는 그것으로 일이 잘 해결되었다고 생각했다. 크로머가 곧 일어나 집으로 돌아가려는 모습을 보니 마음이 놓였다. 우리가 다리 위에 이르렀을 때 나는 이제 집에 가야 한다고 멋쩍은 듯 말했다.

"그렇게 서두를 것 없어." 크로머가 웃었다. "우리는 같은 길로 갈 텐데 뭘 그래."

그 애는 급할 것 없다는 듯 느긋하게 걸어갔고 나는 다른 길로 갈 엄두가 나지 않았다. 그런데 그 애는 정말로 우리 집 쪽으로 갔다. 집에 다 왔을 때, 우리 집 현관문과 두툼한 구리 문의 손잡이, 창문을 적시는 햇살, 어머니 방의 커튼이 보이자 나는 비로소 참았던 숨을 깊이 내쉬었다. 아, 이제야 집으로 돌아왔구나! 아, 집으로, 밝은 곳으로, 평화의 안식처로 돌아오다니 이 얼마나 기쁘고 행복한가!

내가 서둘러 문을 열고 살며시 집 안으로 들어가 등 뒤로 문을 닫으려는 순간 크로머가 문을 밀고 나를 따라 들어왔다. 안마당 쪽에서만 햇살이 흘러들어와 서늘하고 어둑한, 타일 깔린 복도에서 그 애는 내 옆에 붙어 서서 내 팔을 붙잡고 나지막이 말했다. "너, 그렇게 서둘지 말라고!"

나는 소스라치게 놀라서 그 애를 바라보았다. 내 팔을 꽉 붙잡은 그 애의 손이 무쇠처럼 단단했다. 그 애는 무슨 속셈일까, 어쩌면 나를 괴롭히려는 걸까. 나는 곰곰이 생각해 보았다. 지금이라도 내가 소리를 지른다면, 다급하게 큰 소리를 질러댄다면, 위층에서 누군가 재빨리 나를 구하러 내려오지 않을까? 이런 생각이 꼬리를 물었지만 곧 마음을 접었다.

"무슨 일인데?" 내가 물었다. "뭘 어쩌려고?"

"뭐 별거 아냐. 너한테 뭘 좀 물어볼 게 있어서. 다른 사람들은 들을 필요도 없는 얘기야."

"그래? 좋아. 나보고 무슨 얘기를 더 하라는 거야? 난 올라가야 해. 너도 알잖아."

"너도 알지." 크로머가 나지막이 말했다. "모퉁이 물방앗간 옆 과수원이 누구네 것인지?"

"아니, 난 몰라. 물방앗간 주인 것이겠지."

프란츠는 내 어깨를 팔로 감싸안아 자기 몸에 밀착하듯 바싹 끌어당겼다. 어쩔 수 없이 나는 바로 코앞에서 그 애 얼굴을 볼 수밖에 없었다. 그 애의 두 눈은 사악해 보였고 입가에는 음흉한 미소가 흘렀으며 얼굴은 잔인한 기운으로 가득 차 있었다.

"그래, 그 과수원이 누구네 것인지 말해 주지. 난 오래전부터 그 집 사과가 도둑 맞아왔다는 사실을 알고 있었지. 그 주인이 과일을 훔쳐 간 놈을 알려주는 사람에게 2마르크*를 주기로 약속했다는 것도 말이야."

"이럴 수가!" 나는 소리쳤다. "하지만 과수원 주인한테 고자질하려는 건 아니지?"

나는 그 애의 명예심에 기대를 걸어봤자 소용없다는 것을 느꼈다. 다른 세계에서 온 크로머에게 배신은 범죄가 아니었다. 그걸 나는 똑똑히 느꼈다. 이런 일에서는 '다른' 세계 사람이 우리와 같을 리 없다는 것을.

"주인한테 고자질하지 말라고?" 크로머가 웃었다. "이것 봐, 친구. 내가 동전 2마르크를 만들어 낼 수 있는 화폐 위조범이라도 되는 줄 알아? 난 가난한 놈이라고. 너처럼 부자 아버지를 두지도 않았어. 2마르크를 벌 수만 있다면 당연히 벌어야지. 어쩌면 주인이 좀 더 줄지도 모르고."

그 애는 갑자기 나를 다시 놓아주었다. 우리 집 복도에서 더는 평화와 안전의 향기가 나지 않았다. 나를 에워싼 세계가 통째로 무

---

* 마르크(Mark): 지금의 유로(EURO)화로 바뀌기 전 독일 화폐.

너져 버렸다. 그 애는 나를 범죄자라고 고발하겠지. 그 말이 아버지 귀에 들어갈 테고. 어쩌면 경찰이 우리 집에 들이닥칠지도 몰라. 온갖 혼돈의 공포가 나를 위협했고, 추악하고 위험한 모든 것이 내 앞을 가로막았다. 내가 사과를 훔치지 않았다는 사실은 전혀 중요하지 않았다. 더욱이 나는 맹세까지 하지 않았던가. 맙소사, 이를 어쩌지!

눈물이 핑 돌았다. 크로머에게 값을 치르고라도 나를 구해야겠다는 생각이 들었다. 허둥지둥 호주머니 여기저기를 뒤졌지만 사과도, 주머니칼도 없었다. 아무것도 없었다. 그때 문득 내 시계가 생각났다. 할머니에게서 물려받은 낡은 은시계였다. 바늘이 멈춰버린 시계를 '그냥 그저' 가지고 다녔는데, 얼른 그 시계를 꺼냈다.

나는 말했다. "크로머, 내 말 좀 들어봐. 날 신고하면 안 돼. 그건 너한테도 좋을 게 없어. 내 시계를 줄게. 자 봐, 이것 말고는 가진 게 없다고. 너 가져도 돼. 이건 은시계야. 좋은 물건이지. 좀 고장난 데가 있긴 하지만 고쳐서 쓰면 문제없어."

그 애는 미소를 지으며 큼직한 손으로 시계를 받았다. 그 애의 손을 보며 나는 그것이 얼마나 야비하고 나에 대한 깊은 적대감으로 가득 차 있는지, 그 손이 내 삶과 평화를 얼마나 모질게 움켜쥐고 있는지 실감했다.

"은시계야." 나는 잔뜩 움츠린 채 말했다.

"이까짓 은이나 낡은 시계는 집어치우지!" 그 애가 몹시 경멸하는 태도로 말했다. "이건 너나 고쳐 쓰라고!"

"크로머!" 나는 그 애가 그냥 가버릴까 봐 불안에 떨며 소리쳤다. "잠깐만 기다려 봐! 이 시계 너 가져! 이건 정말 은시계야. 진짜라고. 이것 말고는 내가 가진 게 없어."

그 애는 경멸하는 눈초리로 나를 바라보았다.

"그러니까 지금 내가 누구에게 갈지 너도 잘 안다는 거지. 아니면 경찰에게 이 사실을 말할 수도 있어. 잘 아는 경찰 아저씨가 있거든."

그 애가 등을 돌려 가려고 했다. 나는 그 애의 소맷자락을 붙잡았다. 그대로 두면 안 되었다. 그 애가 이대로 가버렸을 때 일어날 모든 일을 견뎌낼 엄두가 나지 않았다. 차라리 죽는 편이 훨씬 더 나으리라는 생각이 들었다.

"크로머." 나는 몹시 흥분해서 쉰 목소리로 애원했다. "어리석은 짓은 하지 마! 그냥 장난으로 그러는 거지?"

"맞아, 장난이야. 하지만 너는 장난의 대가를 비싸게 치러야 할 거야."

"말해 봐, 크로머. 내가 뭘 하면 되는지! 뭐든 다 할게!"

그 애는 실눈으로 내 아래위를 훑어보고는 또 껄껄 웃었다.

"멍청하기는!" 그 애가 착한 척하며 말했다. "나만큼 너도 잘 알잖아. 지금 나는 2마르크를 벌 수 있다고. 나는 그 돈을 무시할 만큼 부자가 아니야. 그건 너도 잘 알잖아. 하지만 너는 부자야. 은시계도 있고. 그냥 내게 2마르크만 줘. 그거면 돼."

나는 그제야 그 애가 무엇을 바라는지 알아챘다. 하지만 2마르크라니! 그것은 10마르크, 100마르크, 1,000마르크처럼 내겐 손에 넣을 수 없는 큰돈이었다. 나는 돈이 없었다. 어머니 방에 작은 저금통이 있었지만 거기에는 삼촌이 올 때나 손님이 방문할 때 받은

10페니히*와 5페니히 동전 몇 닢이 들어 있을 뿐이다. 그것 말고는 돈이 없었다. 내가 아직 용돈을 받을 나이가 아니었으니 돈이 있을 리 없었다.

"가진 게 아무것도 없어." 나는 처량하게 말했다. "돈이 한 푼도 없다고. 하지만 돈 말고는 네가 달라는 대로 다 줄게. 인디언 이야기 책도 있고, 장난감 병정도 있고, 나침반도 있어. 그걸 가져다줄게."

크로머는 뻔뻔한 얼굴로 심술궂게 입을 씰룩거리더니 땅바닥에 침을 뱉었다.

"헛소리하지 마!" 그는 명령하듯 말했다. "그런 허접쓰레기 같은 물건들은 너나 가져. 나침반이라고? 날 화나게 하지 마. 잘 들어, 돈을 가져와!"

"하지만 난 돈이 없는데 어떡하라고. 돈을 받아본 적이 없다니까. 어쩔 수 없어!"

"어쨌든 내일 2마르크 가져와. 학교 끝나고 저 아래 시장에서 기다릴 테니까. 그걸로 끝내자. 돈을 안 가져오면 어떻게 되는지 알지!"

"그래, 하지만 돈을 어디서 가져오라고? 어쩌면 좋지, 난 돈이 없는데."

"너희 집에는 돈이 많잖아. 그건 네가 알아서 해. 그럼 내일 방과 후에 보자. 다시 말하지만, 네가 돈을 안 가져오면……." 그 애는 무서운 눈길로 나를 노려보더니 침을 한 번 더 뱉고 그림자처럼 사라졌다.

---

* 화폐 단위가 유로화로 바뀌기 전 1마르크는 100페니히(Pfennig)였다.

나는 계단을 올라갈 수 없었다. 내 인생은 산산이 부서지고 무너졌다. 이대로 도망가서 다시는 돌아오지 않거나 물에 빠져 죽어버릴까 생각했다. 하지만 그런다고 해서 해결될 일이 아니었다. 나는 어둠이 깔린 계단의 맨 아래 칸에 주저앉아 몸을 잔뜩 웅크리고 불행에 온몸을 내맡겼다. 리나가 광주리를 들고 장작을 가지러 내려오다가 울고 있는 나를 보았다.

나는 식구들에게 아무 말도 하지 말라고 리나에게 부탁하고는 이층으로 올라갔다. 유리문 옆 옷걸이에 아버지 모자와 어머니 양산이 걸려 있었다. 이런 모든 물건에서 고향의 다사로운 향기가 강물처럼 흘러들어왔다. 집을 떠나 방황하던 탕아가 고향으로 돌아와 옛 방들을 보고 평온한 향기에 젖어드는 것처럼 내 마음은 고마움에 겨워 간절하게 그 다사로운 향기를 품어 안았다. 하지만 그 모든 것이 이제 더는 내 것이 아니었다. 그 모든 것은 아버지와 어머니의 밝은 세계에 속했다. 나는 죄를 지은 채 낯선 밀물에 휩쓸려 깊이 가라앉았고 모험과 죄에 얽혀 적에게 위협받는 신세였다. 나를 기다리는 것은 위험과 두려움과 수치였다. 아버지 모자와 어머니 양산, 세월의 주름이 새겨진 멋진 사암^{砂巖} 바닥, 현관 장식장 위에 걸려 있는 큼직한 그림, 거실 안쪽에서 들려오는 누나들의 목소리. 그 모든 것이 이전보다 더 사랑스럽고 다사롭고 소중하게 느껴졌지만 그것은 이제 더는 내게 위안이 되지 못했고 안전한 보화도 아니었다. 단지 책망으로 다가올 뿐이었다. 이 모든 것은 이제 내 것이 아니었다. 사물 하나하나에 배어 있는 쾌활함과 고요함을 이제 마음껏 누릴 수 없었다. 나는 매트에 쓱 문질러 털어버릴 수 없는 더러운 것을 두 발에 덕지덕지 묻혀 왔다. 고향 사람들이 짐작조차 하지 못하는 어둠의 그림자를 휘감고 왔다. 그동안 얼마나 많은 비밀을 감추어 왔고 얼마나 많은 두려움에 짓눌려 왔던가. 하지만 오늘 내가 우리 집 안으로 끌고 들어온 그림자에 비하면 그 모든 비밀과 두려움은 그저 장난이고 농담일 뿐이었다. 운명이 나를 바짝 뒤쫓아 왔고 손들이 나를 붙잡으러 따라붙었다. 어머니도 그 손들에서 나를 보호해 줄 수 없고 또 그들을 알아서도 안 되었다. 내가 지은 죄가 도둑질인지 거짓말인지는 중요하지 않았다. 나는 하느님과 하늘의 축복을 걸고 거짓 맹세까지 하지 않았던가? 내 죄는 이런 것이냐 저런 것이냐를 따질 만한 것이 아니었다. 내 죄는 잡지 말아야 할 악마의 손을 덥석 잡았다는 것이었다. 왜 나는 그 애와 함께 갔을까? 아버지 말씀도 순순히 따르지 않는 내가 왜 크로머의 말에 복종했을까? 어째서 나는 그 도둑질 이야기를 꾸며냈을까? 영웅의 무용담이라도 들려줄 듯 있지도 않은 범죄 이야기를 자랑삼아 떠들어댔을까? 이제는 악마가 내 손을 잡았고 적이 내 뒤를 바짝 쫓아온다.

한순간 나를 사로잡은 것은 내일 벌어질 일에 대한 두려움이 아니었다. 무엇보다 내 길이 점점 더 곤두박질쳐서 어둠 속으로 빨려 들 것이라는 끔찍한 확신이 순식간에 몸을 굳어버리게 했다. 내가 저지른 죄에서 새로운 죄가 꼬리를 물 테고, 누나들 앞에 떳떳이 서 있는 것과 부모님께 인사하고 입을 맞추는 것이 거짓이며, 내 마음속에 꼭꼭 감춰둔 운명과 비밀을 몸에 지니고 다녀야 한다는 것이 뚜렷이 느껴졌다.

눈을 들어 아버지 모자를 바라보았을 때, 한순간이나마 마음속 깊은 곳에서 신뢰와 희망의 불빛이 솟아올랐다. 아버지에게 모든 일을 털어놓고 아버지가 내리는 벌을 받아야지. 아버지에게 비밀을 고백하고 아버지 손길로 수렁에서 벗어나야지. 늘 그래왔듯이 뉘우치기만 하면 되겠지. 고통스러운 시간을 보내더라도 뼈를 깎는 마음으로 반성하면서 용서를 빌면 되겠지.

마음속에서 울려 나오는 생각은 얼마나 달콤했던가! 나를 유혹하던 그 생각은 얼마나 근사했던가? 하지만 그 생각대로 되지 않았다. 내가 그렇게 하지 않으리라는 것을 나는 잘 알고 있었다. 이제 내게는 비밀이 생겼고 나 혼자서만 짊어지고 가야 하는 죄를 지었다. 어쩌면 나는 지금 갈림길에 서 있는지도 모른다. 어쩌면 나는 이 시간부터 영원히 나쁜 편에 속해서 악한 자들과 비밀을 나누고 그들에게 얽매여 복종하며 그들과 같은 부류가 되어야하는지도 모른다. 우쭐대면서 남자인 양, 영웅인 양 뽐냈으니 이제그 뒷감당을 해야만 한다.

내가 방으로 들어왔을 때 아버지가 내 신발이 젖었음을 꾸짖으신 것이 차라리 다행스러웠다. 그 일에 신경 쓰다 보니 아버지는 더 나쁜 일을 알아채지 못했고, 나는 슬그머니 다른 일을 끌어들여 아버지 꾸지람을 참아낼 수 있었다. 바로 그때 이상하고도 새로운 감정이, 갈고리가 들쑤셔 놓은 듯한 사악하고 서슬 퍼런 칼날같은 감정이 내 안에서 불꽃을 뿜었다. 내가 아버지보다 우월하다는 느낌이었다. 비록 한순간이었지만, 아버지가 아무것도 모른다고 생각하니 경멸감을 떨쳐버릴 수 없었다. 신발이 젖었다는 아버지의 꾸지람이 별일 아닌 것으로 생각되었다. '아버지가 자초지종을 알기라도 한다면!' 이런 생각이 떠오르면서 나는 살인죄를 털어놓아야 하는 상황에 겨우 빵 하나 훔쳤다는 이유로 심문을 받는 범죄자가 된 기분이었다. 그 기분은 몹시 불쾌하고 역겨웠지만 강렬하게 다가오는 깊은 매력이 있었다. 그것은 다른 어떤 생각보다도 더 확고히 내 비밀과 죄에 나 자신을 옭아맸다. 어쩌면 지금쯤 크로머가 경찰서에 가서 나를 고발했을지도 모른다. 폭풍우가 머리 위로 휘몰아치는데 여기서 고작 어린아이 취급이나 받는 것이 말이 되는가!

지금까지 이야기한 모든 체험 가운데 결코 잊을 수 없는 중요한 기억의 조각은 바로 이 순간이다. 이것은 아버지의 신성함에 처음으로 낸 흠집이었고, 내 유년 시절을 지탱하던 기둥들, 누구나 진정한 자기 자신이 되려면 무너뜨려야 하는 기둥들을 베어버린 최초의 칼끝이었다. 우리 운명의 본질적이고 내밀한 여정은 아무도 보지 못하는 이런 경험으로 이루어진다. 이런 칼끝과 균열은 다시금 살로 덮이고 아물어 잊히지만 가장 비밀스러운 방 안에서는 끈질기게 살아남아 피를 흘린다.

불현듯 나는 그 새로운 감정이 두려워졌다. 나는 망설이지 않고 아버지 발에 키스하며 용서를 빌고 싶었다. 하지만 아무도 본질적인 일로는 용서를 빌 수 없다. 그것은 어린아이라도 현자만큼이나 마음속 깊이 느끼고 아주 잘 안다.

내가 겪고 있는 일을 곰곰이 생각하며 내일 어떻게 하면 좋을지 그 방법을 궁리해야 했지만 그렇게 하지 못했다. 저녁 내내 달라진 거실 분위기를 익히는 데 관심이 쏠려 있었기 때문이다. 벽시계와 탁자, 성경과 거울, 책꽂이와 벽에 걸린 그림들이 나와 작별 인사를 나누는 것만 같았다. 내 세계, 선량하고 행복한 내 삶이 어떻게 과거가 되는지, 어떻게 내 품에서 멀어지는지 심장이 얼어붙는 마음으로 말없이 바라봐야만 했다. 더욱이 내가 수액을 빨아들이는 새로운 뿌리를 저 바깥의 어둡고 낯선 곳에 어떻게 똬리 틀고 어떻게 흔들림 없이 내리는지 가만히 느껴야만 했다. 나는 난생처음 죽음을 맛보았다. 죽음의 쓴맛을 본 것이다. 죽음은 탄생이며 소름 끼치는 갱생에 대한 불안과 공포이니까.

마침내 침대에 누웠을 때 내게도 기쁨이 찾아왔다! 조금 전 있었던 저녁 예배는 최후의 연옥에서 타오르는 불길처럼 나를 삼켜 버릴 것만 같았다. 더군다나 우리 가족은 내가 좋아하는 찬송가 중 한 곡을 부르기까지 했다. 아, 나는 함께 노래하지 않았다. 노래의 음조 하나하나가 내게는 쓸개즙이고 독약이었다. 아버지가 축복 기도를 하시고 "주님, 우리 모두와 함께 해주소서!"라는 말로 예배를 마치셨을 때도 나는 가족과 같이 기도하지 않았다. 온몸이 비틀리는 경련이 이 무리에서 갑자기 나를 낚아챘다. 하느님의 은총은 가족 모두에게 깃들었지만 이제 나와는 함께하지 않았다. 나는 지칠 대로 지친 몸에 싸늘히 굳은 마음으로 그 자리를 떴다.

침대에 누워 있는 동안 따스함과 평온함이 나를 사랑스럽게 감싸주었다. 하지만 마음은 불안에 사로잡혀 다시 한번 예전의 시간으로 돌아가 두려움에 떨며 그때 그 일의 주변을 팔랑거리듯 맴돌았다. 어머니는 늘 하시던 대로 내게 잘 자라고 말씀하셨다. 어머니의 발소리가 내 방 안에까지 스며들어 왔다. 어머니 손에 들린 촛불의 빛이 문틈으로 새어 들어왔다. 문득 이런 생각이 들었다. 지금, 바로 지금 어머니가 내 방으로 다시 돌아오실 거야. 어머니는 그 일을 알아채셨고, 내게 입을 맞추며 물어보실 거야. 자애롭게 나를 다독거리며 물어보실 거야. 그럼 난 마음 놓고 울어도 돼. 그럼 내 목에 응어리진 설움의 돌덩이가 깨끗이 녹아버릴 거야. 그렇게 되면 어머니를 끌어안고 모든 걸 말씀드려야지. 그러면 모든 일이 잘될 테고 나는 구원받는 거라고! 문틈으로 스며든 빛이 어둠에 잠긴 후에도 나는 한동안 가만히 어머니 발소리에 귀를 기울이며 그렇게 돼야 한다고, 반드시 그렇게 돼야 한다고 생각했다.

생각을 멈춘 나는 다시금 내게 닥친 사건으로 돌아와 내 적의 눈을 들여다보았다. 그 애 모습이 내 눈에 선명히 들어왔다. 그 애는 한쪽 눈을 게슴츠레하게 뜨고 입가에는 비열한 웃음을 머금었다. 그 애를 또렷하게 바라보면서 더는 회피할 수 없게 된 일을 속으로 애써 삼키는 동안 그 애는 점점 더 커졌고 더 흉측해졌다. 그의 사악한 눈은 악마의 눈빛을 내뿜었다. 내가 깊이 잠들 때까지 그 애는 내 옆에 찰거머리처럼 달라붙어 있었다. 하지만 그 애도, 오늘 낮에 겪었던 일도 꿈속에서는 나타나지 않았다. 내가 꿈속에서 본 것은 부모님과 누나들과 나, 우리 가족이 배를 타고 가는 모습이었다. 휴일의 평화와 눈부신 광휘만이 우리를 감싸고 있었다. 나는 한밤중에 잠에서 깨어 아직도 남아 있는 행복의 여운을 느끼며 누나들의 하얀 여름 원피스가 햇살에 물들어 여리게 반짝이는 것을 보았다. 나는 더 바랄 것 없는 그 낙원에서 낮에 있었던 사건 속으로 사정없이 굴러떨어져 사악한 눈을 한 적과 또다시 마주 섰다.

다음 날 아침, 어머니가 급하게 내 방으로 와서 왜 이렇게 늦은 시각까지 침대에 누워 있느냐고 소리치셨을 때 내 얼굴은 너무 안 좋았다. 어머니가 어디 아프냐고 묻는 순간 나는 토하고 말았다.

속에 있는 것을 토하니 몸이 좀 괜찮아진 듯했다. 나는 조금 아플 때면 아침 내내 침대에 누워 캐모마일차를 마시며 어머니가 옆방에서 청소하는 소리, 리나가 바깥 현관에서 푸줏간 아저씨와 주고받는 말소리를 듣는 것이 아주 좋았다. 이렇게 학교에 가지 않는 날 오전 시간은 무언가 마력에 사로잡힌 듯 동화의 세계로 들어온 느낌이었다. 그때마다 방 안으로 흘러들어와 속살거리는 햇살은 학교에서 초록 커튼에 부딪혀 아래로 흩어지던 그 햇살이 아니었다. 하지만 지금은 내 방에 흐르는 햇살마저 마력을 잃고 그때와 전혀 다른 기분이었다.

그래, 차라리 죽어버렸으면 좋았을 텐데! 그러나 예전에도 자주 그랬듯이 나는 몸이 조금 아플 뿐이었다. 그것으로는 아무것도 해결할 수 없었다. 학교에는 가지 않아도 되었지만 11시 정각에 시장에서 나를 기다릴 크로머는 결코 피할 수 없었다. 이번만큼은 어머니의 다정함도 위로가 되지 못했다. 위로는커녕 부담스럽기만 하고 마음만 아플 뿐이었다. 나는 다시 잠든 척하며 가만히 생각해 보았다. 이런저런 생각을 곱씹어 보아도 아무 소용이 없었다. 11시에는 시장에 가 있어야만 했다. 그래서 나는 10시에 슬며시 일어나 몸이 괜찮아졌다고 말씀드렸다. 이때 늘 그랬듯이 다시 침대로 돌아가거나 아니면 오후에 학교로 가야 했다. 나는 한 가지 계획을 세워 두었기에 학교에 가고 싶다고 말씀드렸다.

돈 없이 크로머에게 갈 수는 없었으므로 내 작은 저금통을 가져올 수밖에 없었다. 저금통에 돈이 많지 않다는 것을 잘 알고 있었다. 돈이 크로머에게 주기에는 턱없이 부족했지만 약간은 들어 있었다. 아예 주지 않는 것보다 조금이라도 주는 것이 나으며, 적어도 크로머 마음을 누그러뜨릴 수 있을 듯한 예감이 들었다.

양말만 신은 채 살금살금 어머니 방에 들어가 책상에서 내 저금통을 집어 드는데 기분이 나빴다. 하지만 어제만큼 나쁘지는 않았다. 가슴이 두근거려서 숨이 멎을 것만 같았다. 계단 아래쪽에 와서야 저금통을 제대로 살펴보다가 저금통이 자물쇠로 잠겨 있는 것을 보았다. 가슴은 그때까지도 두근거렸다. 저금통을 부수기는 아주 쉬운 일이었다. 얇은 양철 격자만 뜯어내면 되었다. 하지만 그것을 뜯기가 마음이 아팠다. 나는 양철 격자를 뜯음으로써 도둑질하는 것이다. 그때까지는 그저 사탕이나 과일을 남몰래 조금씩 집어 먹었을 뿐이다. 하지만 이것은 내 돈이라고 해도 분명히 도둑질한 것이었다. 또다시 크로머와 그의 세계로 한 걸음 더 가까이 다가가면서 보란 듯이 멋들어지게 한 걸음 한 걸음 아래로 떨어지는 것을 느꼈다. 나는 그 느낌을 떨쳐버리고 싶었다. 이제 악마가 나를 데려간다 해도 더 돌아갈 길은 없었다. 불안한 마음으로 돈을 세었다. 저금통은 돈으로 가득 찬 듯 출렁거렸지만 막상 손에 쥔 것은 초라할 만큼 적은 액수였다. 고작 65페니히였다. 나는 저금통을 아래층 복도에 숨겨둔 다음 얼마 안 되는 그 돈을 손에 꼭 쥐고 집을 나섰다. 이전까지 우리 집 문을 나서던 때와는 너무 달랐다. 위에서 누군가가 나를 부르는 것 같았다. 그래서 재빨리 그곳에서 벗어났다.

시간이 많이 남았기에 시장에 닿기까지 길을 굽이굽이 돌아갔다. 달라진 도시의 골목길을 거닐고, 한 번도 만난 적 없는 구름 아래로 길을 가다가 나를 바라보는 집들을 스쳐 지나가고, 나를 수상하다는 듯 쳐다보는 사람들 옆을 지나쳐 가기도 했다. 길을 가

다가 언젠가 학교 친구 하나가 가축 시장에서 은화* 한 닢을 우연히 주웠다고 했던 생각이 났다. 하느님이 기적을 베푸셔서 내게도 그런 돈이 눈에 띄어 손에 넣게 해달라고 기도하고 싶었다. 안타깝지만 내게는 이제 기도할 권리가 없었다. 우연히 돈을 줍는 기적이 일어난다 해도 깨뜨린 저금통을 다시 제 모습으로 돌려놓지는 못할 것이다.

크로머는 멀리서 나를 알아보았지만 아주 천천히 다가왔다. 나를 그다지 신경 쓰지 않는 듯했다. 내가 가까이 다가가자 눈짓으로 따라오라고 명령하고 한 번도 뒤돌아보지 않고 걸어갔다. 그 애는 말없이 슈트로가세**를 걸어내려가서 오솔길을 지나 그 길 마지막 집 옆의 어느 신축 건물 공사장 앞에 멈추었다. 그곳에 일하는 사람들은 없고, 아직 문짝과 창문을 달지 않은 벽들만 덩그러니 세워져 있었다. 크로머는 주위를 둘러보더니 문 안쪽으로 들어갔다. 나도 그 애 뒤를 따랐다. 그 애는 벽 뒤로 가서 내게 가까이 오라고 손짓하더니 손을 내밀었다.

"가져온 거야?" 그 애가 싸늘한 목소리로 물었다.

나는 호주머니에서 잔뜩 움켜쥔 손을 꺼내 모든 돈을 크로머 손바닥에 쏟아놓았다. 그 애는 마지막 5페니히짜리 동전이 '짤랑' 하고 떨어지는 소리가 사라지기도 전에 돈을 다 세어버렸다.

"65페니히잖아." 그가 이렇게 말하며 나를 바라보았다.

"그래, 맞아." 나는 움츠러드는 목소리로 말했다. "내가 가진 돈

---

* 탈러(Taler): 15세기부터 19세기까지 독일에서 통용되던 은화.
** 슈트로가세(Strohgasse): 슈트로(Stroh)는 '짚', 가세(Gasse)는 거리 또는 길거리를 뜻한다. 여기에서 '슈트로가세'는 도시의 거리 이름이다.

은 이게 전부야. 너무 적다는 건 나도 잘 알아. 하지만 그게 전부인 걸 어떡해. 더는 줄 돈이 없다고."

"영리한 녀석이라고 생각했는데." 그 애는 부드러운 말투로 나를 나무랐다. "명예를 중요하게 여기는 남자들끼리는 지켜야 할 규칙이 있지. 정당하지 않게 너한테서 빼앗으려는 것이 아니야. 그건 너도 알잖아. 이 동전은 넣어 둬! 너도 내가 누굴 말하는지 알겠지만, 다른 사람은 값을 깎으려는 짓은 하지 않아. 자기가 말한 대로 다 준다고."

"하지만 가진 것이 없는데 어쩌라고! 저금통에서 한 푼도 남기지 않고 가져왔단 말이야."

"그건 네 사정이야. 하지만 나는 너를 불행하게 만들고 싶지는 않아. 너는 아직 내게 빚이 1마르크 35페니히 남아 있어. 그 돈을 언제 줄 수 있지?"

"틀림없이 줄게, 크로머! 지금은 확실하지 않지만, 어쩌면 곧 돈이 생길지도 몰라. 내일이나 모레쯤 말이야. 이런 일을 아버지께 말씀드릴 수 없다는 건 너도 알잖아."

"그건 내가 상관할 일이 아니야. 나는 너한테 손해를 끼치려는 게 아니야. 너도 알다시피 나는 12시 전에 언제든 돈을 받을 수 있다고. 나는 가난하니까 말이야. 너는 늘 멋진 옷을 입고 점심때가 되면 나보다 훨씬 더 맛있는 음식을 먹지. 하지만 입도 벙긋하지 않을게. 어쨌든 조금 더 기다려 줄게. 모레 오후에 내가 휘파람을 불면, 그다음엔 네가 알아서 일을 제대로 해야 해. 내 휘파람 소리 잘 알지?"

그는 내 앞에서 직접 휘파람을 불었다. 귀에 익숙한 소리였다.

"응, 알고 있어." 나는 말했다.

그 애는 나하고 전혀 상관없는 사람인 듯 뒤도 돌아보지 않고 가버렸다. 이 일은 그 애와 나 사이의 금전거래일 뿐 다른 의미는 없었다.

지금 이 순간에도 별안간 크로머의 휘파람 소리가 들려온다면 나는 까무러칠 듯 놀랄 것이다. 그 시간 이후 잊을 만하면 그 애의 휘파람 소리가 들려왔고, 어디를 가든 끊임없이 그 소리가 귓속을 파고드는 것 같았다. 어느 곳에 있든, 어떤 놀이를 하든, 어떤 일을 하고 어떤 생각을 하든 이 휘파람 소리가 번번이 쫓아왔다. 휘파람 소리는 나를 옴짝달싹 못 하게 묶어놓더니 이제는 내 운명이 되고 말았다. 나뭇잎이 울긋불긋 물드는 다사로운 가을날 오후에 나는 내가 아끼는 우리 집 작은 화원에서 시간을 보내곤 했다. 나는 옛 시절 아이들 놀이를 다시 즐기고 싶은 야릇한 충동에 사로잡혔다. 이를테면 나보다 더 어린 사내아이처럼, 아직은 착하고 자유롭고 흠 없이 순결하여 품속에서 보호받는 사내아이처럼 뛰어놀았다. 하지만 넋 놓고 놀이에 빠져 있다 보면 어디선가 크로머의 휘파람 소리가 들려와 한껏 부풀어 오르던 기분을 망쳐버리고 모든 상상을 갈기갈기 찢어놓았다. 늘 그렇게 될 줄 알면서도 늘 까무러칠 듯 놀라고 막다른 골목에 몰리는 심정이었다. 그러면 그 애가 있는 곳으로 가야 했다. 나를 고통의 도가니로 몰아넣는 녀석의 뒤를 따라 저열하고 더러운 곳으로 가서 그 녀석에게 변명하고 돈을 내놓으라는 독촉에 시달려야 했다. 돌이켜보면 이 일은 아마 몇 주 동안 이어졌을 테지만 그때 내게는 몇 년, 아니 영원히 반복

되는 것처럼 느껴졌다. 돈이 내 손에 들어오는 일은 거의 없었다. 리나가 장바구니를 올려놓은 부엌 조리대에서 훔쳐낸 5페니히나 10페니히짜리 동전이 전부였다. 돈을 내놓지 못할 때마다 나는 크로머에게 혼쭐이 날 만큼 욕을 먹거나 멸시를 당했다. 그 애를 속이고 그 애의 정당한 권리를 빼앗으려는 사람은 나였다. 그 애의 소유물을 훔친 사람도, 그 애를 불행하게 만든 사람도 나였다! 지금까지 살아오면서 이토록 자주 절박한 고통이 내 심장 언저리까지 솟구쳐 올라온 적은 없었고, 이보다 더 큰 절망과 더 큰 얽매임을 느껴본 적도 없었다.

저금통은 장난감 동전으로 채워 다시 제자리에 갖다 두었다. 아무도 저금통에 대해 묻지 않았지만 그 일은 언제든 일어날 수 있는 것이었다. 어머니가 인기척도 없이 살며시 다가오는 것이 크로머의 음흉한 휘파람 소리보다 훨씬 더 두려웠다. 어쩌면 저금통 일을 물어보려는 것은 아닐까?

내가 번번이 돈 없이 나타날 때마다 이 악마는 또 다른 방법으로 나를 괴롭히고 이용했다. 나는 그 애를 위해 일해야 했다. 크로머가 자기 아버지 심부름을 해야 하면 내가 그 대신 심부름을 했다. 어떤 때는 감당하기 어려운 일을 시키기도 했다. 십 분 동안 한쪽 다리로 폴짝폴짝 뛰거나 지나가는 사람의 웃옷에 종잇조각을 붙여야 했다. 수많은 밤 꿈속에서 이런 괴로운 일을 끊임없이 겪으며 온몸이 악몽에 짓눌려 식은땀에 흠씬 젖었다.

한동안 몸이 아파 누워 있었다. 자주 토하다가도 잊을 만하면 몸이 싸늘해지고 밤이면 열이 끓어오르고 땀에 젖었다. 어머니는 무언가 심상치 않다는 것을 느끼고 정성을 다해 나를 보살피셨지만, 그럴수록 내 마음은 고통스러웠다. 어머니 손길에 믿음으로 보답할 수 없었기 때문이다.

언젠가 저녁에 일찍 잠자리에 누워 있는데 어머니가 초콜릿 한 조각을 가져오셨다. 내가 별 탈 없이 착하게 지내면 저녁마다 잘 자라고 다독이며 종종 그런 맛있는 간식을 상으로 주신 지난날의 기억이 떠올랐다. 지금도 어머니는 그곳에 서서 내게 초콜릿 한 조각을 건네주셨다. 나는 너무나 괴로워서 힘없이 고개만 가로저었다. 어머니는 어디가 아픈지 묻고 내 머리를 쓰다듬으셨다. 나는 다만 이런 말을 내뱉었다. "싫어! 싫다고! 아무것도 먹지 않을 거야!" 어머니는 초콜릿을 침대 옆 탁자 위에 올려놓고 나가셨다. 다음 날 어머니가 어제저녁의 일을 물어보려고 했을 때 나는 아무것도 모르는 듯 태연스럽게 행동했다. 한번은 어머니가 나를 위해 의사를 데려오셨다. 의사는 나를 진찰하더니 아침에 찬물로 몸을 씻으라는 처방을 내렸다.

그 당시에 나는 일종의 정신 착란 상태에 빠져 있었다. 우리 집의 흐트러짐 없는 평화 한가운데서 나는 유령처럼 잔뜩 겁을 집어먹고 고통스럽게 살았다. 가족 중 다른 이들의 삶에는 아예 관여하지 않았고 단 한 시간이라도 나 자신을 좀처럼 잊어 본 적이 없었다. 아버지는 종종 화가 나서 내게 일어난 일을 캐물었지만 나는 그때마다 마음의 문에 빗장을 걸고 냉정하게 대했을 뿐이다.

2

카인

    고통에서 나를 건져낸 구원의 손길은 전혀 예상하지 못한 쪽에서 다가왔다. 그 구원과 동시에 무언가 새로운 것이 내 삶에 들어와서 지금까지도 변함없이 힘을 미치고 있다.

    얼마 전 우리 라틴어 학교에 새로운 학생이 전학을 왔다. 그 애는 우리 도시로 이사 온 부유한 과부의 아들인데 옷소매에 상을 치렀음을 표시하는 검은색 띠를 두르고 있었다. 그 애의 나이는 나보다 몇 살 위이고 학년도 더 높았지만 곧 모든 학생과 마찬가지로 나도 그 애를 눈여겨보았다. 이 이상야릇한 학생은 실제보다 훨씬 더 나이가 들어 보여 아무에게도 소년이라는 인상을 주지 못했다. 아직은 어린 우리 남자아이들 틈에서 돌아다닐 때 그 애는 어른처럼, 아니 신사처럼 이질감이 느껴질 정도로 성숙해 보였다. 인기 있는 아이는 아니었는데, 놀이에 끼어들지 않았고 싸움판에는 아예 기웃거리지도 않았다. 다만 선생님들 앞에서 자기 생각을 당당하게 이야기하는 똑 부러지는 말투가 아이들의 호감을 샀을 뿐이다. 그 애 이름은 막스 데미안이었다.

어느 날, 학교에서 가끔 있는 일이긴 해도 무슨 까닭인지 아주 넓은 우리 교실에 다른 학급 아이들이 들어와 함께 수업하게 되었다. 데미안네 반 아이들이 우리 교실에 들어왔다. 저학년 아이들은 성경 이야기를 듣는 시간이었고 높은 학년 아이들은 작문 수업을 받아야 했다. 선생님이 카인과 아벨 이야기를 주입식으로 설명할 때* 나는 자꾸만 데미안의 얼굴을 건너다보았다. 그 애의 얼굴은 야릇하게 나를 사로잡는 매력이 있었다. 똑똑하고 환하고 어떤 순간에도 흔들리지 않을 것 같은 얼굴로 작문 과제를 주의 깊고도 총명하게 응시하는 그 애 모습에 내 시선이 꽂혔다. 그 애는 숙제하는 학생이 아니라 자기 문제에 몰두하는 연구자처럼 보였다. 호감이 가는 이미지는 아니었다. 게다가 어딘지 모르게 거부감이 들었다. 그 애는 너무나 뛰어나다 못해 차갑게 보이기도 했다. 그 애의 태도 하나하나가 도발적일 정도로 자신만만했다. 그 애의 두 눈속에는 아이들이 결코 좋아하지 않는 어른의 표정이 깃들어 있었다. 냉소하는 듯한 빛이 감도는 눈은 조금 슬퍼 보였다. 그 애가 내 마음에 들든, 그렇지 않든 눈을 떼지 않고 그 애를 바라볼 수밖에 없었다. 하지만 그 애가 고개를 들어 나를 쳐다본 순간 나는 깜짝 놀라 재빨리 눈길을 돌렸다. 그 애가 학생일 때 어떤 모습이었는지를 이제 곰곰이 생각해 보면 이렇게 말할 수 있다. 그 애는 모든 점

* 헤세가 소년 시절에 반년 동안 다니다 중퇴한 마울브론 신학교. 이 학교에서는 『성경』의 문장을 주입식으로 설명하고 학생들에게 암기를 강요하는 획일적 교육이 이루어졌다. 『데미안』의 이 부분은 마울브론 신학교의 교육 풍토를 연상시킨다.

에서 다른 아이들과는 달랐으며 자신만의 고유한 개성이 두드러진 까닭에 모든 이의 눈에 띄었다고. 이와 동시에 그 애는 주목받지 않으려고 온갖 애를 썼다. 농부의 자식들 속에 섞여 있으면서도 그들과 똑같아 보이려고 최선을 다하는 변장한 왕자*처럼 행동했다.

학교를 마치고 집으로 가는 길에 그 애가 내 뒤에서 걸어왔다. 다른 아이들이 제각기 흩어지고 나서 어느새 그 애가 나를 앞서더니 인사를 건넸다. 우리 학급 또래 아이들의 말투를 그대로 따라 하긴 했지만, 이 인사말도 꽤 어른스럽고 공손했다.

"잠깐 같이 갈래?" 그 애가 친절하게 물었다. 나는 아부라도 받은 듯 의기양양하게 고개를 끄덕였다. 그러고는 내가 어디에 사는지 구체적으로 얘기해 주었다.

"아, 거기?" 그 애가 미소 지으며 말했다. "그 집은 내가 이미 알고 있어. 너희 집 현관문 위에 아주 독특한 물건이 붙어 있잖아. 그게 내 관심을 끌었거든."

그 말을 듣는 순간 나는 데미안이 무슨 말을 하는지 도무지 이해할 수 없었다. 다만 그 애가 우리 집을 나보다 더 잘 아는 것 같아 놀라울 뿐이었다. 아마도 현관문의 아치형 곡선을 마무리하는 맨 꼭대기에 있는 쐐기돌을 가리키는 것 같았다. 그 돌은 일종의 문장紋章인데, 세월의 흐름 속에서 조금씩 깎여 형체가 흐릿해지고 페인트로 자주 색칠한 것으로 내가 아는 한 우리와 우리 가족과는 아무 상관이 없었다.

---

* 마크 트웨인의 소설 『왕자와 거지』에 등장하는 '변장한 왕자'를 떠오르게 한다.

"그건 나도 잘 모르겠는데." 나는 쑥스러운 듯 말했다. "새 아니면 뭐 그와 비슷한 거야. 아주 오래된 것이 틀림없어. 이 집이 예전에는 수도원 소유였대."

"그럴 수도 있겠어." 그 애는 고개를 끄덕였다. "한번 잘 살펴보렴! 그런 물건들은 아주 흥미로우니까 말이야. 그건 새매일 거야."

우리는 계속 걸었고 나는 몹시 당혹스러웠다. 뭔가 재미있는 일이라도 생각난 듯 갑자기 데미안이 웃었다.

"그래, 나도 너희 수업 시간에 함께 있었잖아." 그 애가 활기차게 말했다. "이마에 표票가 있는 카인 이야기였지? 맞지? 그 이야기가 마음에 들었니?"

전혀 그렇지 않았다. 우리가 수업 시간에 배워야 하는 것들 가운데 어느 것도 내 마음에 들지 않았다. 하지만 나는 마치 어른과 이야기하는 것 같아서 그렇게 말할 용기가 나지 않았다. 카인 이야기가 내 마음에 쏙 든다고 말해버렸다.

데미안이 내 어깨를 토닥이며 말했다. "네 속마음과 다른 얘기를 할 필요는 없어. 하지만 그 이야기는 정말로 독특한 의미가 있긴 해. 수업 시간에 들은 대부분 다른 이야기보다 훨씬 더 독특하단 말이야. 선생님은 거기에 대해 많은 얘기를 하시진 않았고 그저 하느님과 죄 같은 누구나 알고 있는 얘기만 하셨지. 그렇지만 내 생각에는……." 그 애가 하던 말을 멈추더니 웃음을 머금고 물었다. "그런데 너 이런 이야기에 관심은 있니?"

"그래, 그러니까 내 생각에는 말이야." 그 애가 말을 이었다. "이 카인 이야기를 완전히 색다르게 이해할 수도 있어. 우리가 학교에서 배우는 것은 대부분 틀림없이 참되고 올바른 것이지만, 그 모든 것을 선생님들이 이해하는 것과는 다르게 볼 수도 있어. 그러면 이 야기들이 대개는 훨씬 더 좋은 의미를 갖게 되지. 예를 들어 카인 과 그의 이마에 있는 표票만 해도 우리가 설명을 들은 대로 만족할 수는 없잖아. 네 생각도 그렇지 않니? 어떤 사람이 다투다가 자기 동생•을 때려죽이는 일은 분명 일어날 수 있어. 그리고 그 사람이 나중에는 겁을 집어먹고 순종하듯 물러나는 것도 얼마든지 가능 한 일이라고. 하지만 카인이 나약한 겁쟁이라서 특별히 훈장을 받 았고, 이마에 있는 그 훈장이 그를 보호해 주고 다른 모든 사람에 게 두려움을 불러일으킨다는 건 아무리 생각해도 이상해."

"물론 그렇긴 해." 나도 흥미를 느껴 말했다. 그 이야기가 내 마 음을 사로잡기 시작했다. "하지만 그 이야기를 어떻게 달리 설명해 야 한다는 거야?"

데미안이 내 어깨를 툭 쳤다.

"아주 간단해! 처음부터 존재했던 것은 표票였어. 그 표와 더불 어 카인 이야기가 시작된 거야. 한 남자가 있었는데, 그의 얼굴에 는 다른 사람들을 두렵게 만드는 무엇인가가 있었던 거야. 사람들 은 감히 그를 건드리지 못했어. 그의 위압감이 사람들을 꼼짝 못 하게 만들었으니까. 그와 그의 자손들이 말이야. 아마도, 아니 이 건 틀림없어. 우편물에 찍히는 소인처럼 이마에 정말로 어떤 표가 찍혀 있지는 않았을 거야. 인생을 살면서 그렇게 거칠고 우악스러 운 일은 드물거든. 오히려 한눈에 알아보기 힘든 어떤 섬뜩한 힘이 그에게 있었던 거야. 사람들에게 다소 익숙하지 않은 비범한 정신

• 카인의 동생인 '아벨'을 가리킨다. 이 이야기는 창세기 4장 8~15절 참조.

력과 대담함이 그의 눈길에 담겨 있었던 거야. 이 남자에게는 힘이 있어서 이 남자를 보는 사람마다 기가 죽었어. 그는 '표'를 하나 갖고 있었지. 그것을 사람들은 자기가 바라는 대로 설명할 수 있었어. 그래, '인간'이라는 존재는 언제나 자기한테 편하고 자기가 옳다고 여기는 대로 행동하려 하니까. 사람들은 카인의 자손들을 두려워했어. 그들이 '표'를 하나 갖고 있었거든. 그러니까 사람들은 그 '표'를 본래 모습처럼 탁월한 것으로 설명하지 않고 그 반대로 설명한 거야. 사람들은 말하곤 했어. 이 표가 있는 놈들은 섬뜩할 만큼 무섭다고 말이야. 사실 그렇기도 했어. 대담한 용기와 개성이 있는 자들은 다른 사람들한테는 언제나 오금이 저릴 만큼 무서운 법이니까. 겁이 없고 섬뜩한 족속이 여기저기를 돌아다닌다는 것은 아주 불편한 일이었어. 그러다 보니 사람들은 이 족속에게 별명 하나와 우화 한 가지를 덧붙인 거라고. 이 족속에게 복수하려고 한 거야. 모두 힘들게 견뎌온 두려움을 조금이라도 보상받으려는 심정으로 말이야. 이해되니?"

"그래, 그러니까 카인은 전혀 나쁜 사람이 아니었다는 거야? 성경에 나오는 모든 이야기가 전혀 사실이 아니라는 거야?"

"그렇기도 하지만 아니기도 해. 그렇게 오래된, 까마득한 옛날의 이야기들은 언제나 사실이야. 하지만 그런 옛이야기는 언제나 사실대로 기록되어 있지도 않고, 언제나 사실대로 설명되지도 않아. 간략히 말하면, 내 생각에 카인은 훌륭한 사내였어. 사람들이 카인을 두려워한 까닭에 그에게 이런 이야기를 덧붙였을 뿐이지. 이야기는 그저 소문에 지나지 않았어. 사람들이 여기저기 떠돌아다니면서 떠들어대는 그런 이야기였다고. 카인과 그의 자손들이 정

말로 일종의 '표**'가 있었고 대부분의 사람들과 달랐다는 것만이
진실인 거야."

나는 매우 놀랐다.

"그럼 카인이 동생을 때려죽인 일도 전혀 사실이 아니라고 생각
하는 거야?" 나는 충격에 휩싸여 물었다.

"아니야! 죽인 것은 틀림없는 사실이야. 강한 자가 약한 자 하나
를 때려죽였어. 그 사람이 정말로 자기 형제였는지는 의심할 여지
가 있어. 하지만 그건 중요하지 않아. 결국 모든 인간은 형제니까.
말하자면 강한 사람 하나가 약한 사람 하나를 때려죽인 거야. 그
건 어쩌면 영웅적 행위였을 수도 있고 아니었을 수도 있어. 어쨌든
다른 약한 사람들은 공포에 질려 잔뜩 겁을 집어먹은 거야. 그들
은 한탄과 탄식을 거듭했어. '너희도 그 남자를 그냥 죽여 버리면
되는데 왜 그렇게 하지 않지?'라고 누군가가 물으면 그들은 '우리는
겁쟁이니까'라는 말을 차마 하지 못하고 '그를 죽여 버릴 수는 없
어. 그는 표가 있으니까. 하느님이 그에게 표를 새겨주셨잖아!'라고
말할 뿐이었지. 대략 그런 식으로 속임수가 생겨난 것이 틀림없다
고. 어, 내가 너를 너무 오래 붙들고 있었나 봐. 그럼, 안녕!"

그 애는 알트가세**로 접어들어 멀어져 갔고 홀로 남은 나는 그
어느 때보다 혼란스럽고 어안이 벙벙했다. 데미안이 가자마자 그
애가 했던 모든 말이 황당무계하다고 생각되었다. 카인이 고귀한

---

* 앞서 데미안이 말한 바에 따르면 카인의 '표'는 "우편물에 찍히는 소인처럼 이마에 정말로 찍혀
  있는 표"가 아니라 '한눈에 알아보기 힘든 어떤 섬뜩한 힘'이며 '비범한 정신력과 대담함'을 의미
  한다.
** 알트가세(Altgasse): 알트(alt)는 영어의 old를, 가세(Gasse)는 거리 또는 길거리를 뜻한다. 여기에
  서 '알트가세'는 도시의 거리 이름이다.

사람이고 아벨이 겁쟁이라니! 카인의 '표'가 탁월함의 증표라니! 그건 하느님을 모독하는 극악무도하고 허무맹랑한 이야기였다. 그렇다면 사랑의 하느님은 어디에 계셨다는 말인가? 하느님은 아벨의 제물을 받으시고 아벨을 사랑하시지 않았던가? 아니야, 말도 안되는 소리야! 데미안이 나를 놀리고 골탕 먹이려고 일부러 이야기를 꾸며낸 것 같아. 질려버릴 만큼 영리한 녀석이고 말도 잘하니까. 하지만 이건 아니야.

나는 지금까지 단 한 번도 성경 이야기나 그 밖의 다른 이야기를 이토록 많이 생각해 본 적이 없었다. 또 오래전부터 프란츠 크로머를 오늘처럼 이렇게 완전히 잊은 적도 없었다. 몇 시간이 흐르도록 저녁 내내 잊어버렸다. 집에서 성경에 나오는 카인 이야기를 다시 한번 꼼꼼히 읽어보았다. 간결하고도 의미가 뚜렷한 이야기였다. 특별하고 비밀스러운 해석을 탐색해서 찾아낸다는 것은 정신 나간 짓이었다. 그렇게 별다른 의미를 부여한다면 사람을 때려죽인 자들이 저마다 하느님의 총애를 받는 인간이라고 떠들어댈 수도 있다. 아니야, 이건 실없는 소리야! 하지만 데미안이 그런 이야기를 아주 당연하다는 듯 너무 쉽고 멋들어지게 술술 풀어서 들려주는 말솜씨와 방법만큼은 나무랄 데 없었다. 더구나 그런 눈빛으로 말했으니!

물론 나 자신도 어딘지 모르게 정상은 아니었다. 정상이기는커녕 매우 비정상적인 삶을 살아왔다. 나는 밝고 깨끗한 세계에서만 살아온 것이다. 나 자신이 아벨과 같은 부류의 사람이었다. 그러나 이제는 '다른' 세계에 들어와 아주 깊게 박혀 버렸다. 종잡을 수 없이 밑으로 떨어져 가라앉았다. 하지만 근본적으로 나로서는 어쩔 수 없는 일이었다. 이제 와서 왜 그렇게 되었을까? 그렇다, 지금 마음속에서 기억 하나가 번득이며 떠올라 한순간 숨이 멎어버릴 뻔했다. 지금의 비참한 불행이 시작된 저 역겨운 저녁에 아버지와 함께 있으면서 나는 한순간 아버지와 그의 밝은 세계와 지혜를 갑자기 꿰뚫어 보고 경멸했다. 그렇다, 그때 나는 카인이 되어 '표'를 지녔고, 이 '표'는 수치스러움이 아니라 탁월함의 증표라고 상상했다. 나의 사악함과 불행으로 아버지보다 더 높은 곳에 있다고, 선하고 경건한 사람들보다 더 높은 곳에 올라서 있다고 상상한 것이다.

그때 나는 그 일을 이렇게 명쾌한 생각으로 체험한 것은 아니다. 하지만 여기에서 내가 이야기한 모든 것이 그 속에 포함되어 있었다. 그것은 마음속에서 일어나는 이상야릇한 동요와 여러 감정이 함께 뒤섞여 활활 타오르는 불길이었다. 그 불길은 고통을 주면서도 자부심으로 나를 가득 채웠다.

곰곰이 다시 생각해 보면, 겁 없는 자들과 겁쟁이들에게 초점을 맞춰 이야기를 풀어 나가던 데미안의 화법이 얼마나 기발했던가! 카인의 이마에 찍힌 '표'를 해석하던 그 애의 관점은 얼마나 특이했던가! 그때 어른의 눈처럼 성숙했던 그 애의 눈은 참으로 놀랍게 반짝이지 않았는가! 문득 내 머릿속에 들어와 어렴풋이 새겨지는 의문이 하나 있었다. 어쩌면 그 애 자신이, 그래 이 데미안이 꼭 카인과 같은 부류의 사람이 아닐까? 그 애 스스로 카인과 닮았다고 느끼지 않는다면 어째서 그 애는 카인을 지지할까? 어째서 그 애 눈길에는 카인처럼 강한 힘이 살아 있을까? 어째서 그 애는 '다른 사람들', 소심한 겁쟁이들, 특히 경건한 사람들과 하느님이 총애하는 자들을 그토록 놀리고 비웃듯 말할까?

44

이런 생각이 꼬리를 물고 이어졌지만 나는 결론을 매듭짓지 못했다. 돌멩이 하나가 우물에 던져졌다. 그 우물은 내 젊은 영혼이었다. 그리고 오랫동안, 아주 오랫동안 카인과 그가 동생을 때려죽인 사건, 그의 이마에 있는 '표' 등 데미안이 내게 들려준 이 화제는 내가 시도하는 모든 인식과 회의와 비평의 출발점이 되었다.

나는 다른 학생들도 나와 마찬가지로 데미안을 눈여겨보고 있다는 사실을 알았다. 그 애가 들려준 카인 이야기를 나는 아무에게도 말하지 않았지만, 그 애는 다른 아이들한테도 주목받는 듯했다. 적어도 '전학 온 새로운 소년'에 대한 숱한 소문이 떠돌았다. 지금도 그 소문들을 다 기억할 수만 있다면, 하나하나의 소문에 대해 데미안의 본모습을 밝혀주고 각 소문의 옳고 그름을 판별할 수 있을 것이다. 다만 아직도 기억나는 것은 처음부터 학교에 퍼진 소문이 데미안의 어머니가 엄청난 부자라는 것이었다. 또 사람들 말에 따르면 그 애 어머니는 교회에 다니지 않으며 아들도 교회에 나가지 않는다고 했다. 어떤 사람은 데미안과 그 어머니가 유대인이라고 주장했지만 그들이 은밀하게 활동하는 이슬람교 신자일 수도 있었다. 막스 데미안의 육체적 힘에 대해 동화처럼 믿을 수 없는 이야기가 입에서 입으로 번져 나갔다. 분명한 것은 학급에서 가장 힘센 녀석이 싸움으로 맞붙자고 도전한 것을 거절하자 자신을 겁쟁이라고 부르는 그 녀석에게 데미안이 끔찍할 정도로 굴욕감을 안겨주었다는 것이다. 그 광경을 직접 본 아이들 말에 따르면 데미안이 한 손으로 그 녀석의 목을 잡아 억세게 눌러버렸더니 녀석이 낯이 창백하게 변하여 나중에는 슬금슬금 뒷걸음질 치다 도망가

버렸고 며칠 동안 팔을 들어 올릴 수 없었다고 한다. 어느 날 저녁
에는 그 녀석이 죽었다는 소문까지도 파다했다. 데미안을 놓고 한
동안 온갖 이야기가 그치지 않았고 그 모든 이야기를 사람들은 의
심 없이 받아들였다. 어느 것이든 사람들의 흥미를 돋우는 놀라운
이야기였다. 그 뒤에는 데미안에 대한 관심이 사그라드는 것처럼
보였다. 하지만 얼마 지나지 않아 새로운 소문들이 학생들 사이에
서 퍼져갔다. 아이들 말로는 데미안이 여자아이들과 아주 가깝게
지내고 '모르는 게 없을 정도'라고 했다.

　그러는 사이에 프란츠 크로머와는 헤어 나올 수 없는 길을 따라
이전처럼 계속 이어졌다. 나는 그 애의 굴레에서 벗어날 수 없었다.
때로는 그 애가 며칠씩 나를 내버려 두어도 나는 그 애에게 영락
없이 묶여 있는 신세였다. 내가 꿈을 꿀 때마다 그 애는 꿈속으로
들어와 내 그림자처럼 나와 함께 살았다. 내 상상력이 이끄는 대로
따라가다 보면 그 애가 현실에서 내게 하지 않은 행동조차 꿈속에
서는 내게 저지른 행동이 되었다. 꿈속에서 나는 완전히 그 애의
노예가 되었다. 나는 현실보다는 이런 꿈속에서 더 많이 살았다.
늘 꿈에 잠겨 살아가는 것이 본래 내 모습이었다. 그리고 이런 꿈
의 그림자에 내 몸의 활력과 생기를 송두리째 빼앗겼다. 거듭되는
꿈 중에도 자주 꾼 꿈은 크로머가 나를 못살게 굴거나 내게 침을
뱉고 무릎으로 내 몸을 짓누르는 것이었다. 이것보다 더 몹쓸 꿈
은 끔찍한 범죄를 저지르도록 나를 유혹하는 악몽이었다. 유혹한
다기보다는 그 녀석이 갖고 있는 강력한 영향력으로 내가 죄를 짓
도록 그저 강요한 것이다. 이 꿈들 가운데 가장 무서웠던 것은 내
가 거의 절반쯤 미치광이 상태에서 깨어나는 꿈이었는데, 나는 꿈

에서 아버지를 살해하게 되었다. 크로머는 단검을 갈아 내 손에 쥐어주고는 나와 함께 큰 가로수 길의 나무들 뒤에 웅크리고 숨어서 누군가를 기다렸다. 그 사람이 누군지 나는 알 수 없었다. 그런데 누군가가 다가오자 크로머가 내 팔을 슬며시 누르더니 내가 단검으로 찔러야 할 사람이 바로 저 사람이라고 일러주었다. 그는 다름 아닌 내 아버지였고 그 순간 나는 꿈에서 깨어났다.

나는 이렇게 끔찍한 일들을 겪으면서 내내 카인과 아벨을 생각했지만 데미안 생각은 접어두고 있었다. 그 애가 내게 다시 가까이 온 것은 이상하게도 꿈속에서였다. 나는 또다시 끔찍한 학대와 폭력에 시달리는 꿈을 꾸었는데, 이번에는 내 몸에 올라타서 무릎으로 짓누르는 사람이 크로머가 아니라 데미안이었다. 이 광경은 너무나 새로워 내게 깊은 인상을 심어주었다. 크로머를 대하면서 고통스럽게 저항하고 참아냈던 모든 일을 데미안을 대할 때는 기쁨과 두려움이 함께하는 감정으로 기꺼이 참아낼 수 있었다. 이 꿈을 두 번 꾸고 나서 데미안의 자리에 다시 크로머가 들어섰다.

예전이나 지금이나 나는 꿈속에서 체험한 일과 현실에서 체험한 일을 명확히 구별하지 못한다. 여하튼 크로머와 질긴 악연은 줄기차게 계속되었고, 내가 좀도둑질로 그 애에게 진 빚을 다 갚은 뒤에도 이 관계는 끝나지 않았다. 결코 끝난 것이 아니었다. 그 애는 내가 좀도둑질로 빚을 갚는다는 사실을 알고 있었다. 내게 돈이 어디서 났는지 늘 물어보았기 때문이다. 나는 이제 크로머의 손아귀에서 도저히 빠져나올 수 없었다. 그 애는 걸핏하면 아버지에게 모든 일을 일러바치겠다고 협박했다. 그럴 때마다 아버지가 알면 어쩌나 하는 두려움보다는 애초부터 내가 그런 일을 하지 말

앉아야 했다는 깊은 후회가 더 크게 느껴졌다. 하지만 몹시 비참한 상황에 놓여 있어도 모든 일을 다 후회하지는 않았다. 적어도 언제나 후회만 하는 것은 아니었다. 가끔 모든 일이 그렇게 될 수밖에 없었다는 느낌도 떨쳐버릴 수 없었다. 슬픈 운명은 내 머리 위에 이미 자리 잡았고, 그것을 깨부수려고 해봤자 부질없는 짓이었다.

　이런 상황이 계속되면서 부모님도 적지 않게 고통받았을 것이다. 나는 낯선 유령에게 지배당한 이후 그토록 친밀하게 지내던 우리 가족과 더는 어울리지 못했다. 가족과 함께하는 삶을 향한 미칠 듯한 향수의 물결이 마치 잃어버린 낙원을 향한 그리움처럼 시시때때로 밀어닥쳤다. 특히 어머니는 나를 문제아로 취급하기보다는 환자를 보살피듯 대하셨다. 하지만 우리 집에서 내가 정말로 어떤 상황에 있는지는 두 누나의 태도에서 가장 잘 알 수 있었다. 누나들은 나를 소중히 여기는 것 같으면서도 나 자신이 하염없이 비참하게 했다. 그 태도에서 분명히 알 수 있었다. 누나들이 나를 무언가에 사로잡힌 정신 나간 사람 취급을 하며, 지금 내 상태로 보아 나를 꾸짖기보다는 차라리 한숨 쉬며 탄식하는 편이 더 낫겠다고 여기면서도 한편으로는 내 안에 사악함이 똬리를 틀었다고 생각한다는 것을. 온 가족이 나를 위해 이전과는 다르게 기도하는 것이 느껴졌고, 이런 기도가 지금의 내게 아무 소용이 없다는 것도 느껴졌다. 고통에서 벗어나 안정감을 찾고 싶은 마음과 솔직하게 털어놓고 싶은 열망을 절실히 느낀 적이 한두 번이 아니었다. 하지만 아버지에게도 어머니에게도 그 모든 일을 제대로 말하거나 설명하지 못하리라는 사실을 나는 처음부터 알고 있었다. 사람들이 내 말을 다정하게 들어주고 나를 몹시 아끼는 마음으로 불쌍하게 여기겠지만, 그렇다고 해도 완전히 이해하지는 못하리라는 것도 알고 있었다. 내가 겪은 이 모든 일이 숙명이었는데도 그들은 그저 탈선 정도로만 여기리라는 것을.

열한 살도 안 된 아이가 그렇게 예민하게 느낄 수 있다는 것을 믿지 않는 사람도 꽤 있는 것으로 알고 있다. 그렇게 믿지 못하는 사람들에게는 내가 겪은 일을 굳이 이야기하고 싶지 않다. 이들보다 인간을 더 잘 이해하는 사람들에게 내 이야기를 들려주고 싶다. 자신이 느끼는 감정 일부분을 그때그때 깊은 생각으로 바꾸는 법을 익힌 어른은 아이에게는 이런 생각이 없다고 안타까워한다. 그리고 아이가 이런 체험도 아예 할 수 없다고 여긴다. 하지만 내 인생에서 그때처럼 그렇게 깊이 체험하고 괴로워했던 적도 없다.

비가 내리던 어느 날, 나를 못살게 하는 녀석에게서 성城 앞 광장으로 나오라는 지시를 받았다. 나는 광장에 서서 기다리는 동안 빗물에 흠뻑 젖은 검은 나무에서 연이어 떨어지는 축축한 마로니에 잎새들을 두 발로 헤집고 있었다. 돈은 가져오지 못했다. 하지만 크로머에게 뭐라도 줘야 했기에 케이크 두 조각을 들고 서 있었다. 이미 오래전부터 나는 어느 곳이든 한구석에 서서 오랫동안 그 애를 기다리는 데 익숙해져 있었다. 인간이 자신의 의지로 어쩔 수 없는 일을 받아들이듯 나도 그 상황을 받아들였다.

마침내 크로머가 왔다. 오늘따라 그 애는 오래 머무르지 않았다. 그 애는 내 갈비뼈를 주먹으로 가볍게 몇 번 툭툭 치며 씩 웃더니 케이크를 받아 들고는 축축하게 젖은 담배를 나에게 권하기까지

했다. 나는 담배를 받지 않았지만 보통 때보다 살갑게 군다는 느낌이 들었다.

"그래." 그 애가 떠나면서 말했다. "깜빡할 뻔했네. 다음에는 네 누나를 데려와. 큰누나 말이야. 누나 이름이 뭐였지?"

나는 무슨 말을 하는지 전혀 이해하지 못해서 대답도 할 수 없었다. 어안이 벙벙해서 그 애를 바라보기만 했다.

"내 말 못 알아들어? 네 누나를 데려오란 말이야."

"알았어, 크로머. 하지만 그건 안 돼. 그건 내가 하면 안 되는 일이야. 물론 누나도 나를 따라오는 일은 절대로 없을 거야."

나는 이 또한 평소와 다름없이 무언가를 뜯어내려는 술책이고 구실일 뿐이라고 생각했다. 그 애는 종종 그런 식으로 행동했다. 무언가 말도 안 되는 일을 요구해서 나를 깜짝 놀라게 하고 내게 굴욕감을 안겨준 다음에는 서서히 길들이듯 자기와 흥정하도록 만들었다. 그렇게 되면 나는 돈 몇 푼이나 다른 선물로 몸값을 치르고 벗어나야 했다.

하지만 이번에는 분위기가 전혀 달랐다. 내가 분명히 거절했는데도 그 애는 전혀 화가 나지 않은 듯했다.

"그러든지 뭐." 그 애는 건성으로 말했다. "여하튼 잘 생각해 봐. 네 누나와 알고 지내고 싶단 말이야. 안 될 것 없잖아. 그냥 산책하러 가면서 누나를 데리고 나와. 그러면 내가 끼어들 테니까. 내일 휘파람으로 너를 부를게. 그때 다시 얘기하자."

크로머가 가버리자 문득 그 애가 무엇을 바라는지 그 의미를 어렴풋이 알 수 있었다. 나는 아직 어렸지만 그래도 소년과 소녀가 어느 정도 나이를 먹으면 무언가 비밀스럽고 상스러우며 금지된 짓을 한다는 사실을 소문으로 알고 있었다. 그러니 이 일을 어찌하면 좋단 말인가? 그 애가 얼마나 터무니없는 요구를 했는지 갑자기 분명해졌다. 그 즉시 크로머의 요구를 절대로 들어주지 않겠다고 단단히 마음먹었다. 그러나 그런 다음에는 무슨 일이 일어날지, 크로머가 나한테 어떤 식으로 복수할지는 생각할 엄두조차 나지 않았다. 이로써 내게는 새로운 고문이 시작되었다. 그에게서 벗어나기에는 아직도 충분하지 않았던 것이다.

나는 절망에 빠져 두 손을 호주머니에 찔러넣은 채 텅 빈 광장을 가로질러 갔다. 새로운 고통, 새로운 노예살이가 시작되었다!

그때 활기 넘치면서도 나지막한 목소리가 나를 불렀다. 나는 화들짝 놀라서 달리기 시작했다. 누군가가 내 뒤를 따라 달려와서는 한 손을 내밀어 살며시 나를 붙잡았다. 막스 데미안이었다. 나는 붙잡힌 채 가만히 서 있었다.

"너였어?" 나는 불안한 목소리로 말했다. "깜짝 놀랐잖아!"

그 애가 나를 바라보았다. 그 애의 눈길이 지금보다 더 어른스럽고 우월하고 마음을 꿰뚫어 보는 듯한 적은 없었다. 우리가 함께 대화를 나눈 지도 오래되었다.

"미안하다." 그 애가 정중하면서도 아주 딱 부러지는 어투로 말했다. "하지만 들어봐. 그렇게 기겁하듯 놀라면 안 돼."

"그렇지만 놀랄 수도 있잖아."

"그건 그래. 하지만 알아둬. 너한테 아무 짓도 하지 않은 누군가를 보고 그렇게 놀라면 그 사람은 너를 두고 생각해 보기 시작할 거야. 네가 왜 그러는지 이상하다고 말이야. 궁금해지거든. 그 사람은 네가 이상할 만큼 쉽게 놀란다면서 계속 이렇게 생각할 거야.

사람이 저렇게 잘 놀라는 것은 겁이 나서 그러는데 하고 말이야.
겁쟁이들은 두려움이 많아서 늘 불안하지. 하지만 내가 보기에 너
는 원래 겁쟁이가 아니거든. 그렇지 않니? 아, 물론 그렇다고 영웅
도 아니지만. 지금 너는 무서워하는 것들이 있어. 무서워하는 사람
들도 있고. 하지만 그렇게 무서워하면 안 돼, 안 돼. 결코 사람을 무
서워하면 안 된다고. 너 내가 무서운 건 아니지? 무섭니?"

"오, 아니야. 전혀 무섭지 않아."

"그럴 거야. 하지만 네가 무서워하는 사람들이 있지?"

"난 몰라……. 날 그냥 내버려둬. 내게 뭘 바라는 거야?"

데미안은 내 발걸음에 맞춰 걸었지만 나는 그 애에게서 도망치
려고 더 빨리 걸었다. 옆에서 그 애의 눈길이 느껴졌다.

"이렇게 생각해 보는 거야." 그 애가 다시 말했다. "내가 너를 좋
은 아이로 생각한다고 말이야. 여하튼 날 두려워할 필요는 없어.
너한테 실험을 해보고 싶어. 재미도 있고 아주 쓸모 있는 걸 배울
수도 있는 실험이야. 잘 들어 봐! 나는 가끔 사람들이 독심술이라
고 하는 기술을 써보곤 하거든. 거기에 무슨 마법이 있는 건 아니
야. 하지만 어떻게 하는지 방법을 모르면 아주 이상해 보일 거야.
그 기술로 사람들을 아주 깜짝 놀라게 할 수도 있으니까. 그럼, 한
번 시험해 보자고. 그러니까 나는 너를 좋아해. 아니면 너한테 관
심이 있어서 네 안에 깊이 들어가야만 볼 수 있는 것을 밖으로 끄
집어내 밝혀보고 싶어. 그렇게 하려고 이미 나는 첫걸음을 내디뎠
어. 내가 너를 몹시 놀라게 했지. 그러니까 넌 잘 놀라는 거야. 네
가 두려워하는 일들과 사람들이 있는 거라고. 그건 어디서 생겨났
을까? 그 누구도 두려워해서는 안 돼. 누군가를 두려워한다면 그

건 바로 그 누군가에게 자기를 지배할 힘을 내주었기 때문이야. 예를 들면 어떤 나쁜 일을 했는데 그걸 다른 사람이 알게 된 거야. 그러면 그 사람이 너를 지배할 힘을 갖는 거야. 알아들었니? 너무나 분명하지, 안 그래?"

나는 어쩔 줄 몰라 데미안의 얼굴을 들여다보았다. 언제나 그렇듯이 그 애는 진지하고 총명해 보였다. 마음은 착해 보였지만 그렇다고 다정하게만 보이지는 않았고 오히려 엄격해 보였다. 그 애의 얼굴에는 정의감 또는 그와 엇비슷한 것이 담겨 있었다. 나는 지금 무슨 일이 일어나고 있는지 알 수 없었다. 그 애는 내 앞에 마법사처럼 서 있었다.

"알아들었니?" 데미안이 다시 물었다.

나는 고개만 끄덕일 뿐 아무 말도 할 수 없었다.

"내가 말한 이 독심술이 좀 이상해 보일 수도 있지만 아주 자연스러운 것이기도 해. 예를 들면 전에 내가 카인과 아벨 이야기를 들려주었을 때 네가 나를 어떻게 생각했는지 자세히 설명해 줄 수도 있어. 물론 그건 지금 이야기할 상황은 아니야. 또 네가 한 번쯤은 내 꿈을 꾸었을지도 몰라. 하지만 그 이야기는 접어두자고! 너는 영리한 아이잖아. 그런데 아이들은 대부분 멍청해. 나는 이따금 내가 믿을 수 있는 영리한 아이와 이야기를 나누고 싶어. 그래도 괜찮지?"

"물론이야. 하지만 난 네가 무슨 말을 하는지 전혀 모르겠는걸……."

"우리 한 번 이 재미있는 실험을 계속해 보자! 우리는 이런 사실을 알아낸 거야. S라는 소년이 겁이 많고 잘 놀란다는 것, 그 아이가 누군가를 두려워한다는 것, 그 아이는 분명 이 누군가와 매우 불편한 비밀을 공유하고 있다는 것을 말이야. 대략 맞지?"

나는 꿈속에서 겪는 일처럼 데미안의 목소리와 영향력에 압도되어 그냥 고개만 끄덕였다. 저것은 내 내면에서만 나올 수 있는 목소리가 아닐까? 내 모든 것을 알고 있는 소리가 아닐까? 저 목소리는 내 모든 것을 나보다 훨씬 더 잘 알고, 더 분명하게 알고 있는 소리가 아닐까?

데미안이 내 어깨를 세차게 두들겼다. "그래, 내 말이 맞는구나. 그럴 거라고 생각했어. 이제 한 가지만 더 물어볼게. 조금 전에 저기 있다가 가버린 남자아이 이름이 뭔지 아니?"

나는 소스라치게 놀랐다. 데미안이 건드린 내 비밀이 내 안에서 고통스럽게 움츠러들었다. 그 비밀은 내 안의 어둠에 갇혀 좀처럼 바깥의 햇빛을 마주하기를 원하지 않았다.

"어떤 아이를 말하는 거야? 거기에 나 말고는 아무도 없었어."

데미안이 웃었다.

"괜찮아, 그냥 말해 봐!" 그 애는 여전히 웃고 있었다. "그 녀석 이름이 뭐야?"

나는 나지막이 말했다. "프란츠 크로머를 말하니?"

그 애는 이제 됐다는 듯 고개를 끄덕였다.

"좋아! 넌 똑똑한 녀석이야. 우리는 분명 친구가 될 거야. 이제 너한테 꼭 해줘야 할 말이 있어. 그 크로머, 아니 그 애 이름이 뭐든 간에 아무튼 나쁜 녀석이야. 그 애 얼굴이 스스로 악당이라고 내게 말해 주니까 말이야! 넌 어떻게 생각하는데?"

"응, 나도 그렇게 생각해." 나는 한숨을 내쉬며 말했다. "그 애는 나쁜 놈이야, 사탄이라고! 하지만 그 애가 이 일을 알아서는 안 돼! 맙소사, 그 애는 전혀 몰라야 해! 그 애를 알아? 그 애가 너를 아는 거야?"

"마음 놓아도 돼! 그 애는 갔어. 그 애는 나를 몰라. 아직은 모른다고. 하지만 난 그 애를 기꺼이 알고 싶거든. 그 녀석 공립학교 다니지?"

"그래."

"몇 학년인데?"

"5학년이야. 하지만 걔한테 아무 말 하지 마! 부탁이야. 제발 걔한테 한마디도 하지 마!"

"안심해. 너한테는 아무 일도 안 일어날 거니까. 나한테 그 크로머란 녀석에 대해 좀 더 이야기해 줄 마음은 없니?"

"못 해! 아니, 날 그냥 내버려 두라고!"

데미안은 한동안 말없이 바라보기만 했다.

그러더니 그 애는 이렇게 말했다. "참 안타깝다. 우리는 이 실험을 좀 더 해볼 수도 있었을 텐데. 하지만 널 괴롭힐 생각은 없어. 그 녀석을 두려워하는 건 옳지 않아. 너도 알잖아. 안 그래? 그런 두려움이 우리를 완전히 망쳐버리는 거야. 그 두려움에서 벗어나야 해. 진정한 남자가 되려면 그깟 두려움은 훌훌 털어버려야 해. 알겠니?"

"물론이야, 네 말이 백번 옳아. 하지만 그게 잘 안 돼. 넌 몰라……."

"너도 봤잖아. 나는 네가 생각하는 것보다 더 많은 걸 알고 있다고. 너 혹시 그 녀석한테 돈을 빚진 거야?"

"응, 그런 게 있기도 해. 하지만 그건 중요한 문제가 아니야. 난 말할 수 없어. 말 못 해!"

"그러니까 네가 개한테 빚진 만큼 내가 돈을 갚아 줘도 소용없는 거니? 너한테 그 돈을 줄 수도 있는데 말이야."

"아니야, 그건 아니야. 제발 부탁이야. 아무한테도 말하지 마! 단 한마디도 하면 안 돼! 너 때문에 내가 불행해지면 안 되잖아."

"나를 믿어, 싱클레어. 너는 나중에 크로머와 있었던 일을 내게 털어놓게 될 거야."

"절대로, 절대로 그럴 리 없을 거야!" 나는 목청껏 소리쳤다.

"네가 원하는 대로 해. 혹시라도 네가 나중에 내게 이야기를 좀 더 들려주지 않을까 생각했을 뿐이야. 당연히 너 스스로 말이야! 너, 내가 크로머 녀석처럼 할 거라고 생각하는 건 아니지?"

"아니야. 그렇게 생각하지는 않아. 하지만 넌 그 일에 대해 아는 게 없잖아!"

"난 전혀 몰라. 그저 짐작만으로 생각해 보는 거야. 난 크로머 녀석이 저지른 그런 짓은 절대로 안 해. 그러니까 날 믿어도 돼. 또 너는 나한테 단 한 푼도 빚진 게 없잖아."

우리는 한참 아무 말이 없었다. 나는 시간이 흐를수록 마음이 차분해졌다. 하지만 데미안이 크로머와 나의 일을 안다는 사실이 갈수록 수수께끼 같았다.

"이젠 집에 가야겠어." 그 애는 이렇게 말하더니 빗속에서 외투를 더욱 단단히 여미었다. "너한테 한 가지만 다시 말해 주고 싶어. 이미 돌이킬 수 없는 곳까지 왔으니 말이야. 너는 그 녀석 손아귀에서 벗어나야 해! 아무 방법도 통하지 않는다면 녀석을 죽여 버려! 그렇게 한다면 나도 깊은 감명을 받고 매우 흡족할 거야. 나도 널 도와줄게."

56

두려움이 또다시 몰려왔다. 데미안이 들려준 카인 이야기가 불현듯 다시 생각났다. 아주 섬뜩한 기분이 들어서 나는 숨죽인 채 울기 시작했다. 너무나 많은 섬뜩한 일이 주변에서 나를 에워싸고 맴돌았다.

"좋아." 데미안이 입가에 웃음을 머금고 말했다. "집으로 가! 우리는 기어이 해내고 말 거야. 죽여 버리는 게 가장 간단하겠지만 말이야. 이런 일은 언제나 가장 간단한 게 최선이거든. 네 친구 크로머 옆에 있다간 좋지 않은 일만 있을 뿐이야."

나는 집으로 돌아왔다. 집을 떠나 있었던 세월도 1년쯤은 된 듯했다. 눈에 들어오는 모든 것이 달라 보였다. 나와 크로머 사이에 미래 같기도 하고 희망 같기도 한 무언가가 생겼다. 나는 이제 더는 혼자가 아니었다. 이제야 비로소 나는 비밀을 끌어안고 몇 주 동안 나 혼자 감당했던 것이 얼마나 끔찍한 일이었는지 알게 되었다. 몇 번이나 곰곰이 곱씹으며 생각했던 것이 바로 떠올랐다. 부모님 앞에서 잘못을 고백하는 것으로 내 마음이 가벼워질 수는 있어도 완전히 구원받지는 못하리라는 생각이었다. 이제 나는 다른 사람한테, 낯선 사람한테 고백한 것과 다름없었다. 이런 생각과 함께 구원받으리라는 예감이 강렬한 향기처럼 나를 향해 날아왔다.

나의 두려움은 이후에도 여전히 극복되지 않은 채 남아 있었지만, 내 적과 치러야 할 길고도 끔찍한 대결을 기꺼이 각오했다. 그렇게 마음먹을수록 모든 일이 너무나 조용하게, 너무나 비밀스럽고도 평온하게 흘러가는 것이 이상할 뿐이었다.

하루, 이틀, 사흘, 일주일이 지나도록 우리 집 앞에서 크로머의 휘파람 소리가 자취를 감추었다. 도무지 믿기 어려운 일이었다. 어쩌면 그 애가 전혀 예상하지 못한 순간에 갑자기 다시 나타나지 않을지 마음속으로 대비하며 기다렸다. 하지만 그 애는 사라져 나타나지 않았다. 새롭게 주어진 자유를 의심할 수밖에 없었다. 자유를 얻었다는 사실이 여전히 믿기지 않았다. 그렇게 시간이 흐르다가 마침내 프란츠 크로머와 마주쳤다. 그 애는 자일러가세*를 따라 내가 가는 쪽으로 마주 보며 내려왔다. 그 애는 나를 보자마자 움찔하더니 얼굴을 사납게 찡그리며 주저 없이 방향을 틀어 나를 피해 가버렸다.

꿈에도 생각하지 못한 순간이 내 앞에서 펼쳐지다니! 나의 적이 내 앞에서 꽁무니를 감추고 내빼다니! 나의 사탄이 나를 두려워하다니! 기쁨과 놀라움이 내 몸 마디마디를 거침없이 꿰뚫고 지나갔다.

그 무렵 데미안이 다시 한번 모습을 드러냈다. 그 애는 학교 앞에서 나를 기다리고 있었다.

"안녕." 내가 말을 건넸다.

"안녕, 싱클레어. 그냥 네가 어떻게 지내는지 궁금했어. 크로머가 이제 너를 못살게 구는 일은 없지? 그렇지?"

"네가 그렇게 만든 거야? 대체 어떻게 했길래? 대체 어떻게? 도무지 알 수 없네. 그 녀석이 아예 사라져 버렸어."

"그것 참 잘됐네. 언젠가 녀석이 다시 돌아오면 데미안을 기억하라고만 말해 줘. 내 생각에 그렇게는 못 할 것 같지만 워낙 파렴치한 놈이니까."

"대체 어떻게 된 거지? 그 녀석과 맞짱 뜬 거야? 마구 패줬어?"

---

* 자일러가세(Seilergasse): 도시의 거리 이름.

"아니, 난 그런 짓은 별로 좋아하지 않아. 그냥 이야기만 했어. 너하고 이야기한 것처럼 말이야. 그 녀석한테 너를 건드리지 말고 내버려 두는 게 자기한테도 이로울 거라고 말해 줬을 뿐이야."

"녀석한테 돈을 준 건 아니란 말이지?"

"그렇다니까, 이 친구야. 그건 네가 이미 써본 방법이잖아."

내가 애써 캐물으려고 하자 데미안은 떠나버렸다. 나는 그 애에게 느꼈던 예전의 감정을 그대로 간직한 채 그 자리에 머물러 있었다. 그 감정은 감사와 쑥스러움, 경탄과 두려움, 애착과 거부감이 이상야릇하게 뒤섞인 것이었다.

곧 데미안을 다시 만나야겠다고 마음먹었다. 그 애와 마주 보며 모든 것을 화제로 삼아, 특히 카인의 일에 대해 더 많은 이야기를 나눌 작정이었다.

하지만 내 뜻대로 되지 않았다.

감사하는 마음은 결코 내가 믿는 미덕이 아니었다. 더욱이 어린 아이한테 감사를 요구하는 것은 잘못된 일이라는 생각이 들었다. 그런 까닭에 내가 배은망덕한 태도로 데미안을 대한 것도 그다지 놀랄 일은 아니었다. 그 애가 나를 크로머의 손아귀에서 구출하지 않았다면 나는 일생 병들고 황폐한 삶을 살았을 것이라고 지금도 변함없이 믿는다. 그때에도 나는 이 구원이 내 어린 시절의 삶에서 가장 커다란 체험이라고 느꼈다. 그러나 나를 구출한 사람이 그런 기적을 실현하자마자 나는 그를 아무렇지도 않게 외면해 버렸다.

앞서 말한 것처럼 감사를 모르는 배은망덕한 태도가 내게는 이상하게 생각되지 않았다. 정말로 이상하게 생각된 일은 그때 내게 호기심이 없었다는 사실이다. 데미안과 나의 만남을 열어 준 그 비밀들의 의미를 좀 더 자세히 알아보지 않고 어떻게 단 하루라도 마음 편히 살 수 있었단 말인가? 카인과 크로머는 물론 독심술에 대해 더 듣고 싶은 욕구를 어떻게 억눌렀단 말인가?

이해하기 어려운 일이지만 정말 그랬다. 나는 갑자기 악마의 그물에서 풀려나 자유로워졌다. 세상은 밝고 즐거운 모습으로 다시 내 앞에 서 있었다. 두려움으로 일어나는 발작과 숨통을 조여오는 심장의 두근거림이 자취를 감추었다. 나를 묶었던 속박의 사슬이 끊어졌다. 나는 이제 괴롭힘에 시달리는 저주받은 사람이 아니었다. 예전처럼 평온한 학생으로 돌아와 있었다. 내 타고난 천성은 할 수 있는 한 빨리 마음의 균형과 안정을 되찾으려 했고, 그 숱한 추잡하고 위협적인 것들을 떨쳐버리고 잊어버리려 온갖 애를 썼다. 죄와 불안으로 얼룩진 그 기나긴 이야기가 믿기 어려울 만큼 순식간에 내 기억에서 송두리째 사라졌다. 얼핏 보기에는 흉터나 인상도 전혀 남기지 않은 채.

이제야 돌이켜보면 나를 도와준 구원자를 그토록 빨리 잊어버리려 했던 것도 충분히 이해되었다. 나는 찢긴 내 영혼의 온갖 추진력과 힘을 끌어모아 비참한 저주의 골짜기에서, 크로머에게 얽매인 끔찍한 노예살이에서 벗어나 예전에 내가 행복과 평온을 누렸던 곳으로 되돌아갔다. 다시금 내 앞에 열린 잃어버린 낙원으로, 아버지와 어머니의 밝은 세계로, 누나들에게로, 순수함의 향기가 감도는 곳으로, 아벨의 경건한 신앙이 있는 곳으로.

데미안과 짧은 대화를 나누고 돌아온 그날, 나는 마침내 자유를 되찾은 것을 완전히 확신하고 고통의 열병이 다시 시작될까 더는 두려워하지 않게 되었다. 바로 그날 나는 그토록 애타게 원했던 일을 기어이 하고 말았다. 죄를 고백한 것이다. 어머니한테 가서 자물쇠가 부서지고 돈 대신 장난감 돈이 가득 채워진 저금통을 보여 드렸다. 내 죄로 얼마나 오랫동안 사악한 학대자에게 묶여 있었는지 솔직하게 이야기해 드렸다. 어머니는 그동안 내가 겪은 일을 속속들이 이해하지는 못했지만, 망가진 저금통을 보고, 달라진 내 눈길을 보고, 달라진 내 목소리를 듣고, 내가 이제는 다 나아서 예전 모습으로 돌아왔다는 것을 느끼셨다.

이제 나는 한껏 벅차오르는 감정을 부여안고 내가 다시 받아들여진 것을 기뻐하는 축제를, 탕아의 귀향을 축하하는 잔치를 벌였다. 어머니는 나를 아버지에게 데려가 내게 들었던 이야기를 되풀이하셨다. 질문과 경탄의 외침이 부모님 입에서 연이어 터져 나왔다. 두 분은 내 머리를 쓰다듬으시며 기나긴 압박감에서 벗어나 마침내 안도의 숨을 내쉬셨다. 모든 것이 훌륭했다. 모든 일이 이야기 속에 나오는 사건 같았다. 풀리지 않던 모든 일이 순순히 풀려 멋지게 조화를 이루었다.

나는 온 마음을 다해 이 안정된 조화 속으로 도망쳤다. 내 평화와 부모님의 신뢰를 되찾은 일은 누리고 또 누려도 싫증 나지 않았다. 나는 우리 가정의 모범 소년이 되었다. 그 어느 때보다 누나들과 더 많이 놀았다. 예배 시간에는 구원받은 개종자의 마음으로 내가 좋아하는 옛 찬송가들을 함께 불렀다. 그것은 진심에서 우러난 일이었고 한 점의 거짓도 없었다.

그럼에도 모든 문제는 전혀 해결되지 않은 채 남아 있었다. 내가 데미안을 그토록 쉽사리 잊어버린 것을 제대로 설명할 단 하나의 이유가 바로 여기에 있다. 나는 데미안에게 사실대로 내 모든 비밀을 털어놓았어야 했다. 그 고백은 덜 화려하고 덜 감동적이었겠지만 결국 나에게 훨씬 더 풍성한 유익을 안겨주었을 것이다. 예전의 낙원 같은 세계에 내 모든 뿌리를 단단히 내리도록 데미안은 나를 붙잡아주었고 그로써 나는 집으로 돌아와 가족의 자비로운 환대를 받았다. 하지만 데미안은 이 세계에 속하지 않았고 이 세계에는 어울리지도 않았다. 데미안도 유혹하는 자였다. 크로머와는 달랐지만 유혹자인 건 마찬가지였다. 그 애도 역시 나를 악하고 나쁜 두 번째 세계와 연결해 준 사람이었다. 이제는 그런 세계에 관해 영영 알고 싶지 않았다. 나 자신이 다시 아벨이 된 지금, 이제 와서 아벨을 포기하고 카인을 예찬하는 것을 도울 수는 없었고 또 돕고 싶지도 않았다.

바깥으로 드러난 상황은 그랬다. 하지만 속사정은 다음과 같다. 나는 크로머라는 악마의 손아귀에서 벗어났지만 내 힘과 노력으로 풀려난 게 아니었다. 나는 세상의 오솔길들을 똑바로 걸어보려고 애썼지만 그 길들이 내게는 너무나 미끄럽고 위태로웠다. 그런데 친절한 어느 손길이 나를 붙들어 구원해 준 덕분에 나는 그 이상 곁눈질 한 번 하지 않고 어머니 품으로 돌아갔다. 불면 꺼질까 애지중지 보호받는 유순한 어린 시절의 안전한 세계로 달려 들어가 안긴 것이다. 나는 내 참모습보다 더 어리고 더 의존적이고 더 철없는 아이처럼 행동했다. 크로머에게 종속되었던 관계를 새로운 종속관계로 바꿔야 했다. 나 혼자 힘으로는 길을 갈 수 없었기 때문이다. 그러므로 나는 마음의 눈이 먼 채 무작정 아버지와 어머니에게, 예전의 그리운 '밝은 세계'에 의지하는 삶을 선택했다. 하지만 그것이 유일한 세계는 아니라는 것을 나는 잘 알았다. 내가 만일 그렇게 하지 않았다면 데미안 편에 서서 데미안에게 모든 비밀을 털어놓았을 것이다. 그렇게 내 마음을 속속들이 털어놓지 않은 것이 그 당시에는 데미안의 낯선 생각을 정당하게 불신하는 것이라고 생각했다. 그러나 사실은 두려움을 나타낸 것에 지나지 않았다. 데미안은 부모님이 원하시는 것보다 더 많은 것을, 훨씬 더 많은 것을 내게 원했을 것이다. 그 애는 나를 자극하다가 따끔하게 충고하기도 하고, 때로는 조롱하다가 삐딱하게 비판하며 나를 더 주체적이고 독립적인 인간으로 만들려고 했을 것이다. 아, 이제 나는 잘 안다. 사람으로 태어나 자기 자신에게 이르는 길을 가는 것보다 더 못 견디게 싫은 일은 이 세상에 결코 없다는 것을!

그럼에도 세월이 반년쯤 흘렀을 무렵, 나는 충동을 억누르지 못하고 어느 날 산책길에서 아버지에게 카인이 아벨보다 더 좋은 사람이라고 당당하게 말하는 이들이 더러 있는데 이를 어떻게 생각하시느냐고 여쭈어보았다.

아버지는 적잖이 놀라셨지만 이건 그다지 새로울 것도 없는 견해라고 말씀하셨다. 게다가 이 견해는 이미 초기 기독교 시대에 출현했는데, 여러 종파에서 그 가르침을 전수했고 그들 중 한 종파는 스스로 '카인파'라고 불렸다는 것이다. "하지만 이 미친 교리는 두말할 필요도 없이 우리 신앙을 파괴하려는 악마의 꼼수일 뿐이야. 만약에 카인이 정당하고 아벨이 부당하다고 믿는다면 하느님 생각이 틀렸다는 결론이 나오게 되고, 그건 결국 성경의 하느님이 유일하고 참된 분이 아니라 거짓된 분이라는 결론에 이르게 되는 거야. 실제로 카인파는 이와 비슷한 교리를 가르치고 설교했단다. 하지만 그런 이단 종파는 벌써 오래전에 인류로부터 자취를 감추었어. 네

학교 친구가 그런 무리의 견해에 대해 무언가를 알고 있다니 그저 놀라울 뿐이야. 어쨌든 너는 그런 생각에 빠져들지 않도록 스스로 각별히 경계하고 조심하렴."* 아버지는 이렇게 말씀하셨다.

———

* 헤르만 헤세는 주인공 에밀 싱클레어가 아버지 말을 들은 대로 전하는 간접화법으로 서술했지만 옮긴이는 독자의 가독성과 문학적 효과를 고려해 '직접화법'으로 번역했다.

3

십자가에 못 박힌 강도

내 어린 시절과 아버지와 어머니의 보호를 받으며 누리던 평온
함을, 부모님을 향한 사랑을, 밝고 온화하며 사랑이 가득한 환경에
둘러싸여 소박하면서도 부족함 없이 보낸 삶을 이야기하는 것은
아름답고 다사롭고 소중한 일일 것이다. 그러나 지금도 내 관심을
사로잡는 유일한 것은 나 자신에게 이르고자 내가 디뎠던 인생의
발걸음뿐이다. 망중한을 즐기던 멋들어진 모든 장소, 행복의 꽃이
피어나던 섬들과 낙원들이 안겨주는 마력을 모르는 것은 아니지
만, 나는 그것들을 아득한 추억의 광채 속에 남겨두려고 한다. 그
곳으로 또다시 발걸음을 옮기고 싶지는 않다.

그런 까닭에 내 소년 시절을 좀 더 이야기한다면, 어떤 새로운
일이 내게 다가왔는지, 무엇이 나를 앞으로 몰아댔고 무엇이 나를
산산이 찢어냈는지만 말하려 한다.

이런 자극들은 늘 '다른 세계'에서 왔고 언제나 두려움과 강요

와 양심의 가책이 함께했다. 그 자극들은 언제나 혁명적이었고 내가 기꺼이 머물고 싶어 했던 평화를 위협했다.

허용된 밝은 세계에서 몸을 숨기려는 원초적 본능이 내면에 도사리고 있음을 새로이 깨닫게 되는 시절이 찾아왔다. 누구에게나 마찬가지이지만 성^性에 서서히 눈뜨는 감정이 내게도 원수이자 파괴자로, 금지된 것으로, 유혹과 죄악으로 들이닥쳤다. 내가 호기심에 이끌려 구하던 것, 꿈과 욕망과 두려움이 내게 만들어 준 것, 사춘기의 그 커다란 비밀, 이런 것은 내 어린 시절의 평화를 감싸 준 행복감과는 전혀 어울리지 않았다. 나는 다른 사람처럼 행동했다. 더는 어린아이가 아니었지만 어린아이인 척하면서 이중생활을 했다. 내 의식은 친숙한 것과 허용된 것의 세계 속에 살면서 여명처럼 밝아오는 새로운 세계를 부정했다. 이와 더불어 꿈속에서, 충동 속에서, 바깥으로 드러낼 수 없는 은밀한 소망들 속에서 살았다. 저 의식적인 삶은 이런 소망들 위로 점점 더 위태로워지는 다리를 놓았다. 내 안에서 유년의 세계가 무너졌기 때문이다. 거의 모든 부모가 그렇듯이 내 부모님도 꿈틀꿈틀 깨어나는 삶의 충동을 도와주지 않았고, 그 충동에 대해서는 아무 말도 하지 않았다. 그저 부모님은 내가 현실적인 것을 부정하면서 점점 더 비현실적이고 거짓으로 굳어가는 유년 세계에 안주하려고 하는 가망 없는 시도를 온갖 정성을 다해 도와주었을 뿐이다. 이런 일에서 부모님이 실제로 많은 도움을 줄 수 있는지 나는 알지 못한다. 그러기에 부모님을 비난하고 싶지도 않다. 인생을 내 뜻대로 다스리고 길을 찾는 것은 내가 스스로 해야 할 일이었다. 하지만 대부분 좋은 환경에서 자라난 아이들이 그렇듯이 나도 스스로 해야 할 일을 제대로 해내지 못했다.

인간이라면 누구든 이런 어려움을 겪기 마련이다. 보통 사람들에게 이 어려움은 자기 인생이 요구하는 것과 주변 세계가 가장 심하게 갈등을 일으키는 지점이며, 앞으로 나아가는 길을 가장 힘겹고 혹독하게 쟁취해야 하는 삶의 지점이기도 하다. 수많은 사람이 죽음과 새로운 탄생을 경험한다. 이것은 일생에 단 한 번은 꼭 겪어야 하는 우리 운명이다. 유년 세계가 흐물흐물 부스러지면서 서서히 무너진다. 눈에 익은 정겨운 것이 모두 우리 곁을 떠나간다. 갑자기 우리는 우주 한복판에 서 있는 고독과 치명적인 냉기에 둘러싸여 있는 것을 느낀다. 아주 많은 사람이 그 차가운 낭떠러지에 매달려 있고, 더는 돌이킬 수 없는 과거와 잃어버린 낙원의 꿈에, 모든 꿈 중 가장 고약하고 치명적인 꿈에 한평생 고통스럽게 집착한다.

우리 이야기로 돌아가자. 내게 어린 시절의 종말을 알려준 감정과 꿈의 형상들은 여기서 이야기할 만큼 중요하지는 않다. 중요한 사실은 '어두운 세계', 이 '다른 세계'가 또다시 내 앞에 나타났다는 것이다. 한때 프란츠 크로머였던 것이 바로 나 자신 안에 숨어 있었다. 이와 동시에 외부에서 들어온 '다른 세계'도 다시금 나에 대한 지배권을 움켜쥐었다.

크로머 사건을 겪은 지 여러 해가 지나갔다. 내 삶에서 죄가 너무 많았던 그 극적인 시절은 이미 아득히 멀어졌고 마치 짧게 꾼 악몽처럼 아무렇지도 않은 듯 자취를 감추었다. 프란츠 크로머는 오래전에 내 인생에서 사라지고 없었다. 길을 가다가 우연히 그 애와 마주쳐도 대수롭지 않게 여겼다. 그러나 내 비극의 또 다른 중요한 인물인 막스 데미안은 내 주변에서 완전히 사라지지 않았다. 그 애는 오랫동안 저 멀리 변두리에 머물렀다. 눈에 띄기는 했지만 내게 아무런 영향도 미치지 않았다. 그러다 마침내 다시 천천히 다가와 예전처럼 힘과 영향력을 발산했다.

그 시절의 데미안에 대해 내가 무엇을 알고 있는지 가만가만 기억을 돌이켜본다. 일 년이 지나가도록 나는 그 애와 한 번도 이야기를 나누지 않았던 것 같다. 나는 의식적으로 그 애를 피했고, 그애는 결코 나를 밀어붙이듯 무리하게 다가오지는 않았다. 어느 날 우연히 마주치는 순간에도 그 애는 내게 고개를 끄덕이며 가볍게 인사만 했다. 그럴 때면 데미안의 친절함에 조롱이나 삐딱하게 빈정거리는 듯한 비난의 섬세한 울림이 스며들어 있다는 생각이 문득문득 스치기도 했다. 그러나 그건 내 상상이었을지도 모른다. 내가 그 애와 함께 겪었던 일, 당시에 그 애가 내게 미친 그 이상한 영향력은 그 애도 나도 모두 잊어버린 듯했다.

그 애의 모습을 되새겨 본다. 지금, 데미안에 대한 기억의 길을 따라가 보니 그 애가 그곳에 있으면서 내 관심의 눈길을 받는 모습이 환하게 떠오른다. 그 애가 혼자서 또는 상급반의 다른 학생들 틈에 섞여 학교로 향하는 모습이 떠오른다. 그 애가 자신만의 공기에 에워싸여 자신만의 법칙에 따라 살면서 낯설고도 고독하게 조용히 마치 별처럼 그들 사이를 걷는 모습이 떠오른다. 아무도 데미안을 사랑하지 않았고 아무도 그 애와 친밀하지 않았다. 친하게 지내는 사람은 그 애의 어머니뿐이었는데, 그 애는 자기 어머니와도 아이가 아니라 다 자란 어른처럼 지내는 것 같았다. 선생님들은 그 애를 될 수 있는 한 가만히 내버려 두었다. 그 애는 좋은 학생이었지만 누구 마음에 들려고 애쓰지도 않았다. 그 애가 선생님에게 어떤 말을 했다거나 혹평을 했다거나 반박하는 의견을 드러냈다는 소문이 이따금 우리에게 들려왔다. 데미안이 했던 말들은 더할 나위 없이 날카롭고 거침없는 도발이거나 삐딱하게 비꼬는 듯한 비판이었다.

눈을 감고 기억의 길을 따라가 본다. 데미안의 모습이 환하게 떠오른다. 그곳이 어디였던가? 그래, 다시 그곳이다. 우리 집 앞 골목길이었다. 어느 날 그곳에 서 있는 그 애를 보았다. 손에 공책을 들고 우리 집 현관문 위의 장식, 새가 새겨진 낡은 문장紋章을 그리고 있었다. 나는 창가에 기댄 채 커튼 뒤에 숨어서 그 애를 지켜보았다. 그 애의 주의 깊고 냉철하고 밝은 얼굴이 문장을 향하고 있는 모습을 나는 깊은 경탄의 눈길로 바라보았다. 그것은 성숙한 남자의 얼굴, 연구자나 예술가의 얼굴이었다. 탁월하고 의지가 넘치며 이상하다 싶을 만큼 밝으면서도 냉철하고 예지가 번득이는 눈빛을 보였다.

다시 데미안의 모습이 보인다. 얼마간 시간이 흐른 뒤 길거리에서 겪은 일이다. 학교에서 수업을 마치고 돌아오던 우리는 길에 쓰러져 있는 말 한 마리를 발견해 그것을 에워싸고 서 있었다. 농부의 마차 앞쪽 끌채에 매인 말은 애원하듯 탄식의 한숨을 토해내며 벌름대는 콧구멍을 하늘로 향한 채 헐떡거리고 있었다. 눈에 보이지 않는 상처에서 피가 흘러나와 말 옆구리 쪽 길거리에 쌓인 하얀 먼지가 서서히 검은색으로 물들었다. 나는 속이 메스꺼워 시선을 돌렸는데 때마침 데미안의 얼굴이 보였다. 그 애는 사람들 사이를 헤집고 앞으로 나오지 않았으며, 늘 그랬듯이 아주 우아하고 편안한 자세로 맨 뒤쪽에 서 있었다. 그 애의 시선은 말머리로 향한 듯했고, 그 눈빛은 또다시 깊고 고요하며 거의 광적이면서도 냉철한 집중력을 발산했다. 나는 오랫동안 그 애를 지켜보았다. 뚜렷이 의식한 것은 아니지만 그때 나는 무언가 아주 독특한 것을 느꼈다. 데미안의 얼굴이 내 눈길 속에 들어왔다. 그 애의 얼굴은 소년의 얼굴이 아니라 성숙한 남자의 얼굴이었다. 내 눈 속에 들어온 데미안의 얼굴은 그 이상이었다. 성숙한 남자의 얼굴도 아닌 뭔가 다른 것을 보았거나 느꼈다고 믿었다. 성숙한 여자의 얼굴도 어느 정도는 그 얼굴에 깃들어 있는 듯했다. 한순간 그 얼굴은 남자나 어린아이가 아니고, 늙거나 젊은 것도 아니며, 천 살쯤 먹은 듯 어딘지 모르게 시간을 훌쩍 뛰어넘은 것 같고, 우리가 살아가는 시간의 흐름과는 다른 시간의 흐름으로 낙인찍힌 듯 보였다. 짐승들 또는 나무들이나 별들은 데미안처럼 그런 얼굴을 할 수 있다. 당시에 나는 그걸 몰랐고, 지금 어른이 되어 이야기하는 것을 당시에 정확히 느꼈던 것도 아니다. 하지만 그 비슷한 것을 느끼긴 했다. 어쩌면 데미안은 잘생겼을 수도 있고, 어쩌면 내 마음에 흡족했을 수도 있고, 어쩌면 역겨웠을 수도 있다. 그것도 명확히 판단할 수는 없었다. 다만 내 눈에 보인 것은 데미안이 우리와 다르다는 것뿐이었다. 그 애는 짐승 같기도 하고 유령 같기도 하고 그림 같기도 했다. 그 애가 실제로 어떤 모습이었는지는 모른다. 하지만 그 애는 우리 모두와 달랐다. 상상하기 어려울 정도로 우리와는 달랐다.

그 이상을 알고 싶어도 더 기억나는 것이 없다. 어쩌면 이것도 일부분은 훗날 내가 받은 인상으로 새겨진 것일지도 모른다.

나이를 몇 살 더 먹은 뒤에야 비로소 다시 그 애와 가까워졌다.

데미안은 사회의 관습이 의례적으로 요구하는 바에 따라 동갑내기들과 함께 교회에서 받아야 하는 견진성사를 받지 않았다. 이를 두고도 곧바로 소문이 나돌았다. 데미안이 원래 유대인이다, 아니다, 이교도다 같은 말들이 학교에 퍼졌다. 데미안이 자기 어머니와 마찬가지로 아무 종교도 없는 아이라거나 황당무계한 사이비 종파의 신도라고 떠들어대는 학생들도 있었다. 데미안이 어머니와 애인처럼 살고 있다고 수군대는 말을 들은 적도 있는 것 같다. 그때까지 데미안은 어느 종파에도 속하지 않고 성장했는데 그것이 그 애의 장래에 무언가 해를 끼칠 수 있다는 염려를 불러온 것으로 보인다. 동갑내기들보다 2년이나 늦었지만 여하튼 데미안의 어머니는 뒤늦게라도 아들에게 견진성사를 받게 하기로 결정했다. 그런 까닭에 그 애는 몇 달 동안 나와 함께 견진성사 수업을 받을 수밖에 없었다.

한동안 나는 데미안을 완전히 멀리했다. 그 애와 엮이고 싶지 않았던 것이다. 그 애는 너무나 많은 소문과 비밀에 휩싸여 있었다. 가장 신경에 거슬린 것은 크로머와의 사건을 겪은 후 내 마음에 여전히 남아 있던 데미안에게 진 빚이었다. 그뿐 아니라 나는 내 비밀만으로도 버거웠다. 견진성사 수업이 성 문제에 결정적으로 눈뜨던 시기와 맞물렸기 때문이다. 바로 그 때문에 신성한 가르침을 제대로 들어보려는 선한 의도가 있음에도 내 관심은 엄청나게 떨어졌다. 목사님이 이야기하는 내용은 내게서 아주 멀리 떨어진 고요하고 거룩한 비현실 속의 일이었다.* 아마도 그것은 아주

---

* 소년 시절에 헤르만 헤세는 목사인 아버지 요하네스 헤세의 강요로 '마울브론' 신학교에 입학하

아름답고 가치 있는 일이겠지만 지금 당장 내게 시급한 일도 아니고 결코 흥분되는 일도 아니었다. 하지만 성적인 문제는 더할 나위 없이 시급하고 흥분되는 일이었다.

이런 상황에서 견진성사 수업에 대한 관심은 점점 더 멀어졌고 내 관심은 날이 갈수록 다시금 막스 데미안에게로 향했다. 우리 두 사람의 마음을 이어주고 묶어주는 무언가가 있는 듯했다. 나는 할 수만 있다면 우리를 이어준 그 연결고리를 정확히 따라가려 한다. 내 기억의 길을 따라가 보면, 그 일은 아침 일찍 수업 시간에 시작되었다. 교실에는 여전히 불이 켜져 있었다. 목사님은 카인과 아벨 이야기를 시작하셨다. 나는 그분 말에 그다지 집중하지 않았다. 졸음을 이기지 못해 귀 밖으로 흘려들었다. 그때 목사님이 목소리를 높여 사뭇 진지하게 카인의 표 이야기를 꺼냈다. 바로 그 순간 뭔가가 나를 건드리며 경고하는 듯한 느낌을 받았다. 눈을 들어 앞줄을 바라보니 데미안이 나를 돌아보고 있었다. 뭔가를 이야기하는 듯한 맑은 눈빛이었다. 비웃음을 품었으면서도 진지함이 느껴지는 눈길이었다. 그 애는 단 한 번 나를 바라보았을 뿐인데, 나는 갑자기 긴장해서 목사님 말에 귀를 기울였다. 목사님이 들려주는 카인과 그의 표 이야기를 경청하는 동안 내 마음속 깊은 곳에서 그분 가르침이 꼭 맞는 것만은 아니라는 느낌이 새록새록 들었다. 카인에 대한 목사님 가르침을 다른 시각으로 볼 수도 있고, 비판할 수도 있다는 생각이 분명해졌다.

여 의무적으로 기독교 교육을 받아야만 했다. 주인공 싱클레어가 학교에서 받는 종교 수업은 헤세가 10대 시절에 체험한 마울브론 신학교의 엄격한 기독교 교육을 연상시킨다. 이 광경은 헤세의 또 다른 소설 『수레바퀴 아래서』에서도 재현된다.

그런 깨달음을 얻는 순간 데미안과 나는 다시 이어졌다. 너무나 신기하게도 그 애와 내 영혼을 결속하는 일종의 유대감을 느끼자마자 그 느낌이 마법처럼 우리가 함께 있는 공간으로 옮겨가는 것을 똑똑히 보았다. 그 애가 스스로 일으킨 일인지 아니면 순전히 우연한 일인지는 알 수 없었다. 물론 그 당시에 나는 우연이라고 철석같이 믿었다. 며칠 후 종교 수업 시간에 데미안은 갑자기 자리를 바꿔 바로 내 앞자리에 앉았다(가난하기 짝이 없는 빈민 구호 시설처럼 학생들이 빽빽이 들어찬 교실의 공기 속에서 아침에 그 애 목덜미에서 솔솔 풍기는 신선한 비누 향기를 얼마나 마음껏 들이마셨는지 아직도 뚜렷이 기억한다). 다시 며칠 후 그 애는 또 자리를 바꿔 내 옆자리에 앉았다. 그렇게 겨울이 흐르고 봄이 지나도록 그 애는 그 자리에 앉았다.

아침 시간이 완전히 새로워졌다. 더는 졸음도 오지 않고 지루하지도 않았다. 나는 즐거운 마음으로 그 시간을 기다렸다. 이따금 우리 두 사람은 촉각을 곤두세우고 목사님 말씀에 귀를 기울였다. 옆자리에서 슬쩍 나를 한번 바라보는 데미안의 눈빛 하나만으로도 나는 특이한 이야기나 기이한 격언에 쉽게 주목할 수 있었다. 더욱이 그 애가 보내는 또 다른 눈빛, 비범하고 특이한 눈빛 하나만으로도 내게 경고 신호가 되어 마음속에서 비판과 의심을 여지없이 불러일으켰다.

그러나 우리는 걸핏하면 불량 학생이 되어 수업 내용에 전혀 귀를 기울이지 않았다. 데미안은 선생님과 학우들을 언제나 예의 바르게 대했다. 나는 그 애가 다른 학생들처럼 어리석은 장난질을 치는 것을 본 적이 전혀 없다. 큰 소리로 한바탕 웃거나 떠들어대는

것도 결코 들은 적이 없다. 물론 선생님에게 야단맞을 일을 한 적
도 없다. 하지만 그 애는 내 귀에 속살거리는 말보다는 신호나 눈
빛으로 아주 조용히 나를 자신이 몰두하는 일에 끌어들이는 법을
알고 있었다. 데미안이 열중하는 일들은 유별나고 특이했다.

이를테면 데미안은 학생들 중 어떤 아이들이 자기 관심을 받고
있는지, 그런 아이들을 어떤 식으로 유심히 지켜보고 탐색하는지
를 내게 이야기해 주었다.

몇몇 아이에 대해서는 아주 정확히 알고 있었다. 수업이 시작되
기 전에 그 애가 내게 말했다. "내가 엄지손가락으로 너한테 신호
를 보내면 저기 있는 저 아이가 우리 쪽을 돌아보거나 아니면 목
덜미를 긁적거릴 거야." 그 애는 이런 식으로 말하곤 했다. 수업이
진행되는 중에 나는 그 말을 거의 잊어버렸다가 그 애가 갑자기 분
명한 신호를 보내면서 나를 향해 엄지손가락을 돌리면 나는 곧바
로 그 애가 앞서 지목한 학생을 응시했다. 그럴 때마다 그 학생은
마치 줄로 연결되어 조종당하듯이 정해진 몸짓을 보여주었다. 나
는 데미안에게 선생님에게도 똑같이 시험해 보라고 졸랐지만 그
애는 그것만큼은 하려고 하지 않았다. 그러나 딱 한 번 도와준 일
이 있다. 수업이 시작되기 전에 오늘은 내가 숙제를 못 했으니 목
사님이 나한테 질문하지 않았으면 좋겠다고 했더니 그 애가 도움
을 준 것이다. 목사님은 교리문답 구절을 외우게 하려고 학생들을
이리저리 둘러보았다. 마땅한 학생을 찾느라 두리번거리던 목사님
시선이 죄의식에 사로잡힌 내 얼굴에 딱 멈추었다. 목사님은 내게
로 천천히 다가와 나를 손가락으로 가리키며 내 이름을 부르려고
하다가 갑자기 흐트러지고 불안해진 표정으로 옷깃을 매만졌다.

그러더니 자기 얼굴을 뚫어지게 바라보는 데미안 쪽으로 뚜벅뚜벅 걸어가 무언가를 질문하려고 했다. 하지만 소스라치게 놀란 듯 몸을 돌려 한 발짝 물러서 한동안 기침을 하더니 다른 학생에게 교리문답을 외워보라고 요구했다. 나는 이런 장난에 재미를 붙여 즐거워하다가 내 친구가 나한테도 자주 똑같은 장난을 친다는 사실을 서서히 깨닫게 되었다. 학교 가는 길에 갑자기 데미안이 뒤에서 조금 거리를 두고 따라온다는 느낌이 분명해질 때가 있었다. 그럴 때마다 뒤돌아보면 어김없이 그 애가 있었다.

"네가 원하는 걸 다른 사람이 생각하게 만드는 거야?" 내가 물어보았다.

데미안은 몸에 밴 어른스러운 태도로 침착하게 구체적으로 흔쾌히 대답했다.

"아니야." 그 애는 말했다. "그건 불가능해. 목사님은 인간에게 자유의지가 있다고 하지만 사실은 그렇지 않아. 다른 사람도 자신이 원하는 걸 생각할 수 없고, 나도 그 사람에게 내가 원하는 걸 생각하게 만들 수 없어. 하지만 누군가를 잘 관찰할 수는 있지. 그러면 그 사람이 무엇을 생각하는지 또는 무엇을 느끼는지 꽤 정확히 말할 수 있어. 그러면 다음 순간에 그 사람이 무슨 행동을 할지도 대개는 미리 알 수 있어. 그건 매우 간단한 일이야. 그저 사람들이 모를 뿐이지. 물론 연습이 필요하긴 해. 이를테면 나비들 중에는 암컷이 수컷보다 개체 수가 훨씬 적은 나방 종류가 있어. 그 나방도 다른 동물들처럼 번식해. 수컷이 암컷을 수정시키면 암컷이 알을 낳는 거야. 자연을 연구하는 학자들이 여러 번 실험한 결과, 밤에 수컷 나방들이 암컷 나방 한 마리가 있는 곳으로 날아온다는 거야. 몇 시간이나 걸리는 먼 곳에서 말이야! 몇 시간이나 걸리는 곳에서 날아온다니, 한번 생각해 봐! 몇 킬로미터 떨어진 먼 곳에서도 모든 수컷 나방이 그 지역에 단 하나밖에 없는 이 암컷 나방을 감각으로 알아차린다는 거야! 왜 그렇게 되는지를 설명하려고 해도 그건 쉬운 일이 아니야. 나방에게는 냄새 맡는 일종의 후각 기관이라든가 그와 비슷한 뭔가가 있는 게 틀림없어. 이를테면 감각이 뛰어난 사냥개들이 눈에 드러나지 않는 흔적을 알아채고 추적하는 것처럼 말이야. 이해하겠니? 그런 일들이 있는 거야. 자연에는 그런 일들이 차고 넘치는데, 아무도 그걸 설명할 수는 없어. 하지만 내 말을 들어봐. 이 암컷 나방이 수컷만큼 많다면, 수컷 나방들은 그렇게 섬세한 후각을 갖지 못했을 거야! 수컷들은 그런 일에 길들여져 그토록 정교한 후각을 갖게 된 것뿐이지. 동물이든 인간이든 온갖 주의력과 의지를 특정한 일에 쏟아부어 집중한다면 그 일을 성공적으로 해낼 수 있는 거야. 다른 건 없고 그게 다야. 네가 나한테 궁금해하며 물어본 말도 정확히 바로 그걸 말하는 거라고. 네가 어떤 사람을 대하든 그 사람을 충분히 정확하게 바라보면 그 사람에 대해 그 자신보다 더 많은 것을 깊이 알게 될 거야."

'독심술'이라는 말이 혀끝에까지 차 올라와서 입가에 맴돌다 보니 데미안에게 이미 옛날 일이 되어 버린 크로머와의 장면을 다시 떠올리게 할 뻔했다. 그러나 이것도 우리 두 사람 사이에만 있을 법한 이상한 일이었다. 그 애가 여러 해 전에 단 한 번 내 삶에 너무 진지하게 관여한 사실을 조금이라도 내비치는 말은 그 애도 나도 입 밖에 낸 적이 전혀 없었다. 예전에 우리 둘 사이에 마치 아

76

무 일도 일어난 적이 없는 것만 같았다. 아니면 우리는 저마다 상대방이 그 일을 잊어버렸을 거라고 굳게 믿는 것 같기도 했다. 심지어 둘이 함께 길을 걷다가 프란츠 크로머와 한 번이나 두 번 마주친 적도 있었지만, 우리는 눈길을 주고받지 않았고 그 녀석에 대한 말은 한마디도 입에 담지 않았다.

"그렇다면 의지는 어떻게 되는 거지?" 나는 물었다. "너는 인간에겐 자유의지가 없다고 말했잖아. 그런데 그래 놓고는 다시 인간이 무언가에 의지를 확고히 쏟아부어 집중하기만 하면 목적을 이룰 수 있다고 했잖아. 그건 말의 앞뒤가 안 맞아! 내가 내 의지를 움직이는 주인이 아니라면 내 의지를 내가 원하는 대로 여기 또는 저기에 집중할 수 없잖아."

데미안은 토닥이듯 내 어깨를 톡톡 쳤다. 내가 그 애를 기쁘게 할 때마다 그 애가 되풀이하는 습관이었다.

"그렇게 질문하니 참 좋아!" 그 애가 환하게 웃으며 말했다. "사람은 언제나 물으면서 의심하는 마음을 가져야 해. 그건 의외로 아주 간단한 문제야. 예를 들어 우리가 얘기했던 저 나방이 먼 곳의 어떤 별이라든가 다른 어떤 곳에 의지를 집중하려고 하면 자기가 품었던 뜻을 이룰 수 없어. 물론 나방은 절대로 그렇게 행동하려고 하지는 않겠지만 말이야. 나방은 자기에게 의미 있고 가치 있는 것, 자기에게 꼭 필요한 것, 반드시 가져야 하는 것만 찾는 법이니까. 그래서 나방은 믿기 어려운 일을 거뜬히 해내는 거라고. 나방은 다른 동물들에겐 아예 없는 마법과 같은 여섯 번째 감각 능력을 발전시킨 거야! 우리 인간은 물론 동물보다는 활동 영역도 더 넓고 관심 분야도 더 많아. 하지만 우리도 비교적 좁은 범위 안에 묶여 있어서 그 테두리에서 벗어나지 못해. 나는 이런저런 상상을 해볼 수는 있어. 이를테면 반드시 북극에 가고야 말겠다는 식의 상상은 얼마든지 할 수 있는 거라고. 하지만 그 소망이 내 마음을 완전히 사로잡고 정말로 내 존재 전부가 그 소망으로 가득 채워져 있을 때만 그것을 강렬하게 원하고 또 행동으로 실행할 수 있는 거야. 그렇게만 된다면, 그러니까 네 마음속 깊은 곳에서 더는 막을 길 없이 솟아 나오는 소리를 거부하지 않고 시도한다면, 소망은 이루어지는 법이야. 네 의지를 온순한 말처럼 부릴 수 있지. 예를 들어 우리 목사님이 앞으로는 안경을 쓰지 않게 해야겠다고 내가 지금 마음먹는다면 그런 일은 이루어질 수 없어. 그건 단지 장난일 뿐이까. 하지만 지난가을에 내가 자리를 교실의 저 앞자리에서 다른 곳으로 옮겨야겠다는 확고한 의지를 품었을 때는 마음 먹은 대로 되었어. 알파벳 순으로 내 바로 앞에 있는 아이가 그동안 계속 몸이 아파서 못 나오다가 그때 갑자기 나타난 거야. 그 아이에게 누군가는 자리를 양보해야 했기에 자연스럽게 내가 앉았던 자리를 내주었지. 내 의지는 기다리던 기회를 바로 붙잡을 준비가 되어 있었으니까 말이야."

"그래." 나는 말했다. "그때 나는 정말 이상하다는 생각이 들었지. 우리가 서로에게 관심을 둔 순간부터 너는 점점 더 내게 가까이 다가왔으니까. 그런데 어떻게 그렇게 할 수 있었어?"

"그건 이렇게 된 거야. 처음에 내가 앉았던 자리를 떠나고 싶은 생각이 들었을 때 어디로 옮겨 앉고 싶은지 나도 잘 몰랐어. 단순히 더 뒤쪽으로 가서 앉고 싶다는 것만 알았을 뿐이거든. 내 의지는 네 옆자리로 가겠다는 것이었지만 그걸 나도 잘 의식하지는 못했지. 내 의지와 동시에 네 의지가 함께 작용하면서 나를 도왔던 거야. 네 앞자리에 앉은 뒤에야 비로소 내 소망이 겨우 절반만 이루어졌다는 걸 의식하게 됐어. 사실은 내가 네 바로 옆자리에 앉고 싶었던 걸 그제야 알게 된 거지."

"하지만 그때는 교실에 새로 들어온 학생도 없었는데."

"물론 없었지. 그러나 난 그냥 내가 하고 싶은 대로 해버린 거야. 눈 깜짝할 사이에 네 옆에 앉아버린 거라고. 나와 자리를 바꾼 아이는 기가 막힌 듯 어리둥절해서 내가 하는 대로 내버려 두고 보고만 있었어. 목사님은 무언가 변화가 일어났다는 걸 단번에 알아챘어. 나를 볼 때마다 마음속에 무언가 불편함을 느꼈던 거야. 내 성은 데미안인데, D로 시작하는 내가 아주 뒤쪽 S자 줄에 앉아 있는 게 마땅치 않다는 걸 알았던 거야. 하지만 그런 사실이 내 의식에까지 솟구쳐 올라오진 않았어. 목사님이 안다는 사실을 내가 생각하지 않도록 내 의지가 가로막고 늘 방해했으니까 말이야. 목사님은 번번이 무언가가 어긋났다는 걸 감지하고 나를 바라보며 어떻게 된 일인지 알아내고자 했지. 참 좋은 분이긴 해. 하지만 그냥 간단한 방법을 쓰기만 하면 된다고. 목사님이 무언가를 알아내려고 할 때마다 전혀 흔들림 없이 그분 눈을 똑바로 쳐다보는 거야. 대부분 사람은 그렇게 자기를 빤히 쳐다보는 걸 잘 견디지 못해. 모두 불안해한다고. 만일 네가 누군가에게서 무언가를 얻어내고 싶으면 갑자기 그 사람 눈을 아주 또렷이 들여다보렴. 그렇게 들여다보는데도 그 사람이 전혀 불안해하는 낌새가 없으면 포기하는 게 좋아! 그 사람한테선 아무것도, 절대로 아무것도 얻어낼 수 없으니까 말이야! 하지만 그런 경우는 아주 드물지. 그런 방법이 통하지 않는 사람이 딱 한 사람 있어."

"그게 누구지?" 내가 재빨리 물었다. 데미안은 생각에 깊이 잠길 때마다 늘 그랬듯이 눈을 가늘게 뜨고 나를 바라보았다. 그러더니 눈길을 다른 곳으로 돌린 채 아무 말도 하지 않았다. 그게 누군지 무척 궁금했지만 또 물을 수는 없었다.

하지만 데미안이 말한 그 사람이 그 애 어머니였다고 나는 믿는 다. 데미안은 자기 어머니와 내면적으로 친밀한 유대감을 나누며 살아가는 듯 보였다. 하지만 그 애는 어머니 이야기를 단 한 번도 꺼낸 적이 없고 나를 자기 집으로 데려간 적도 없었다. 나는 그 애 어머니가 어떻게 생겼는지 알 수 없었다. 그때 나는 몇 번이나 데 미안의 행동을 따라 하며 내 의지를 무언가에 집중해서 반드시 뜻 을 이루려고 시도하고 또 시도했다. 내게는 아주 절실하고 간절한 소망이 있었기 때문이다. 하지만 아무 소용이 없었고 아무것도 이 루어지지 않았다. 뜻한 대로 되지 않았다고 해서 그 일을 놓고 데 미안과 이야기를 나눌 엄두도 나지 않았다. 내가 무엇을 소망하는 지 그 애한테 속 시원히 고백할 수 없었던 것이다. 그 애도 내게 묻 지 않았다.

그러는 동안 종교 문제에서 내 신앙에 금이 가서 군데군데 균열 이 많이 생겼다. 하지만 완전히 데미안한테서 영향을 받은 내 생 각은 철저히 불신앙을 내세우는 동급생들의 생각과는 뚜렷이 달 랐다. 그렇게 불신앙을 주장하는 아이들이 실제로 여럿 있었다. 그 아이들은 유일신인 하느님을 믿는 것이 어처구니없이 우스꽝스럽 고 인간의 품위를 손상하는 일이며, 삼위일체 이야기나 예수가 동 정녀 마리아에게서 태어났다는 이야기 따위는 한낱 웃음거리에 지나지 않는데, 지금도 그런 허황한 말을 늘어놓는 것은 수치스러운 짓일 뿐이라고 말했다. 나는 결코 그 아이들처럼 생각하지 않았다. 나도 약간 의심했지만, 내 어린 시절의 모든 체험으로 부모님이 살아온 것과 같은 경건한 삶이 실제로 있다는 것을 충분히 알고 있었다. 또한 그런 삶이 품위가 없거나 위선적이 아니라는 것도 아주 잘 알고 있었다. 오히려 나는 종교적인 것에 예전과 다름없이 깊은 경외심을 마음속에 품고 있었다. 다만 데미안의 도움으로 종교적 이야기들과 교리들을 더욱 자유로우면서도 좀 더 개성적으로, 더욱 유희적이면서도 좀 더 환상적으로 바라보고 해석하는 데 익숙해졌다. 적어도 나는 그 애가 암시하며 일깨워 주는 해석을 늘 기꺼이 흡족하게 듣고 받아들였다. 물론 지나칠 만큼 과격하다 싶은 해석도 더러 있었다. 카인 이야기 같은 것이 바로 그런 경우였다. 한 번은 견진성사 수업 중 이보다 더 파격적일 수는 없다고 느껴질 만큼 대담한 해석으로 나를 깜짝 놀라게 한 적이 있다. 종교 선생님이 골고다 이야기를 막 끝냈을 때 일이었다. 구세주의 수난과 죽음에 대한 성서 이야기는 아주 어려서부터 내게 깊은 인상을 심어주었다. 어린 시절에 이따금 경험했던 일인데, 이를테면 성^聖 금요일* 같은 날에 아버지가 예수 그리스도의 수난사^{受難史}**를 가족 앞에서 낭독하고 나면, 나는 마음속 깊이 감동의 힘에 사로잡혀 이렇게 고통스럽고 아름다운 세계, 창백하고 유령같이 으스

---

* 성(聖) 금요일: 부활절 직전의 금요일이며, 예수 그리스도가 골고다 언덕에서 십자가에 못 박혀 수난을 당한 날이다. 그리스도교, 즉 가톨릭과 개신교의 모든 신자는 이날을 예수 그리스도가 인류의 모든 죄를 대속(代贖)하여 구원의 은총을 베풀었던 거룩한 날[聖日]로 기념하고 있다.
** 예수 그리스도의 수난사(受難史): 신약성서 중 마태복음, 마가복음, 누가복음, 요한복음 등에 기록되어 있는 예수 그리스도의 '십자가' 사건에 관한 이야기다.

스하면서도 이루 말할 수 없이 생생한 세계, 겟세마네 동산과 골고다 언덕에서 살았다. 그리고 바흐의* 〈마태 수난곡〉을 들을 때면 이 비밀스러운 세계의 음울하고도 강렬한 수난의 광채가 온갖 신비로운 전율로 나를 휘감아 돌며 온몸에 넘쳐흘렀다. 지금도 나는 〈마태 수난곡〉과 〈죽음의 칸타타〉**에서 모든 시와 모든 예술적 표현의 정수를 발견한다.

　수업 시간이 끝날 무렵 데미안이 생각에 잠긴 얼굴로 내게 말했다. "싱클레어, 여기 이 부분이 무언가 좀 이상하고 마음에 들지 않아. 그 이야기를 한 번 꼼꼼히 읽어보고 네 혀로 직접 음미해 봐. 무언가 개운하지 않고 싱거운 맛이 나거든. 그러니까 예수와 함께 십자가에 못 박힌 두 강도 이야기 말이야. 골고다 언덕 위에 십자가 세 개가 나란히 서 있다니, 참 멋있는 풍경이야! 하지만 이건 우직한 강도가 나오는 감상적인 설교 이야기일 뿐이라고! 애초에 그는 범죄자였고 악한 행위를 저질렀던 거야. 그가 범한 악행을 하느님은 낱낱이 아시는데, 그가 이제야 마음이 부드러워져 그토록 눈물 어린 새 출발과 참회의 향연을 벌이다니 기가 막혀! 죽어서 누울 무덤을 두 발짝 앞에 두고 그런 참회를 한다는 게 도대체 무슨 의미가 있냐고, 그렇지 않아? 이건 성직자들이 설교에서 사용하기에 딱 맞는 이야기일 뿐이야. 감미롭게 들리지만 실은 정직하지

* 요한 제바스티안 바흐(Johann Sebastian Bach): 1685~1750. 독일의 작곡가, 오르가니스트. 개신교의 교회 음악가. 라이프치히 교회의 음악감독으로 일하면서 칸타타를 수백 편 작곡했다. '칸타타의 아버지'라는 명성을 얻었다.

** 〈죽음의 칸타타〉: 소설 본문에는 '악투스 트라기쿠스(Actus tragicus)'로 표기되었다. 바흐의 칸타타 106번 '하나님의 시간이 최상의 시간이다(Gotteszeit ist die allerbeste Zeit)'를 가리킨다. 이 악곡은 죽음을 애도하는 '장례 칸타타'로 알려져 있다.

못한 이야기라고. 지극히 교화적 의도를 뒤에 깔고 사람들 마음을 감성적으로 움직여서 설득해 보려고 하니까 말이야. 네가 지금 이 두 강도 중 한 명을 친구로 선택해야 하거나 아니면 둘 중에 어떤 사람을 더 신뢰할 수 있을지 생각해야 한다면, 단연코 이 울면서 뉘우치던 개종자는 아닐 거야. 암, 아니고말고. 너는 분명히 다른 강도를 선택할 거야. 그 사람이 사내답고 개성이 뚜렷하거든. 그 사람은 자기 처지에서 그저 사탕발림의 말에 지나지 않는 개종 같은 것을 휙 불어 입바람으로 먼지 털 듯 무시해 버리고 끝까지 자기 길을 가니까 말이야. 그때까지 자기를 도와주었을 것이 불을 보듯 뻔한 악마에게 마지막 순간에 비겁하게 배반의 말을 던지고 돌아서는 사람이 아니라고. 그는 자기만의 개성이 뚜렷한 사람이야. 그리고 이렇게 개성이 뚜렷한 사람들이 성서 이야기에서는 늘 홀대를 받아. 어쩌면 그도 카인의 후예일 수 있어. 그런 생각이 들지 않니?"

나는 몹시 당혹스러웠다. 예수 그리스도가 십자가에 못 박힌 수난사受難史는 속속들이 잘 안다고 믿었는데, 그동안 내가 이 수난 이야기를 얼마나 나만의 개성도 없이, 얼마나 상상력과 환상도 없이 단순히 들었는지 이제야 비로소 알게 된 것이다. 그럼에도 데미안의 새로운 생각은 내게 치명적으로 들렸고, 그 지속성을 지켜내야 한다고 굳게 믿은 내 마음속 신념을 뒤집어엎으려 했다. 아니, 성서의 이야기를 하나하나 그런 식으로 삐딱하게 다룰 수는 없었다. 가장 거룩한 이야기마저 그렇게 뒤집어 놓을 수는 없었다.

내 마음속 생각을 말하기도 전에 늘 그랬듯이 데미안은 이번에도 곧바로 내 거부감을 알아챘다.

"나도 알아." 그 애가 체념하듯 말했다. "그건 오래된 이야기야. 너무 심각하게 여기진 마! 다만 난 네게 무언가를 말하고 싶은 거야. 두 강도가 등장하는 바로 이 부분이 그리스도교의 결함을 아주 분명하게 보여주는 것들 가운데 하나라는 걸 말해주려는 거라고. 구약과 신약이라는 양쪽 성서에 한결같이 나타나는 이 하느님이 단연코 특별한 형상이긴 하지만, 그건 하느님이 본래 보여줘야 할 모습 그대로는 아니라는 거야. 하느님은 선하고 고귀하며 아버지 같고 아름답고도 숭고하며 다정다감한 분이지. 모두 맞는 말이야! 하지만 세상은 다른 것으로도 이루어져 있어. 그런데 세상을 이루는 그 다른 것들을 모조리 악마의 것으로 돌려버리니 그게 문제라고. 세상의 이 부분, 이 절반이 통째로 은폐되고 입에 재갈을 물린 듯 묵살되는 거야. 그들은 하느님을 모든 생명의 아버지라고 찬양하면서도 생명의 든든한 토대가 되는 성생활은 경시하듯 묵살하고 걸핏하면 악마의 수작이라거나 죄스러운 행동이라고 선언하거든! 나는 사람들이 이 야훼 하느님을 숭배하는 것을 반대하지 않아. 반대할 이유가 전혀 없어. 하지만 우리가 모든 것을 숭상하고 거룩하게 여겨야 한다고 생각해. 이렇게 인위적으로 잘라내서 반으로 나누어 놓고 이 종교의 편에서 공식적으로 인정한 절반만이 아니라 세계 전체를 숭상해야 한다는 말이지! 그러니까 우리는 하느님에게 예배드리면서 악마에게도 예배드려야 마땅한 거야. 나는 그게 맞는다고 생각해. 아니면 악마를 뚝 떼어낼 것이 아니라 악마까지도 품어 안는 하느님을 만들어야 한다고. 그렇게 악마까지도 포함하는 하느님 앞에서라면 이 세상에 더없이 자연스러운 일들이 일어날 때 두 눈을 감지 않아도 되겠지."

데미안은 평소 모습과는 딴판으로 감정이 너무 끓어올라 있었다. 하지만 곧바로 다시 입가에 웃음을 지으며 더는 나를 압박하듯 몰아붙이지 않았다.

하지만 데미안이 내게 했던 이 말들은 소년 시절 내내 마음속에 늘 품고 있으면서 아무에게도 결코 입 밖에 내지 않았던 그 수수께끼를 정확하게 포착해서 표현한 말이었다. 데미안이 하느님과 악마에 대해, 공식적으로 인정된 하느님의 세계와 완전히 묵살된 악마의 세계에 대해 내게 했던 그 말은 다름 아닌 내 생각이자 신화였다. 그 애가 들려준 말은 밝은 세계와 어두운 세계라는 두 세계 또는 두 개로 나뉜 절반의 세계에 대한 내 생각과 한 치의 어긋남 없이 일치했다. 내가 고민했던 문제가 모든 인간의 문제이고 모든 삶과 모든 사유의 문제라는 깨달음이 갑자기 성스러운 그림자처럼 날아 들어와 나를 스쳐 갔다. 나만의 고유하고 개인적인 삶과 견해가 위대한 사상의 영원한 흐름 속에 얼마나 깊이 스며들어 합류하는지 갑자기 느끼고 깨달으면서 거부할 수 없는 두려움과 경외감에 빠져들었다. 그 깨달음이 어떤 식으로든 타당하다고 판명되는 것 같아서 뿌듯함도 느꼈지만 그렇다고 기쁜 것은 아니었다. 그것은 가혹했고 떨떠름한 맛을 남겼다. 이제 더는 어린아이 상태로 남아서는 안 되며 홀로 서야 한다는 책임감의 울림이 그 깨달음에 담겨 있었기 때문이다.

나는 마음속에 꼭꼭 숨겨둔 깊은 비밀을 난생처음 밖으로 꺼내면서 아주 어린 시절부터 품어온 '두 세계'에 대한 생각을 내 친구 데미안에게 이야기해 주었다. 그러자 그 애는 마음속 깊은 곳에서 느껴지는 내 감정이 그 애 말에 동의하고 그 애가 옳다고 인정한다는 것을 곧바로 알아차렸다. 하지만 그런 비밀 같은 것을 이용하는 일은 데미안에게 어울리지 않았다. 그 애는 여느 때 나와 대화하면서 경청했던 것보다 더욱 주의 깊게 내 말에 귀를 기울이고 내 눈을 들여다보았다. 마주 보던 나는 눈길을 딴 데로 돌릴 수밖에 없었다. 그 애의 눈길에서 다시 짐승과 같이 시간을 훌쩍 뛰어넘은 그 기이한 눈빛을, 좀처럼 헤아릴 수 없는 나이를 보았기 때문이다.

"그 일은 다음에 한 번 더 얘기를 나누자." 그 애가 조심스럽게 말했다. "내가 보기에 너는 누군가에게 말할 수 있는 것보다 더 많은 생각을 해. 정말 그렇다면, 너는 지금까지 한 번도 네가 생각한 대로 제대로 살아보지 못했다는 것도 알 거야. 그건 좋은 일이 아니지. 우리가 삶으로 살아내는 생각만이 가치가 있어. 네게 '허용된 세계'가 세상의 절반에 지나지 않는다는 걸 너는 알고 있었어. 그리고 목사님과 선생님처럼 너도 그 두 번째 절반의 세계를 숨기려고 한 거지. 숨기려고 해도 숨기진 못할 거야! 누구든 그런 생각을 품기 시작했다면 결코 숨길 수 없어."

그 말은 내게 깊은 충격을 주었다. 나는 소리를 질러대듯 말했다.

"하지만 금지된 추악한 일들이 정말로 있긴 있다니까. 그건 너도 부정할 수 없어! 그런 일들은 어차피 금지되어 있단 말이야. 우리는 그런 일들을 포기해야 해. 이 세상엔 살인과 그 밖에 온갖 악행이 넘쳐난다는 걸 나도 알고 있다고. 하지만 그런 것들이 있다는 이유만으로 나도 가서 범죄자가 되라는 거야?"

"오늘은 금지된 세계 이야기를 다 할 수 없을 거야." 데미안이 나를 진정시키듯 말했다. "물론 너는 누군가를 때려죽이거나 여자를

86

강간하고 살인해서는 안 돼. 암, 그건 안 되지. 하지만 너는 '허용된 것'과 '금지된 것'이 본래 무엇을 뜻하는지 깨달을 수 있는 단계에는 아직 이르지 못했어. 너는 이제야 비로소 진실의 한 조각을 맛보았을 뿐이지. 머지않아 다른 조각도 모습을 드러낼 거야. 내 말을 믿어 봐! 예를 들어 너는 대략 1년 전부터 네 안에서 다른 모든 충동보다 더 강렬하게 솟구쳐 오르는 어떤 충동을 느꼈을 거야. 그리고 그 충동은 '금지된 것'으로 여겨져. 하지만 그리스 사람들과 다른 많은 민족은 정반대로 네 안에서 우러나오는 이 충동을 신적인 신성한 것으로 받들고 장대한 축제*를 열어 숭상했어. 그러니까 영원히 '금지된 것'은 아무것도 없어. 충분히 바뀔 수 있는 거라고. 오늘날에도 누구든 여자를 데리고 목사님을 찾아가 결혼만 하면 그 여자랑 자도 돼. 하지만 다른 민족들은 사정이 달라. 오늘날에도 다르긴 마찬가지야. 그렇기에 우리는 각자 무엇이 허용되었고 무엇이 금지되었는지 스스로 알아내야 해. 자신에게 금지된 것을 말이야. 금지된 일을 전혀 하지 않는데도 그 실체는 엄청난 악당일 수 있어. 물론 그 반대도 있을 수 있고. 원래 그것은 그냥 편안함의 문제일 뿐이야! 편안한 것을 좋아하는 기질을 타고나서 스스로 생각하고 스스로 판단할 수 없는 사람은 정해진 금기를 있는 그대로 따르게 마련이지. 그 사람에게는 그게 편하니까 말이야. 하지만 다른 사람들은 자신 안에 있는 계율을 스스로 느껴. 그 사람들에게는 모든 명예로운 사람이 날마다 하는 일들이 금지되기도 하는 반면에 엄격하게 금지된 다른 일들이 허용되기도 하지. 누구든 스스

---

* '디오니소스 축제'가 가장 대표적이다.

로 홀로 서야 하니까 말이야."

데미안은 너무 많은 말을 했다고 후회하는 듯 갑자기 말을 멈추었다. 그때 나는 이미 그 애가 느낀 감정을 어느 정도는 알 수 있었다. 얼핏 보기에 데미안은 떠오르는 생각을 가볍고 편안하게 털어놓는 듯했지만, 실은 그 애가 언젠가 말했듯이 '단지 말하기 위해서만' 하는 대화를 죽도록 견디기 힘들어한 것이다. 그런데 그 애는 자기가 제시한 문제에 내가 진정한 관심이 있으면서도 지성적 수다를 유희로 삼아 지나치게 즐기고 있다고 느꼈다. 간단히 말해 내게 완벽한 진지함이 부족하다고 느낀 것이다.

앞에서 내가 썼던 마지막 말, 즉 '완벽한 진지함'이라는 말을 다시 읽으니 또 다른 장면이 갑자기 다시 떠오른다. 내가 아직 어린 아이 티를 벗지 못했던 시절에 데미안과 함께 겪은 가장 강렬하게 가슴에 새겨진 장면이다.

우리의 견진성사가 다가오던 무렵, 종교 수업의 마지막 몇 시간은 그리스도의 최후의 만찬을 기념하는 성찬식을 다루었다. 목사님에게는 중요한 일이었기에 그분은 수업에 열의를 쏟았다. 이 시간에는 무언가 신성하고 엄숙한 분위기가 감돌았다. 그러나 견진성사를 위한 수업을 하는 마지막 몇 시간 동안 내 생각은 완전히 다른 쪽에 쏠려 있었다. 더 정확히 말하면 내 친구 데미안이라는 한 사람에게만 쏠려 있었다. 우리를 교회 공동체 안에 엄숙하게 받아들였음을 선언하는 견진성사 날이 성큼 다가오는 것을 보며 내게는 대략 반년에 걸쳐 진행된 이 종교 수업의 가치는 여기서 배운 내용에 있는 것이 아니라 데미안과 가까이 지내며 그 애에게서 받은 영향에 있다는 생각이 거부할 길 없이 자꾸만 머릿속을 파고들었다. 나는 교회가 아니라 무언가 전혀 다른 것, 즉 사상과 개성의 교단에 받아들여질 준비가 된 것이다. 그런 교단은 어떤 형태로든 지상에 틀림없이 존재하며 나는 내 친구 데미안이 그 교단의 대표 또는 사절일 거라고 가슴 깊이 느꼈다.

나는 이런 생각을 억누르고 떨쳐내고자 애썼다. 그 모든 일에도 견진성사 행사를 어느 정도는 품위 있게 치르고 싶은 것이 진심이었지만, 그 품위가 새로운 내 생각과는 썩 어울리지 않아 보였다. 하지만 나는 내가 바라는 대로 하고 싶었다. 마음속에 이미 자리 잡은 그 생각은 점점 다가오는 교회 행사에 대한 생각과 서서히 하나가 되었다. 이 견진성사를 다른 아이들과 색다르게 치를 결심이 서 있었다. 이 견진성사는 내가 데미안에게서 배운 사상의 세계로 받아들여지는 것을 뜻하는 행사가 되어야만 했다.

행사를 앞둔 무렵에 그 애와 또다시 열띤 논쟁을 벌였다. 종교 수업이 시작되기 직전에 있었던 일이다. 내 친구 데미안은 마음의 문이 닫힌 듯 말이 없었다. 그 애는 어딘지 모르게 조숙해 보이면서도 우쭐거리듯 잘난 척하는 내 이야기에 달갑지 않은 반응을 보였다.

"우리는 말을 너무 많이 해." 그 애가 평소와 달리 진중하게 말했다. "그렇게 툭 던지는 똑똑한 말들은 아무 의미도 없어. 전혀 의미가 없지. 그런 말들을 많이 할수록 본래 자기 자신에게서 멀어질 뿐이라고. 그것은 죄악이야. 사람이라면 누구나 거북이처럼 완전히 자기 자신 속으로 기어들어 갈 줄 알아야 해."

데미안의 말이 잦아들면서 곧바로 우리는 교실로 들어갔다. 수업이 시작되자 나는 주의를 기울여 들으려고 애썼다. 그런 나를 데미안은 방해하지 않았다. 얼마쯤 시간이 흐른 뒤 그 애가 앉아 있는 옆쪽에서 무언가 특이한 것이 느껴지기 시작했다. 텅 비어 있는 것 같으면서도 차갑게 식은 것 같은 느낌 또는 그와 비슷한 느낌이었다. 데미안이 앉아 있는 그 자리가 갑자기 텅 비어버린 듯한 느낌이었다. 그 느낌이 갈수록 가슴을 압박해서 나는 옆쪽을 돌아보았다.

내 친구는 언제나 그랬듯이 반듯하고 꼿꼿한 자세로 그 자리에 앉아 있었다. 하지만 여느 때 모습과는 완전히 달라 보였다. 내가 몰랐던 무언가가 데미안의 몸에서 빠져나와 그 애를 에워싼 광경이었다. 나는 그 애가 눈을 감은 줄 알았는데, 실은 눈을 뜨고 있었다. 그러나 그 애의 눈은 아무것도 바라보지 않았다. 무언가를 볼 수 있는 눈이 아니었다. 굳은 눈빛으로 자기 내면을 향하거나 아니면 아주 먼 곳을 향하고 있었다. 데미안은 미세한 흔들림도 흐트러짐도 없이 그곳에 앉아 있었다. 숨도 쉬지 않는 듯했다. 그 애 입은 나무나 돌로 깎아놓은 듯했다. 그 애 얼굴은 핏기 하나 없이 돌처럼 고르게 창백하고 파리했다. 갈색 머리카락만 살아서 생기를 띠었다. 그 애의 두 손은 마치 물건처럼, 돌이나 과일처럼 생기 없이 고요히 앞의 의자 위에 놓여 있었다. 그 두 손은 창백하고 조그만 움직임도 없었지만 힘 없이 축 늘어진 것이 아니라 내면에 숨겨진 강인한 생명을 감싸고 있는 단단하고 견고한 껍질 같았다.

그 모습을 보는 순간 온몸이 떨렸다. '데미안이 죽었구나!' 이런 생각이 들어 하마터면 그 애가 죽었다고 큰 소리로 말할 뻔했다. 그러나 그 애가 죽지 않았다는 걸 나는 알고 있었다. 나는 마법에 사로잡힌 듯한 그 애 얼굴, 그 돌처럼 핏기 없고 창백한 마스크에 시선을 고정했다. 그리고 속으로 '저게 바로 데미안이지!' 하고 느꼈다. 여느 때 모습, 나와 함께 걷고 대화할 때 그 애는 단지 반쪽만 데미안이었다. 가끔 자신에게 주어진 역할을 하면서 거기에 맞춰 적절히 적응하고 순수한 마음으로 사람과 함께하는 반쪽의 데미안이었다. 하지만 진짜 데미안은 지금 이 모습이었다. 돌로 빚은 듯하고 까마득히 먼 옛날의 시간을 간직했으며, 짐승 같고 돌 같으며, 아름다우면서도 차갑고 죽어 있으면서도 전대미문의 생명으로 은밀하게 넘쳐흐르는 바로 이 모습이 진짜 데미안이었다. 그 애를 에워싸 감싸안은 이 고요하고 적막한 공허, 이 천공天空과 별들의 공간, 이 고독한 죽음!

지금 그 애가 완전히 자기 자신 속으로 깊이 들어가 버렸음을 느끼면서 나는 온몸이 떨렸다. 이제까지 살아오며 그렇게 고독해 본 적은 없었다. 내가 그 애와 함께하지 못한다는 걸 알았기 때문이다. 그 애는 내가 도달할 수 없는 곳에 있었다. 그 애는 이 세상의 가장 머나먼 섬에서 사는 듯 내게서 저 멀리 떨어져 있었다.

그 모습을 나 말고는 아무도 보지 못한다는 것이 도무지 이해되지 않았다. 모두 이쪽으로 고개를 돌려 데미안의 진짜 모습을 보고 나처럼 전율해야 하는 것이 아닌가. 하지만 아무도 그 애를 주목하지 않았다. 그 애는 캔버스의 그림처럼 앉아 있었다. 마치 이교도들이 숭배하는 우상처럼 강인하면서도 빳빳이 굳은 몸으로 앉아 있다는 생각이 들었다. 파리 한 마리가 그 애 이마에 앉아 코와 입술을 따라 느릿느릿 아래로 기어 내려갔지만 그 애는 주름살 한 자락 떨리지 않았다.

그 애는 지금 어디에, 어디에 있을까? 무엇을 생각할까? 무엇을 느낄까? 하늘에 있을까? 지옥에 있을까?

그것을 데미안에게 물어볼 수는 없는 상황이었다. 수업이 끝나갈 즈음 그 애가 다시 살아나서 숨 쉬는 것을 보았을 때, 그 애 눈길이 내 눈길과 맞부딪쳤을 때, 그 애는 이전 모습 그대로 돌아와 있었다. 그 애는 어디에서 돌아왔을까? 대체 어디에 있었을까? 그 애는 지친 기색이 역력했다. 얼굴에는 다시 혈색이 돌아왔고 두 손도 다시 움직였다. 그러나 갈색 머리카락은 이제 윤기를 잃고 지쳐 맥이 풀린 모습이었다.

이어지는 며칠 동안 나는 침실에서 여러 번 새로운 연습에 몰두했다. 의자에 꼿꼿이 앉아서 눈길을 고정하고 미세한 흔들림도 흐트러짐도 없이 내가 그걸 얼마나 오래 견딜지, 거기서 무엇을 느낄지 알려고 가만히 기다렸다. 하지만 피곤해지기만 했고 눈꺼풀이 심하게 떨리며 욱신거렸다.

곧이어 견진성사가 열렸지만 그 일에 대한 중요한 기억은 아무것도 남아 있지 않다.

이제는 모두 달라졌다. 어린 시절은 내 주변에서 산산조각 나서 남김없이 떨어져 나갔다. 부모님은 몹시 당혹스러운 눈길로 나를 바라보셨다. 누나들은 완전히 낯설게만 느껴졌다. 잠들어 있던 내 정신이 깨어나면서 내게 익숙했던 감정과 기쁨이 변질되고 빛이 바랬다. 정원엔 향기가 메말라 버렸고 숲은 나를 유혹하는 빛을 잃어버렸다. 내 주변의 세계는 낡아빠진 상품들을 반값으로 땡처리하듯 무미건조하고 전혀 매력이 없었다. 책들은 종이에 불과했고 음악은 소음일 뿐이었다. 그와 같이 가을에 나무 주변으로 이

파리가 떨어지지만 나무는 그것을 느끼지 못한다. 비나 햇살이나 서리가 나무의 살결을 따라 흘러내리지만 나무 안에서 생명은 가장 좁고 가장 내밀한 깊은 곳으로 천천히 움츠러든다. 나무는 죽어가는 것이 아니다. 나무는 기다리는 것이다.*

방학이 끝나면 나는 다른 학교로 옮겨 가기로 정해져 있었다. 난생처음 집에서 멀리 떠나야 했다. 이따금 어머니는 가슴에 각별한 애정을 품은 채 다가와 미리 작별의 말을 건네며 사랑과 고향에 대한 그리움과 잊을 수 없는 아름다운 기억을 내 마음속에 불어넣으려고 했다. 데미안은 여행을 떠났다. 나는 홀로 남았다.

---

* 싱클레어는 데미안의 '진짜 모습'에서 정신적 자극을 받아 내면의 '자기 자신' 속으로 깊이 가라앉는 자아실현의 길을 발견한다. 그 길을 헤세는 '나무'의 은유로 묘사하고 있다.

4

베아트리체

내 친구 데미안을 다시 만나지 못한 채 방학이 끝날 무렵 성聖 ○○시°로 갔다. 부모님이 함께 와서 온갖 정성으로 나를 챙겨주고 김나지움의 어느 선생님이 관리하는 남학생 기숙사에 나를 맡기셨다. 나를 어떤 일들 속으로 밀어 넣었는지를 부모님이 알았더라면 기겁하며 온몸이 굳어버렸을 것이다.

시간이 흐르고 흘러 내가 과연 좋은 아들이 되고 꽤 쓸모 있는 시민이 될 수 있을지, 아니면 내 천성의 물결이 다른 쪽 길로 밀려갈지는 여전히 알 수 없는 문제였다. 아버지의 집과 그 정신의 그늘 아래서 행복을 누리려고 했던 내 마지막 시도는 오랜 시간 지속되었고 가끔 성공했다고 여길 만한 때도 있었지만 결국 완전한 실패로 마침표를 찍었다.

° 원서에는 Saint(성聖)의 약자 St.만 있고 도시 명칭은 나오지 않는다.

견진성사를 마친 뒤 방학 동안 처음 느낀 묘한 공허와 고독은 (나는 이 공허와 이 메마른 공기를 훗날에 얼마나 더 쓰디쓴 심정으로 맛보며 알게 되었던가!) 그렇게 가벼이 지나가지는 않았다. 하지만 고향과의 이별은 이상하리만큼 쉽게 흘려보냈다. 솔직히 내가 더 슬프지 않아서 겸연쩍고 부끄러웠다. 누나들은 하염없이 울었지만 나는 눈물을 흘리지 않았다. 이런 내 모습에 나 자신도 놀랐다. 언제나 나는 감정이 풍부했고 근본적으로 상당히 선했기 때문이다. 하지만 지금 나는 완전히 다른 사람으로 변해서 바깥 세계에 철저히 무관심했다. 다만 내 내면에 귀를 기울이고 내 안의 심연에 흐르는 금지된 어두운 강물의 속살거리는 소리를 듣는 것으로 여러 날을 꼬박 보냈다. 지난 반년 동안 나는 몰라보게 빨리 자라 키만 쑥 커서 가냘프고 어리숙한 모습으로 바깥 세계를 바라보았다. 사랑스러운 소년 이미지는 이제 내게서 찾아볼 수 없었다. 이런 내 모습으로는 아무에게도 사랑받을 수 없을 거라는 느낌이 들면서 나도 나 자신을 결코 사랑할 수 없었다. 그럴수록 막스 데미안을 향한 그리움이 자꾸만 커졌다. 하지만 나는 심심찮게 그 애를 미워하기도 했고, 지금 내가 볼썽사나운 질병처럼 짊어진 삶의 궁핍함조차 그 애에게서 비롯한 것으로 책임을 돌렸다.

남학생 기숙사에서 생활하던 초기에 나는 아예 인기도 없고 관심을 끌지도 못했다. 아이들은 처음에 나를 놀려대다가 곧 내게서 떨어져 나가더니 나를 꿍꿍이속이 있는 음흉한 놈이나 기분 나쁜 별종別種으로 취급했다. 나는 그 역할이 마음에 들어 연기하듯이 일부러 과장되게 행동하면서 내 안의 고독 속으로 깊이 빠져들어 갔다. 그 고독은 겉으로는 언제나 바깥 세계를 경멸하는 가장 남자다운 태도로 보였다. 하지만 나는 마음을 갉아먹는 우수와 절망이 일으키는 발작에 사로잡혀 남모르는 가슴앓이를 자주 겪었다. 학교에서는 내가 고향에서 쌓은 지식을 그럭저럭 활용하면서 지내야 했다. 교과 내용이 예전 학교보다 다소 뒤지다 보니 또래 급우들을 어린아이로 여겨 조금 경멸하는 습관이 생겼다.

여기 생활은 일 년이 넘도록 그런 식으로 흘러갔다. 첫 방학을 맞이해 고향 집을 방문했을 때도 내 마음에는 전혀 새로운 울림소리가 와닿지 않았다. 나는 주저하지 않고 다시 집을 떠났다.

십일월이 시작될 무렵의 일이었다. 나는 날씨가 맑든 흐리든 가리지 않고 사색에 잠겨 짧게나마 산책했다. 그렇게 길을 걸으면서 일종의 희열을 마음껏 느끼곤 했다. 우수와 세계 경멸과 자기 경멸로 가득 찬 희열이었다. 어느 날 축축한 안개에 젖은 황혼 무렵에 나는 도시 주변 이곳저곳을 돌아다니고 있었다. 오가는 발걸음도 없이 쓸쓸해 보이는 어느 공원의 넓은 가로수 길이 이리 오라며 나를 불렀다. 길에는 낙엽이 두껍게 쌓여 있었다. 스며드는 어둑한 쾌감을 느끼며 나는 두 발로 낙엽을 헤집었다. 축축하고도 쌉싸름한 냄새가 풍겨왔다. 저 멀리 있는 나무들은 유령처럼 커다란 몸집으로 안개 속에 희미하게 아른거리며 서 있었다.

가로수 길이 끝나는 곳에서 나는 어디로 가야 할지 망설이며 우두커니 서 있었다. 검은 나뭇잎을 들여다보며 풍화에서 죽음으로 향하는 축축한 향기를 게걸스럽게 들이마셨다. 내 안에 있는 무언가가 그 향기를 마주 보고 응답하며 환영했다. 아, 삶이란 얼마나 싱겁고 무미건조한가!

옆길에서 한 사람이 외투 자락을 바람에 날리며 이쪽으로 다가

왔다. 길을 계속 가려는데 그가 나를 불렀다.

"안녕, 싱클레어!"

그가 성큼 다가왔다. 우리 기숙사에서 나이가 가장 많은 알폰스 베크였다. 나는 그를 보면 항상 반가웠고 그에게 아무런 반감도 없었다. 그가 자기보다 나이가 어린 모든 학생한테 하듯이 나한테도 삼촌처럼 굴면서 비꼬듯이 놀리는 것만 빼면 싫어할 이유가 없었다. 그는 엄청나게 힘이 세다고 정평이 나 있었는데, 우리 기숙사 사감 선생님을 자기 마음대로 쥐고 흔든다는 풍문이 떠돌 정도로 김나지움에 나도는 수많은 소문의 주인공이었다.

"아니 여기서 뭐 하는 거야?" 그는 나이가 더 많은 상급반 학생들이 이따금 우리 또래 중 하나에게 말을 걸 때 쓰는 그런 말투로 친근하게 말했다. "어디 한번 내기해 볼까? 너 지금 시를 짓고 있는 거지?"

"그런 생각 한 적 없는데." 나는 퉁명스럽게 대꾸했다.

그는 깔깔 웃어대더니 나와 나란히 걸어가며 수다를 떨었다. 전에 본 적 없는 낯선 모습이었다.

"싱클레어, 내가 그 정도도 이해 못 할까 봐 염려할 필요는 없어. 저녁 무렵에 안개 속을 걷다 보면 가을의 상념에 잠길 수도 있잖아. 그럼 저절로 시를 짓고 싶어진다고. 그것쯤은 나도 알아. 물론, 생명이 꺼져가는 자연에 대한 시, 자연을 쏙 빼닮은 잃어버린 청춘에 대한 시가 떠오르게 마련이지만. 이를테면 하인리히 하이네*의 시 같은 것 말이야."

---

* 하인리히 하이네(Heinrich Heine, 1797~1856): 시집 『노래의 책』에 담긴 아름다운 서정시로 전

"나는 그렇게 감상적인 사람이 아니야." 나는 반발했다.

"그래 좋아, 그 얘긴 이제 그만하자고! 하지만 이런 날씨에는 포도주 한 잔이나 아니면 뭐 그와 비슷한 술을 마실 조용한 장소를 찾는 게 좋을 것 같은데. 나하고 같이 가는 게 어때? 나도 마침 혼자니까 잘됐지, 뭐. 아니면 싫은가? 이보라고, 네가 모범생이 되려고 한다면 굳이 너를 살살 꼬드기는 유혹자가 되고 싶은 마음은 없어."

곧이어 우리는 변두리의 작은 선술집에 앉아서 조금은 미심쩍은 포도주를 마시며 묵직한 유리잔을 맞부딪쳤다. 처음에는 썩 내키지 않았지만 아무튼 내게는 새로운 경험이었다. 하지만 포도주를 별로 마셔본 적이 없는 나는 이내 취기가 올라와 말이 무척 많아졌다. 내 안의 창문이 활짝 열리면서 세계가 안으로 들어온 듯했다. 그 얼마나 오랫동안, 얼마나 지독하게 오랫동안 나는 영혼에 대하여 아무 말도 하지 못하고 살아왔던가! 나는 상상이 떠오르는 대로 온갖 말을 늘어놓았고, 그렇게 거침없이 말을 내뱉다가 카인과 아벨 이야기를 신나게 들려주면서 흥을 돋우었다.

베크는 흐뭇한 표정으로 즐겁게 내 이야기에 귀를 기울였다. 마침내 내가 누군가에게 무언가를 준 것이다! 그는 내 어깨를 툭툭 치며 내가 대단히 멋진 녀석이라고 했다. 내 가슴은 감당하기 힘든 기쁨으로 벅차 부풀어 올랐다. 그동안 꽉 막혀 버렸던 욕구, 말하고 싶고 마음속 생각을 털어놓고 싶은 욕구를 원 없이 뿜어내

세계에 명성을 떨친 독일의 시인이다. 특히 그의 시는 가곡으로 작곡되어 독일 국민의 사랑을 받았다. 〈로렐라이〉, 〈노래의 날개 위에〉 등이 대표적 모델이다.

고 쏟아내며 자연스레 인정받고 나이가 더 많은 사람한테 멋진 녀석으로 취급받는 데서 벅차오르는 희열이었다. 베크가 나를 천재적인 녀석이라고 했을 때, 그 말은 감미롭고 강렬한 포도주처럼 내 영혼 속으로 흘러들어왔다. 세계는 새로운 색깔로 불타올랐고, 일백 가지 대담한 원천에서 생각이 흘러나왔으며, 정신과 불길이 내 안에서 활활 타올랐다. 우리는 선생님들과 학우들에 대해 이야기를 주고받았는데, 서로 아주 잘 이해하는 것처럼 보였다. 그리스 사람들과 이교도에 대해서도 이야기를 나누었다. 베크는 사랑하기 때문에 감행해야 했던 모험을 내가 숨김없이 털어놓게 하려고 끝까지 애썼다. 하지만 그 점은 내가 화제를 나눌 수 없었다. 체험한 것이 전혀 없으니 이야기할 거리도 없었다. 내가 속으로 느끼고 만들어 내고 상상한 것이 내 안에서 불타오르긴 했지만, 아무리 포도주의 힘을 빌려본들 사랑의 모험은 밖으로 술술 풀려나오지 않아 이야기로 전달될 수 없었다. 여자애들은 베크가 훨씬 더 많이 알고 있었다. 나는 화끈 달아올라서 그 동화 같은 이야기에 귀를 기울였다. 그곳에서 나는 도무지 믿을 수 없는 일을 듣고 알게 되었다. 절대로 일어날 수 없다고 생각되던 일이 평범한 현실에 버젓이 나타나서 당연한 일로 보였다. 알폰스 베크는 열여덟 살밖에 안 되어 보이는데도 벌써 갖가지 경험을 쌓은 것이다. 그가 해본 경험 중에는 여자애들과 겪은 일도 더러 있다고 했다. 여자애들은 남자가 아양 떨 듯 자기만 위하고 공손하게 자기만 떠받들기를 원하는데, 그것도 꽤 괜찮은 일이긴 하지만 진짜는 따로 있다고 했다. 베크는 부인들에게서 더 많은 유익함을 기대할 수 있다고 했다. 부인들이 훨씬 더 똑똑하다는 것이다. 이를테면 노트와 연필을 파는 문구점 주인 야겔트 부인과는 막힘없이 이야기를 나누는데, 그녀의 계산대 뒤에서 온갖 일이 다 일어난다고 했다. 책에는 나오지 않을 법한 일들이라고 그는 말했다.

나는 그가 들려주는 말에 깊이 빠져들어 몽롱하게 앉아 있었다. 물론 나는 야겔트 부인을 결코 사랑할 수 없었을 것이다. 그러나 아무튼 여태까지 들어본 적 없는 놀라운 일이었다. 내가 꿈도 꾸어보지 못한 샘물이 거기서 흘러나오는 것 같았다. 적어도 나보다 나이가 더 많은 사람한테는 그런 것 같았다. 물론 거기엔 거짓으로 지어낸 울림소리도 있었다. 내가 사랑이라면 마땅히 맛볼 수 있다고 생각했던 것보다 모든 게 더 하찮고 진부한 맛이 났다. 어쨌든 그게 현실이고 삶이며 모험인 것은 분명했다. 그걸 직접 체험하고 당연하게 여기는 사람이 바로 내 옆에 앉아 있었다.

우리 대화는 조금 맥이 빠져 가라앉았고 무언가를 잃고 속이 비어 있었다. 나도 이제 더는 천재성이 번득이는 어린 녀석이 아니라 어른 말을 잠자코 듣는 소년에 지나지 않았다. 그렇다고는 해도 몇 달 전부터 내가 살아온 삶에 비하면 그것은 아주 멋진 일이었고 더없이 기쁜 일이었다. 더욱이 그것이 금지된 일이라는 것을, 술집에 앉아 있는 것부터 우리가 주고받은 이야기까지 모든 게 지독하게 금지되어 있다는 것을 서서히 느끼기 시작했다. 아무튼 나는 베크가 들려준 그것에서 정신을 맛보고 혁명을 맛보았다.

그날 저녁은 내 기억에 아주 뚜렷이 새겨져 있다. 우리 두 사람이 차갑고도 축축하게 젖은 이슥한 밤에 흐릿하게 타오르는 가스등을 지나 기숙사로 돌아오는 길에 들어섰을 때, 나는 난생처음 술에 취해 있었다. 유쾌한 기분은 아니었다. 너무나 고통스러웠지만 그래도 거기에는 묘한 매력이나 달콤함 같은 무언가가 있었다. 그것은 떨쳐 일어서는 반란이고 절제를 모르는 자유였다. 그것은 삶이고 정신이었다. 베크는 내게 이마에 피도 안 마른 애송이라고 험한 말을 하면서도 성의를 다해 나를 보살펴 주었다. 그는 나를 반쯤 업어서 기숙사로 데려갔고, 열려 있는 복도 창문으로 나를 먼저 안으로 밀어 넣고는 자기도 살금살금 몰래 숨어들어올 수 있었다.

나는 아주 잠시 죽은 것처럼 깊은 잠에 빠져 있었지만 이내 온몸이 욱신거려 잠에서 깨어났다. 엄청난 고통이 밀려와 온몸을 덮쳤다. 나는 침대에서 겨우 일어나 앉아 있었고 낮에 입었던 셔츠를 벗지도 않은 채 그대로 걸치고 있었다. 옷들과 신발이 방바닥에 뿔뿔이 널브러져 있었다. 담배 냄새와 구토에 따른 악취가 진동했다. 두통과 금방이라도 토할 듯한 울렁거림과 미쳐버릴 만큼 참을 수 없는 갈증 사이로 내 영혼 앞에 풍경 하나가 떠올랐다. 오랫동안 눈으로 보지 못한 광경이었다. 고향과 부모님 집, 아버지와 어머니, 누나들과 정원이 보이고, 고향집의 고요한 내 침실이 보이고, 학교와 시장이 보이고, 데미안과 견진성사 수업 시간이 보였다. 이 모든 것이 환하게 빛났다. 모든 것이 눈부신 광채에 둘러싸여 있었다. 모든 것이 경이롭고 신성하고 순수했다. 이제야 깨달은 사실이지만 모든 것, 그 모든 것이 어제까지만 해도, 몇 시간 전까지만 해도 내 것이었고 나를 기다리던 것들이었다. 하지만 지금, 수렁 속으로 가라앉고 저주받은 지금 이 순간부터는 내 것이 아니었다. 그 모든 것이 나를 쫓아내고 역겨움에 진저리치듯 나를 바라보게 되다니! 아득히 먼 어린 시절의 황금빛 정원으로 돌아가 부모님에게서 받았던 온갖 사랑과 내면의 온정, 어머니의 모든 입맞춤, 모든 크리스마스, 고향에서 맞이했던 모든 경건하고 눈부신 일요일의 아침, 정원에 만발했던 모든 꽃, 그 모든 것이 황폐해졌다. 그 모든 것을 내가 두 발로 짓밟은 것이다! 지금 당장이라도 추적자가 불쑥 나타나 나를 포박해 인간쓰레기인 나를, 성전聖殿 모독자인 나를 교수대로 끌고 간다고 해도 나는 저항하지 않을 것이다. 순순히 그를 따라갈 것이며 그것을 온당하고 올바른 일로 여길 것이다.

그 시절 내 내면은 이런 모양이었다! 이곳저곳을 돌아다니며 세상을 경멸하지 않았던가? 정신은 자긍심으로 넘치고 데미안의 생각을 함께 나누던 내가 아니었던가? 그런데 지금 내 모습은 이런 꼴이 되었다. 나는 인간쓰레기이고 불결하기 짝이 없었으며 술에 취해 더럽혀진 역겹고도 천박하기 그지없는 놈이었다. 소름 끼치는 충동의 포로가 되어 버린 흉측한 짐승! 지금 내 모습은 이런 꼴이 되었다. 온갖 순수함과 눈부신 광채와 사랑스러운 다정함이 넘쳐흐르는 정원에서 오지 않았는가! 바흐의 음악과 아름다운 시를 사랑하지 않았는가! 나는 치밀어오르는 역겨움과 분노에 휩쓸려 내 웃음소리를 들었다. 술에 곤드레만드레 취해 자제력이 바닥난 채 이따금 우둔하게 터져 나오는 웃음소리. 그게 바로 나였다!

그 모든 일에도 이런 고통을 겪음으로써 뿌듯한 만족감 비슷한 것을 느끼기도 했다. 그토록 오랫동안 나는 앞을 보지 못하고 감각 없는 인간처럼 이곳까지 기어 왔고, 그토록 오랫동안 내 마음은 말을 잃고 궁핍해져서 구석에 옹색하게 처박혀 있었다. 그런 까닭에 이렇게 나 자신을 고발하는 것, 이런 두려움, 이토록 내 영혼을 온통 뒤덮은 끔찍한 감정조차 무척 반가웠다. 여하튼 이것은 불길이 활활 솟구쳐 오르고 심장이 파르르 떨리는 감정이었다. 혼란스럽게도 나는 비참함의 한복판에서 해방감과 봄기운 같은 무언가를 느낀 것이다.

겉으로만 보면 그사이에 나는 걷잡을 수 없이 내리막길을 걸었다. 난생처음 술에 취한 일이 더는 처음 있는 유일한 일로 남지 않게 되었다. 우리 학교에서는 아이들끼리 몰려다니면서 술을 퍼마시고 야단법석을 떠는 일이 잦았다. 나는 그 술꾼 무리에 속한 아이들 가운데서도 나이가 어린 몇 명 중 하나였다. 머지않아 나는 탐탁지 않은데도 할 수 없이 끼워주는 꼬마 아이가 아니라 앞장서서 주도하는 주동자가 되고 스타가 되었으며, 배짱 두둑이 술집을 마음대로 드나드는 유명한 애주가가 되었다. 나는 다시 한번 완전히 암흑의 세계에 속해 악마와 손을 잡았고 이 술판의 세계에서 멋들어진 녀석으로 이름을 날렸다.

그럼에도 참담한 심정이었다. 나는 나 자신을 파괴하는 방탕함에 빠져들어 빈둥거리며 살았다. 학우들 사이에서 주동자이며 멋진 녀석으로, 굉장히 용감하면서도 재치가 톡톡 튀는 놈으로 인정받는 동안에도 내 마음속 깊은 곳에서는 두려움에 사로잡힌 영혼이 불안에 떨며 파들거렸다. 어느 일요일 오전에 술집을 나서다가 깔끔하게 머리를 빗고 말쑥하게 일요일의 외출복을 차려입은 아이들이 길거리에서 밝은 표정으로 즐겁게 노는 모습을 보고는 왈칵 눈물이 쏟아졌던 기억이 아직도 뚜렷하다. 그리고 볼품없는 술집에서 땟자국이 덕지덕지 묻은 탁자에 앉아 맥주를 마시며 웃음을 터뜨리는 사이사이에 혀를 내두를 만큼 신랄한 조소로 친구들을 유쾌하게 만들고 종종 깜짝 놀라게 하는 동안에도 마음속 은밀한 곳에서는 내가 비웃는 모든 것에 경외심을 품고 있었다. 속으로는 흐느껴 울며 내 영혼, 내 지난 시절, 내 어머니, 하느님 앞에 무릎 꿇고 있었다.

　내가 술을 마시며 함께 어울리던 아이들과 결코 하나가 되지 못한 채 그들 틈에서도 홀로 외로이 남아 그토록 괴로워한 데는 그럴 만한 까닭이 있었다. 나는 술집의 영웅이었고 거칠기로 소문난 녀석들도 좋아하는 조롱꾼이었다. 나는 톡톡 튀는 재치를 보여주었고 선생님들과 학교와 부모와 교회에 대한 생각과 말에서도 대담한 용기를 보여주었다. 나는 그 녀석들의 음담패설도 묵묵히 견뎠고 선뜻 야한 이야기를 들려주기도 했다. 그러나 녀석들이 여자들을 갈망해서 찾아가는 자리에는 한 번도 끼어들지 않았다. 나는 혼자였고 사랑을 향해 뜨겁게 불타오르는 동경으로 가득 차 있었다. 내가 녀석들 앞에서 떠들어대던 말대로라면 앞뒤 가리지 않고 쾌락을 탐닉해야 마땅할 테지만, 나란 놈은 가망 없는 동경만 품고 있었다. 나보다 더 쉽게 마음에 상처를 입는 사람도 없었고, 나보다 더 수줍음을 많이 타는 사람도 없었다. 예쁘고 깨끗하며 밝고 우아한 젊은 아가씨들이 내 앞에서 걸어가는 모습을 볼 때마다 그들은 내게 경이롭고 순수한 꿈으로 다가왔다. 나와는 비교가 안 될 만큼 선하고 순수한 사람들이었다. 한동안 나는 야겔트 부인의 문구점에도 갈 수 없었다. 그녀 모습을 직접 보면서 알폰소 베크에게서 그녀에 대해 들었던 이야기를 머릿속에 떠올리면 금방 얼굴이 빨개졌기 때문이다.

　그 새로운 모임에서도 끊임없이 외롭고 내가 다른 아이들과 다르다는 것을 느끼면 느낄수록 나는 그들에게서 점점 더 벗어날 수 없었다. 그토록 원 없이 술을 퍼마시고 허풍을 늘어놓으면서 정말로 즐거움을 만끽했는지는 나도 잘 모르겠다. 술을 마시는 것도 몸에 밸 정도로 익숙한 일은 아니어서 매번 곤혹스러운 후유증을 겪었다. 이 모든 것이 마치 강요받아 일어난 일 같았다. 하지만 그렇게 행동할 수밖에 없었다. 술 마시며 어울려 노는 것 말고는 나 스스로 어떻게 해야 할지 도무지 감을 잡지 못했다. 나는 오래도록 홀로 남아 있는 것이 무서웠다. 끊임없이 내 마음을 끌어당기는 부드러우면서도 부끄러운 내면의 수많은 변화가 두려웠다. 툭 하면 마음속에 떠오르는 감미로운 사랑을 생각하기도 두려웠다.

내가 가장 결핍을 느껴 아쉬웠던 것은 친구였다. 내 마음에 쏙 드는 학우들이 둘이나 셋쯤 있기는 했다. 하지만 그들은 착실했고 나의 방종은 이미 어느 누구에게도 더는 비밀이 아니었다. 아니나 다를까, 그들은 나를 피했다. 모두가 나를 경기장에서 발밑의 땅바닥이 위태롭게 흔들리는 가망 없는 선수로 여겼다. 선생님들은 이미 나에 대해 많은 것을 알고 있었고 나는 몇 번이나 엄한 체벌을 받았다. 결국 모두 내가 학교에서 쫓겨날 거라고 믿었다. 나 자신도 그걸 알고 있었다. 오래전부터 이미 나는 선한 학생이 아니었다. 이대로는 학교생활을 더 지속할 수 없으리라는 예감을 품은 채 힘겹게 속임수를 써 가며 이어지는 나날을 근근이 버텨 나갔다.

하느님이 우리를 고독하게 만드시고 우리를 우리 자신에게로 인도하시는 수많은 길이 있다. 그 시절에 하느님은 나와 함께 그 길을 걸어가셨다. 그 길은 악몽과 같았다. 더러움과 끈적끈적함이 엉겨 붙은 술판, 깨진 맥주잔들과 비아냥대는 말투로 실컷 수다를 떨던 밤들 너머로 추방당한 몽상가 같은 내 모습이 보였다. 불안과 괴로움에 사로잡혀 추잡하고 불결한 길을 기어가는 나 자신이 보였다. 공주를 찾아가던 길목에서 악취가 진동하고 쓰레기가 넘쳐나는 뒷골목의 진흙탕 속에 처박혀 빠져나오지 못하는 꿈들도 있었다. 내가 처한 상황이 영락없이 그런 꼴이었다. 그토록 나는 섬세하지 않고 거친 방식으로 고독에 빠져들었다. 지금의 나와 어린 시절 사이를 가로막는 에덴동산의 닫힌 문을 무자비한 파수꾼들이 눈부신 광채를 뿜어대며 지키고 서 있었다. 그것은 새로운 시작이었고, 나 자신을 향한 향수가 깨어나는 것이었다.

기숙사 사감 선생님이 보낸 편지에서 경고를 받은 아버지가 처음 성聖 ○○시에 와서 느닷없이 내 앞에 나타났을 때 나는 소스라치게 놀라 온몸이 떨렸다. 그해 겨울의 끝 무렵 아버지가 두 번째로 왔을 때 나는 돌이킬 수 없을 만큼 냉정하고 무심했다. 아버지는 나를 야단치고 제발 어머니 생각 좀 하라고 간청하기도 했지만 내 마음은 돌아서지 않았다. 결국 아버지는 화가 머리끝까지 치밀어 올라 만일 내가 달라지지 않는다면 모욕과 수치를 주어 학교에서 퇴학시키고 감화원에 가두겠다고 엄포를 놓았다. 하고 싶은 대로 하라지, 뭐! 그때 집으로 발길을 돌리던 아버지 모습이 무척 측은해 보였다. 아버지는 아무 성과도 얻지 못했고 나를 설득할 그 어떤 길도 찾아내지 못했다. 아버지가 그렇게 된 것이 한동안 당연하게 느껴졌다.

내 인생이 앞으로 어떻게 되든 아무 상관이 없었다. 나는 술집에 앉아 우쭐대듯 나 자신을 과시하며 이상하고도 볼품없는 방식으로 세상과 싸웠다. 그것은 세상에 항의하는 나만의 방식이었다. 그렇게 행동하면서 스스로 망가뜨렸고, 가끔 내가 처한 상황을 놓고 이런 생각이 들기도 했다. 세상에서 나 같은 사람들이 필요하지 않다면, 세상이 나 같은 사람들을 위해 더 좋은 자리와 더 높은 과제를 내놓지 않는다면 나 같은 사람들은 망가질 수밖에 없다고. 그에 따른 손해는 고스란히 세상의 몫이라고.

그해 크리스마스 휴가는 전혀 즐겁지 않았다. 어머니는 돌아온 나를 다시 만나는 순간 소스라치게 놀랐다. 나는 키가 한 뼘이나 더 자랐지만, 말라빠진 얼굴은 온통 잿빛으로 거무스레했고 맥없이 축 처진 모습에 눈가에는 염증이 있었다. 코밑을 뚫고 나오기 시작한 수염과 얼마 전부터 쓰는 안경 때문에 나는 어머니에게 더욱 낯설게 보였다. 누나들은 한쪽으로 물러나 웃음을 참지 못하고 키득거렸다. 모든 일이 불쾌했다. 서재에서 아버지와 주고받은 대화도 씁쓸하고 불쾌했으며 몇몇 친척이 건네는 인사도 불쾌했다. 무엇보다도 크리스마스이브가 불쾌함으로 얼룩졌다. 지금까지 살아오면서 내가 기억하는 크리스마스이브는 우리 집에서 가장 중요하고 뜻깊은 날이었다. 축제 분위기 속에서 사랑과 감사가 가득하고 부모님과 나 사이의 유대감이 회복되는 저녁이었다. 그러나 이번에 맞은 크리스마스이브는 내 마음을 압박하고 당혹스럽게 만들 뿐이었다. 예전과 다름없이 아버지는 들판에서 양을 치는 목자들에 대한 복음서 구절을 읽었다. "그 땅에서 목자들이 자기 양 떼를 지키고 있었다."* 늘 그랬듯이 누나들은 밝은 얼굴로 선물 탁자 앞에 서 있었지만, 아버지 목소리는 전혀 즐겁게 들리지 않았으며 얼굴은 근심이 가득해 늙어 보였다. 어머니는 몹시 슬퍼했다. 선물과 축

---

* 누가복음 2장 8절에는 다음과 같이 기록되어 있다. "그 지역에 목자들이 밤에 밖에서 자기 양 떼를 지키더니." 싱클레어의 아버지는 이 구절을 낭독하고 있다. 『성경전서 개역개정판』 참조.

복, 복음과 크리스마스트리, 이 모든 것이 내게는 괴롭기만 하고 선뜻 내키지 않는 것이었다. 크리스마스 쿠키가 달콤한 향기를 풍기고 감미로운 추억이 너울대는 구름의 물결이 되어 밀려 들어왔다. 전나무는 향기로운 내음을 풍기며 아득히 사라져간 옛일들을 이야기했다. 나는 그날 저녁과 크리스마스 축제일이 끝나기만 바랐다.

겨울은 내내 그런 식으로 흘러갔다. 얼마 전에 나는 교무위원회로부터 따끔한 경고와 함께 퇴학 처분의 엄포를 받았다. 학교에서 퇴출되기까지는 그리 오래 걸리지 않을 것이 뻔했다. 그렇게 된들, 뭐 그리 대수인가.

막스 데미안을 원망하는 감정이 갈수록 짙어갔다. 그곳 학교에서 보내는 동안 그 애를 한 번도 보지 못했다. 성 ○○시에서 학업을 시작하던 무렵, 나는 데미안에게 두 번이나 편지를 보냈지만 답장은 받지 못했다. 그래서 나도 방학 동안에 그 애를 찾아가지 않았다.

가을에 알폰소 베크와 만난 바로 그 공원에서 가시나무 울타리가 초록으로 물들기 시작한 이른 봄, 한 소녀가 내 눈에 들어왔다. 나는 갖가지 역겨운 생각과 염려에 사로잡혀 혼자 산책하고 있었다. 건강도 나빠진 데다가 계속 돈 문제로 곤혹스러운 나날을 보내고 있었다. 친구들에게 빚을 진 까닭에 집에서 다시 무언가를 얻어내려면 그럴싸한 구실을 만들어야 했다. 그것도 모자라 여러 상점에서 담배를 비롯해 그와 비슷한 물건들을 달아둔 외상값이 갈수록 늘고 있었다. 이런 염려가 매우 심각했다는 말은 아니다. 이곳에서 지내는 내 생활도 마침내 마지막에 이르러 내가 물속에 뛰어들거나 감화원에 보내지면 이까짓 몇몇 사소한 염려쯤이야 아무 문젯거리도 안 될 테니까. 하지만 여전히 나는 그런 유쾌하지 않은 일들을 직접 겪으면서 괴로움에 시달렸다.

바로 그 봄날 공원에서 산책하던 나는 젊은 숙녀와 마주쳤다. 나는 그녀에게 흠뻑 빠져버렸다. 그녀는 키가 크고 몸매가 호리호리했으며 우아한 옷차림에 영리한 소년 얼굴을 하고 있었다. 나는 그녀가 단번에 마음에 들었다. 내가 좋아하는 유형으로 내 상상력이 솟구치도록 자극하기 시작했다. 나보다 나이가 아주 많은 것 같지는 않았지만 훨씬 더 성숙해 보였다. 우아하고 고운 곡선을 그리는 윤곽에 누가 보더라도 벌써 숙녀티가 났다. 그러나 얼굴에는 오만하고 소년 같은 이미지가 흘렀는데, 그 점이 정말 좋았다.

내 마음을 사로잡은 소녀에게 가까이 다가가는 데 성공한 적은 한 번도 없었다. 이번에도 마찬가지였다. 하지만 그녀에 대한 인상은 이전의 그 어떤 인상보다 훨씬 더 깊었고, 이 사랑의 감정이 내 삶에 미친 영향은 이루 말할 수 없이 컸다.

갑자기 내 앞에 하나의 형상이 다시 나타났다. 고귀하고 존경스러운 형상. 아, 내 안에서 일어나는 그 어떤 욕구나 충동도 그녀를 경외하고 숭배하려는 갈망보다 더 깊고 격렬하게 내 마음을 사로잡지는 못했다! 나는 그녀에게 베아트리체*라는 이름을 주었다. 단테의 글을 읽은 적은 없지만 어느 영국 그림에서 그의 연인이었던 베아트리체를 보고 그 이름을 기억하고 있었다. 나는 그림의 사

---

* 베아트리체: 이탈리아의 시인 단테가 일평생 사랑했던 여성. 단테는 아홉 살 때 그녀를 처음 보고 사랑에 빠져들었다. 그녀를 향한 단테의 감정은 사랑 차원을 넘어 존경과 숭배 단계로 승화되었다. 이것을 증명하듯 베아트리체는 단테의 대표작 『신곡』의 중심인물로 등장한다.

본 한 장을 간직하고 있었다. 영국 라파엘 전파前派* 양식의 소녀 그림인데, 좁고 긴 머리에 팔다리가 무척 길고 몸은 날씬하며 두 손과 얼굴에는 정신의 깊이가 깃들어 있었다. 내가 만난 아름답고 젊은 소녀는 그림 속 소녀 모습과 똑같지는 않았다. 하지만 내가 좋아하는 날씬한 맵시와 소년 같은 모습을 보여주었고 얼굴에는 정신이나 영혼이 살아 꿈틀대는 듯했다.

나는 베아트리체와 한마디도 나누지 못했다. 그렇지만 그녀는 당시 내게 가장 깊은 영향을 미쳤다. 그녀는 내 앞에 자기 형상을 세워 놓고 내게 성스러운 신전의 문을 열어주더니 나를 그 신전에 서 기도하는 사람으로 만들었다. 그날부터 당장 나는 술집에 죽치 고 앉아 술을 퍼마시거나 밤마다 취해서 이리저리 쏘다니는 짓거 리를 그만두었다. 나는 다시 혼자 있을 수 있었고, 다시 기꺼이 책 을 펼쳐 읽었고, 다시 즐겨 산책했다.

삶이 이토록 갑작스럽게 딴판으로 바뀌니 나를 향해 날아드는 숱한 조롱을 피할 길이 없었다. 하지만 나에게는 이제 사랑하고 숭 배할 대상이 생겼다. 나는 다시 가슴에 이상을 품게 되었다. 내 삶 은 다시 다채로운 비밀에 휩싸인 여명과 예감으로 가득 넘쳐났다. 이에 힘입어 조롱에도 상처받지 않고 태연할 수 있었다. 숭배하는 형상을 섬기는 노예가 되긴 했지만 다시금 나 자신에게 돌아온 것 이다.

그 시절을 되돌아보며 생각에 잠길 때마다 가슴 뭉클한 감동을

---

* 1848년에 윌리엄 홀먼 헌트, 존 에버렛 밀레이, 단테 가브리엘 로세티 등 영국의 화가들이 일으 킨 문예 유파 또는 예술 운동이다. 라파엘로와 미켈란젤로 이전 시대의 화풍. 즉 사실적이고 자 연스러운 화풍을 되살리고 자연을 모방하는 것을 예술의 목적으로 추구했다.

떨쳐버릴 수 없다. 나는 내 삶에서 산산이 부서졌던 시기의 파편들을 끌어모아 다시금 '밝은 세계'를 건설하려고 온 마음을 다해 노력했다. 나는 다시 내 안에서 어두운 것과 사악한 것을 영영 떨쳐버리고 신들 앞에 무릎 꿇은 채 완전히 빛의 세계 속에 머물고 싶은 단 하나의 갈망만 온전히 가슴에 품고 살았다. 여하튼 지금의 이 '밝은 세계'는 어느 정도는 나 자신이 만든 작품이었다.

그것은 어머니 품으로 도망쳐 무책임하게 숨어버리는 것이 아니었다. 그것은 나 자신이 만들고 스스로 요구한 직무였다. 책임감과 극기가 따르는 일이었다. 나를 괴롭히고 자꾸만 회피하게 만들었던 성적 욕구가 이제는 그 성스러운 불길 속에서 정신의 힘과 경건한 마음으로 신성하게 바뀌어야 했다. 어두운 것과 추악한 것은 단 한 점도 남김없이 사라져야 했다. 신음하며 지새웠던 밤들, 외설적인 그림들을 앞에 놓고 가슴 두근거리던 망측함, 금지된 문 앞에서 엿보고 귀 기울이던 짓거리, 음란한 성욕이 깨끗이 사라져야 했다. 그 모든 것이 사라진 자리에 나는 베아트리체의 형상이 있는 나만의 제단을 세웠다. 베아트리체에게 나 자신을 바침으로써 정신의 힘과 신들에게 나를 바친 것이다. 나는 어두운 힘들의 영역에서 빼낸 내 삶의 부분을 눈이 부시도록 밝은 힘들에 제물로 바쳤다. 이제 내가 지향하는 목표는 쾌락이 아니라 순수함이었고, 행복이 아니라 아름다움과 정신의 깊이였다.

이렇게 베아트리체를 숭배하면서부터 내 삶은 완전히 달라졌다. 어제까지만 해도 조숙한 냉소주의자였던 내가 오늘은 성자가 되려는 목표를 가슴에 품은 신전神殿 관리인이었다. 나는 여태까지 몸에 밴 역겨운 삶을 끊어냈을 뿐만 아니라 모든 걸 바꾸려고 했다.

내 삶의 모든 것에 순수함과 고귀함과 품위를 불어넣으려 했다. 먹고 마실 때도, 말하고 옷을 입을 때도 이 생각뿐이었다. 차가운 물에 몸을 씻고 아침을 시작했는데, 처음에는 무리한다 싶을 정도로 해내기 어려웠다. 나는 진지하고 품위 있게 행동했다. 몸을 똑바로 세우고 발걸음을 좀 더 느리게, 좀 더 품위 있게 움직였다. 내 걸음걸이가 사람들에게는 아마도 우스꽝스럽게 보였을 것이다. 하지만 그것은 내 마음속에서 드리는 진정한 예배였다.

나의 새로운 신념에 합당한 표현을 찾고자 새로 연습하는 이 모든 과정에서 한 가지가 중요해졌다. 나는 그림을 그리기 시작했다. 내가 갖고 있던 영국의 베아트리체 그림이 그 소녀와 그다지 닮지 않은 까닭에 시작한 일이었다. 나는 그 누구도 아닌 나 자신만을 위해 그녀를 그리려고 마음먹었다. 새로운 기쁨과 희망에 푹 빠져들어 아름다운 종이와 물감과 붓을 얼마 전부터 혼자 사용하는 방에 모아 놓고 팔레트, 유리컵, 도자기 접시, 연필을 가지런히 정리했다. 새로 산 작은 튜브 안의 고급 템페라 물감이 나를 매혹했다. 그 물감 중 크로뮴산처럼 짙은 초록색이 있었다. 그 초록색 물감이 작고 새하얀 접시에서 처음 반짝반짝 빛을 뿌리던 모습을 지금도 눈앞에서 생생히 보고 있다는 생각이 든다.

나는 조심스럽게 그림을 시작했다. 얼굴을 그리기가 어려웠다. 먼저 시험 삼아 다른 것부터 그려 보기로 했다. 장식 문양, 꽃, 마음속으로 상상해 본 소담한 풍경, 예배당 옆의 나무, 실측백나무들이 서 있는 로마의 다리를 그렸다. 때로는 이런 장난스러운 붓놀림에 완전히 매료되어 크레파스를 선물받은 어린아이처럼 행복을 만끽했다. 그리고 마침내 나는 베아트리체를 그리기 시작했다.

처음의 얼굴 그림 몇 장은 여지없이 실패해서 쓰레기통에 버려졌다. 가끔 길에서 마주친 그 소녀의 얼굴을 머릿속에 떠올리려고 애쓰면 애쓸수록 오히려 내 뜻대로 되지 않았다. 나는 결국 그녀의 얼굴 떠올리기를 포기했고 처음 시작한 데서 색깔과 붓의 흐름대로 저절로 생겨나는 필법筆法과 상상력에 따라 단순히 얼굴 하나를 그리기 시작했다. 그렇게 해서 그려진 것은 내가 간절히 꿈꾸던 얼굴이었고 그것을 바라보는 나도 꽤 만족스러웠다. 그럼에도 머뭇거리지 않고 얼굴을 계속 그렸다. 새롭게 그려진 그림마다 더욱 뚜렷하게 무언가를 말했고, 비록 현실의 그녀 모습과는 달랐지만 내가 꿈꾸는 모습에는 한결 가까워졌다.

나는 꿈결에 젖은 나만의 붓을 쥐고 모델도 없이 유희적인 붓놀림과 무의식에서 생겨난 선들을 그려나가면서 평면을 채우는 데 점점 더 익숙해졌다. 드디어 어느 날 나는 거의 본능적으로 이전에 그린 것들보다 더욱 강렬하게 내게 말을 건네는 하나의 얼굴을 완성했다. 하지만 그것은 그 소녀의 얼굴이 아니었다. 그 소녀의 얼굴을 그리는 것은 이미 오래전부터 불가능한 일이었다. 그것은 무언가 다른 것이었고 무언가 비현실적이었지만 가치가 덜한 것은 아니었다. 그것은 소녀의 얼굴보다는 오히려 청년의 얼굴로 보였다. 머리카락은 예쁘고 멋진 그 소녀의 그것처럼 밝은 금발이 아니라 불그레한 빛깔이 감도는 갈색이었고, 턱은 강하고 견고했지만 입술은 붉은색으로 피어났다. 얼굴 전체는 어딘가 굳어 있는 듯하고 가면 같은 느낌도 들었지만 가슴 깊이 와닿을 만큼 신비스러운 생명으로 가득 차 있었다.

완성된 그림 앞에 앉아 있으니 그림에서 묘한 인상이 풍겨 나왔다. 그림 속 그 얼굴은 일종의 신상神像이나 신성한 가면처럼 보였다. 반쯤은 남자 같기도 하고 반쯤은 여자 같기도 했으며 세월을 넘어 나이를 알 수 없는 얼굴이었다. 의지가 강하면서도 꿈을 꾸는 듯하고 뻣뻣이 굳어 있으면서도 은밀히 생명력이 넘치는 모습이었다. 그 얼굴은 내게 무언가 해야 할 말이 있었다. 그 얼굴은 내 것이었고 내게 무언가를 요구했다. 또 그 얼굴은 누군가와 닮았는데 그게 누군지는 알 수 없었다.

그림 속 초상은 한동안 내 모든 생각을 따라다니면서 나의 삶속으로 들어와 나와 함께 삶을 나누었다. 나는 그 그림을 서랍 안에 꼭꼭 숨겨 두었다. 누군가가 그림을 몰래 손에 넣어 그것으로 나를 조롱하는 일이 있어서는 안 되니까 말이다. 하지만 내 작은 방에서 혼자 있을 때면 곧바로 그림을 꺼내서 교감을 나누었다. 저녁이면 침대 위 맞은편 벽에 못을 박아 그림을 걸어놓고 잠들 때까지 내내 그것만 바라보았다. 아침이면 내 눈길이 제일 먼저 벽에 걸린 그림으로 향했다.

어린 시절에 늘 그랬듯이 바로 그 무렵에 나는 다시 꿈을 자주 꾸기 시작했다. 여러 해 동안 전혀 꿈을 꾸지 않은 듯했다. 이제 꿈들이 다시 내게로 돌아왔다. 전에는 보지 못했던 새로운 종류의 형상이었다. 더욱이 내가 그린 초상도 여러 번 새록새록 꿈속에 나타났다. 초상은 살아서 말을 건네며 나와 친밀하기도 하고 적대적이기도 했다. 때로는 인상을 잔뜩 찌푸리기도 했고 때로는 한없이 아름답고 조화롭고 고귀한 얼굴이기도 했다.

그런 꿈들을 꾸다가 깨어났을 때 나는 문득 그림 속 초상이 누구인지 깨달았다. 그 초상은 믿기 힘들 만큼 친근한 눈길로 나를 바라보았다. 꼭 내 이름을 부르는 것 같았다. 어머니처럼 나를 잘 아는 듯했고, 그림 속에서 지금까지 내내 나를 지켜본 것 같았다. 나는 두근대는 가슴으로 그림을 응시했다. 숱 많은 갈색 머릿결, 반쯤은 여성스러운 얼굴, 그림이 마르면서 저절로 그렇게 된 듯 기묘하게 밝은 빛이 흐르는 강렬한 이마. 그림 속 초상이 누구인지를 알아가고 다시금 발견하면서 깨달아 가는 인식의 여정이 점점 더 뚜렷이 느껴졌다.

나는 침대에서 곧바로 일어나 그 얼굴 앞에 섰다. 아주 가까이에서 그 얼굴을 바라보았다. 크게 뜬 채 흔들리지 않는 초록빛 눈을 똑바로 들여다보았다. 오른쪽 눈이 왼쪽 눈보다 조금 더 높이 있었다. 그런데 갑자기 이 오른쪽 눈이 움찔하며 떨렸다. 살며시 파르르 떨렸다. 하지만 그 떨림의 파장은 너무나 선명했다. 눈망울의 이 떨림으로 나는 그림 속 얼굴이 누구인지 알 수 있었다…….

어떻게 그 얼굴을 이제야 알 수 있단 말인가! 그것은 데미안의 얼굴이었다.

나중에 나는 내 기억 속에 남아 있는 데미안의 실제 모습과 그 그림을 자꾸만 비교해 보았다. 그림 속 얼굴과 실제 데미안의 모습은 닮기는 했지만 완전히 같지는 않았다. 하지만 그것은 다른 사람이 아닌 데미안의 얼굴이었다.

어느 초여름 저녁에 서쪽으로 향하는 내 방 창문을 통해 불그스레한 햇살이 비스듬히 비쳐 들어왔다. 이내 방 안은 어둑해졌다. 그때 불현듯 생각이 떠올라 베아트리체 또는 데미안의 초상을 창문의 십자 창살에 단단히 못 박아 걸어두고 저녁 햇살이 초상을 오롯이 비추며 스며드는 모습을 묵묵히 바라보았다. 얼굴은 윤곽이 없이 희미해졌지만 붉은색으로 아이라인을 그린 두 눈과 이마에 흐르는 밝은 빛과 강렬하게 꿈틀대는 붉은 입술은 그림의 표면에서 깊고도 야성적으로 타오르고 있었다. 나는 오래도록 그림을 마주 보고 앉아 있었다. 이미 밤이 깊어 사방이 어두워질 때까지도 그렇게 그림만 응시했다. 그리고 시간이 흐를수록 그 얼굴은 베아트리체도 아니고 데미안도 아닌 바로 나 자신이라는 느낌이 들었다. 그 얼굴이 나와 닮지는 않았고, 닮았을 리 없다고 느끼기도 했지만, 그래도 그것은 내 삶에서 형성되었고, 내 내면이자 운명 또는 내 안에 살아서 생동하는 초인적 힘이었다. 언젠가 내가 다시 친구를 만나 사귀게 된다면 내 친구는 바로 이런 모습일 것이다. 언젠가 내가 여자를 만나 사랑하게 된다면 내 애인은 바로 이런 모습일 것이다. 나의 삶과 죽음도 이런 모습일 것이다. 이것은 내 운명의 울림소리였고 리듬이었다.

그 몇 주일 동안 나는 책을 읽기 시작했다. 그 책은 내가 예전에 읽은 그 어떤 책들보다 더욱 깊은 감명을 주었다. 훗날에도 그렇게 깊은 감동을 체험한 책은 그다지 많지 않았다. 아마 니체*의 책에서 그런 감동을 받은 정도였을까. 내가 읽기 시작한 책은 노발리스**의 편지와 잠언을 담은 책이었다. 그 책의 내용 중 내가 이해하지 못하는 부분들이 많았는데도 모든 것이 말로 표현할 수 없을 만큼 매력적이어서 내 마음을 사로잡았다. 때마침 책에 담긴 잠언들 중 하나가 마음속에 떠올랐다. 나는 그 문장을 펜으로 초상

---

* 프리드리히 빌헬름 니체(Friedrich Wilhelm Nietsche, 1844~1900): 독일 태생의 철학자. 실존주의 철학의 선구자로 알려져 있다. 주요 저서로는 『차라투스트라는 이렇게 말했다』, 『비극의 탄생』 등이 있다.

** 노발리스(Novalis, 1772~1801): 독일의 시인이자 철학자. 노발리스는 필명이며 본명은 게오르크 프리드리히 폰 하르덴베르크(G. F. von Hardenberg)다. 예나를 중심으로 창작활동을 했던 노발리스는 독일의 전기(前期) 낭만주의 문학을 대표하는 작가로 손꼽힌다. 주요 작품으로는 소설 『푸른 꽃』, 시 「밤의 친가」 등이 있다.

아래에 적어놓았다. "운명과 심정心情은 똑같은 개념의 다른 이름이다." 나는 이제야 그 문장의 뜻을 깨달았다.

내가 베아트리체라고 부른 그 소녀와는 그 뒤로도 종종 마주쳤다. 감정의 동요는 더 느끼지 않았지만 다정스럽게 와닿는 일체감과 감정의 흐름을 타고 다가오는 예감은 항상 느껴졌다. 너는 나와 마음의 끈으로 연결되어 있어. 하지만 네가 아니라 네 영상이 내 마음과 이어져 있는 거야. 너는 내 운명의 일부분이야.

막스 데미안을 보고 싶은 마음이 다시금 걷잡을 수 없이 솟아올랐다. 나는 데미안이 어떻게 살고 있는지 전혀 알지 못했다. 소식을 듣지 못한 지도 벌써 몇 해가 흘렀다. 방학 때 그를 한 번 만난 적이 있다. 내가 쓰고 있는 이 글에서 그 짧은 만남을 아예 빼버렸다는 것을 잘 알며, 부끄러움과 허영심 때문에 그랬다는 것도 안다. 내가 저지른 것을 이제는 바로잡아야 한다.

방학 중 어느 날 나는 술집을 뻔질나게 드나들던 시절의 그 거만한 표정과 피곤에 찌든 얼굴로 고향의 도시를 어슬렁어슬렁 돌아다녔다. 산책용 지팡이를 흔들어 대며 걸어가다가 옛날과 마찬가지로 경멸스럽기 짝이 없는 늙은 속물들의 얼굴을 바라보고 있을 때, 옛 친구가 나를 향해 다가오고 있었다. 그를 보는 순간 나는 움찔하며 발걸음을 멈췄다. 내 머릿속을 번개처럼 빠르게 스쳐 가는 얼굴이 있었다. 프란츠 크로머였다. 데미안이 크로머 이야기를 잊었어야 하는데 아직도 기억하고 있으면 어쩌지! 그에게 빚을 졌다는 것이 몹시 꺼림칙하고 불편했다. 어린 시절에 저지른 바보 같은 일이었다고 해도 빚을 진 것만은 분명하니까…….

데미안은 내가 먼저 인사하기를 기다리는 듯했다. 내가 조금은 천천히 인사를 건네자 그는 나를 마주 보며 손을 내밀었다. 이전에 악수할 때와 똑같은 느낌이었다! 강하고 따스하면서도 냉철한 기운이 느껴지는 남자다운 손길이었다!

데미안은 내 얼굴을 음미하듯 찬찬히 살펴보며 말했다. "훌쩍 커버렸구나, 싱클레어." 그렇게 말하는 자신은 조금도 달라지지 않은 듯 보였다. 늘 그랬던 것처럼 변함없이 성숙해 보이면서도 변함없이 젊어 보였다.

데미안은 나와 함께 길을 걸었다. 우리는 산책하면서 아주 사소한 일들에 대해 이야기를 주고받았다. 지나간 시절의 일에 대해서는 한마디도 꺼내지 않았다. 예전에 그에게 여러 번 편지를 보냈지만 한 번도 답장을 받지 못했던 일이 떠올랐다. 아, 데미안이 그 일도 잊어버렸으면 좋겠는데, 그 시시하고 바보 같은 편지들을! 내가 보낸 편지들에 대해 그는 아무 말도 하지 않았다!

데미안을 다시 만난 그 무렵엔 아직 베아트리체도, 그녀의 초상을 그린 그림도 없었다. 방종한 생활에 푹 절어 있던 시절이었다. 도시 외곽에 이르러 나는 데미안에게 함께 술집에 가자고 했다. 그는 나와 함께 술집에 갔다. 나는 은근히 뽐내려는 듯 포도주 한 병을 주문해 술잔에 가득 따랐다. 데미안과 잔을 맞부딪치고는 학생들의 음주 관습에 아주 익숙하다는 티를 내면서 첫 잔을 단숨에 비워버렸다.

"술집에 자주 가나 봐?" 그가 물었다.

"그렇긴 하지." 나는 시큰둥하게 말했다. "그것 말고 딱히 뭐 할 일이 있나? 뭐니 뭐니 해도 결국 그게 가장 즐거운 일이거든."

"넌 그렇게 생각하니? 그렇게 생각할 수도 있겠지. 아주 멋진 면도 있으니까. 열정적인 도취, 바커스*의 속성 같은 것 말이야! 하지만 내가 생각하기엔 뻔질나게 술집에 가서 죽치고 앉아 있는 사람들은 하나 같이 그런 멋들어진 면을 잃어버려. 술집을 휘젓고 다니는 건 그야말로 진짜 속물적인 짓거리 같다는 생각이 들어. 그래, 활활 타오르는 횃불로 밤을 환하게 지새우고 코가 비뚤어지게 마시면서 멋들어지게 취하는 거야 나쁠 건 없지! 하지만 그렇게 계속 한 잔 다시 또 한 잔 마셔대는 것, 그게 진실은 아니잖아? 예를 들어 파우스트**가 저녁마다 단골 술집의 테이블 앞에 앉아 있는 모습을 상상이나 할 수 있겠니?”

나는 술을 들이마시며 적의에 찬 눈빛으로 데미안을 빤히 쳐다보았다.

“그래, 그렇긴 하지만 누구나 다 파우스트는 아니지.” 나는 간단히 말했다.

그는 깜짝 놀라 멈칫하더니 나를 바라보았다.

그러다가 이내 예전처럼 쾌활하고 침착하게 웃었다.

“그래, 우리가 이런 일로 다툴 이유는 없지. 여하튼 술꾼이나 탕자의 삶이 나무랄 데 없는 모범 시민의 삶보다 한층 더 생기가 넘칠 수도 있으니까 말이야. 그리고 신비주의자의 경지에 이르는 최상의 준비 단계는 탕자의 삶이라는 걸 어디선가 읽은 적이 있어. 게다가 성聖 아우구스티누스***처럼 훗날에 선지자가 되는 사람들

• 　바커스(Bacchus): 로마 신화에 등장하는 술의 신으로, 그리스 신화에서는 ‘디오니소스’라 한다.
•• 　파우스트(Faust): 독일의 대문호 요한 볼프강 폰 괴테(Johann Wolfgang von Goethe)의 희곡 『파우스트』에 등장하는 주인공이다. ‘진리(Wahrheit)’를 깨닫고자 하는 인생의 ‘올바른 길’을 불굴의 의지로 전진해 나가는 ‘선한 인간’의 표상이다.
••• 아우구스티누스(Augustinus, 354~430): 북아프리카 타가스테 출생. 기독교 역사에서 교부敎

도 항상 있는 거야. 성 아우구스티누스도 한때는 환락을 탐닉하며 방종을 일삼았지."

나는 불신으로 가득 차서 그의 말에 설득되지 않으려고 단단히 마음먹었다. 그래서 허풍스럽게 잘난 척하며 이렇게 말했다. "그래, 누구나 각자 자신의 취향대로 살아가는 거라고! 솔직히 난 선지자나 그딴 것이 되는 데엔 전혀 관심 없어."

데미안은 실눈을 뜨고 충분히 이해한다는 듯 나를 바라보았다.

"들어봐, 싱클레어." 그는 서두르지 않고 말을 계속했다. "네가 듣기에 좀 불편한 말을 할 생각은 처음부터 없었어. 더욱이 포도주가 담긴 술잔을 네가 어떤 목적으로 들이켜는지 우리 두 사람은 알 수 없어. 하지만 네 안에 있는 누군가는, 네 삶을 이루는 누군가는 그걸 알고 있다고. 모든 것을 알고 모든 것을 원하고 모든 것을 우리 자신보다 더 잘해 내는 누군가가 우리 안에 있다는 것을 꼭 기억하면 좋겠어. 미안하지만, 이제 집에 가봐야겠어."

우리는 헤어지는 인사를 짧게 나누었다. 나는 기분이 몹시 상해서 그 자리에 앉아 술병을 완전히 비울 때까지 포도주를 들이켰다. 술집을 나서면서 데미안이 이미 술값을 냈다는 걸 알았고, 그 사실에 화가 더 치밀어 올랐다.

내 생각은 다시 그 잠깐의 만남에 쏠려 있었다. 데미안 생각이 내 머릿속을 가득 채웠다. 그가 도시 외곽의 술집에서 했던 말들이 새록새록 기억 속에 되살아났다. 이상하게도 그의 말이 한마디

父) 시대를 개막한 성자(聖者)이자 위대한 신학자로 알려져 있다. 바티칸 교황청으로부터 '성(聖) 아우구스티누스'라는 칭호를 받았다. 대표적 저서로는 『고백록』, 『행복론』, 『삼위일체론』, 『신국론』 등이 있다.

도 잊히지 않고 생생히 되살아났다. "모든 것을 알고 있는 누군가가 우리 안에 있다는 것을 꼭 기억하면 좋겠어."

나는 창문에 걸어둔 그림을 유심히 바라보았다. 그림 속에서 빛은 자취도 없이 사라져 버렸다. 하지만 초상의 눈은 변함없이 빛나고 있었다. 그것은 데미안의 눈빛이었다. 또는 내 안에 있는 그 누군가였다. 모든 것을 알고 있는 그 누군가였다.

데미안을 얼마나 그리워했던가! 하지만 나는 그의 소식을 전혀 알지 못했다. 그는 내가 다다를 수 없는 곳에 있었다. 다만 데미안이 어딘가 대학에서 공부하고 있다는 것과 그가 김나지움˙ 과정을 마친 뒤 그의 어머니도 우리의 고향 도시를 떠났다는 것만 알고 있었다.

나는 크로머와 얽힌 일에 이르기까지 내 안에 새겨진 막스 데미안에 대한 모든 기억을 되살리려고 애썼다. 예전에 그가 내게 했던 말들 가운데 얼마나 많은 말이 다시금 내 귀에 쟁쟁했던가! 모든 말이 변함없이 의미가 있고 현실감이 있었으며 하나 같이 나와 연관되어 있었다. 별로 유쾌하지 않았던 마지막 만남에서 데미안이 탕자와 성자에 대해 내게 했던 말도 환하게 빛을 내며 갑자기 내 영혼 앞에 모습을 드러냈다. 그가 말했던 바로 그런 일이 내게 일어나지 않았던가? 술에 넋 놓고 취해서 추잡한 오물 속을 질퍽거리며 정신이 마비된 채 방탕의 나락으로 추락하지 않았던가? 그렇게 굴러떨어지다가 마침내 새로운 인생의 충동에 힘입어 이전과는 정반대로 색다른 것이 내 안에서 살아나지 않았던가? 순수의 세

---

* 김나지움(Gymnasium): 1학년부터 4학년까지 편성된 4년간의 초등학교(Grundschule) 교육과정을 마친 뒤 5학년부터 13학년까지 9년간 수학하는 중등학교를 말한다. 우리의 중고등학교에 해당하는 교육과정으로 이 기간에 대학 교육에 필요한 능력을 기른다.

계에 대한 갈망과 성자의 삶을 향한 동경이 내 안에서 살아 꿈틀 거리지 않았던가?

그런 식으로 나는 계속 지난 기억을 따라갔다. 이미 오래전에 밤이 되었고 밖에는 비가 내리고 있었다. 내 기억 속에서도 비가 내리는 소리가 들렸다. 예전에 밤나무 아래서 데미안이 내게 프란츠 크로머와 얽힌 일을 캐묻고 내 첫 비밀을 알아냈던 시간이 생각났다. 그때의 일이 하나씩 차례로 떠올랐다. 학교로 가는 길에 나누었던 대화들, 견진성사를 치르기 위한 수업 시간이 떠올랐다. 그리고 맨 마지막에는 데미안과 처음 만났을 때가 떠올랐다. 그때 무슨 이야기를 나누었던가? 금방 생각나지는 않았지만 천천히 여유 있게 그 첫 만남 속으로 몰입했다. 그러자 그때 나누었던 이야기도 떠올랐다. 데미안이 내게 카인 이야기를 들려준 다음에 우리는 함께 우리 집 앞에 서 있었다. 그는 우리 집 현관문 위에 있는 낡고 어슴푸레한 문장紋章을 이야기했다. 그 문장은 아래에서 위로 올라갈수록 점점 더 넓어지는 홍예머리*에 새겨져 있었다. 그는 그 문장이 무척 흥미롭다면서 그런 것들을 눈여겨봐야 한다고 말했다.

그날 밤 나는 꿈속에서 데미안과 그 문장을 보았는데, 문장의 모양이 끊임없이 바뀌었다. 데미안이 문장을 두 손에 들고 있었는데, 문장이 때로는 작고 회색빛이었다가 때로는 엄청나게 크고 다양한 빛깔로 변했다. 그는 그렇게 달라지는 것도 언제나 같은 문장이라고 설명해 주었다. 하지만 마지막에 그는 내게 문장을 먹으라

---

* 홍예머리: 문의 안쪽 곡선에서 정점 부분을 뜻하는 건축학 용어.

고 강요했다. 내가 그 문장을 삼키자 그 문장에 그려진 새가 내 안에서 살아나 나를 가득 채우더니 안에서부터 조금씩 나를 쪼아 먹기 시작하는 걸 느끼는 순간 소름 끼치도록 기겁했다. 이러다가는 죽을지도 모른다는 공포가 밀려오면서 벌떡 일어났고, 그 순간 잠에서 깼다.

정신이 다시 맑아졌다. 여전히 밤은 깊은데, 빗줄기가 방 안에 후드득 들이치는 소리가 들렸다. 창문을 닫으려고 일어서 움직이다가 방바닥에 떨어져 밝은 빛을 뿌리는 무언가를 발로 밟았다. 아침에 깨어나 보니 그것은 내가 그린 그림이었다. 그림은 바닥에 떨어져 빗물에 젖은 채 봉긋이 부풀어 있었다. 나는 그림의 물기를 빼내려고 그림을 압지 사이에 끼워 꽤 두툼한 책 속에 넣어 두었다. 다음 날 다시 그림을 보니 물기는 말랐지만 그림은 달라져 있었다. 붉은 입술은 불그레한 빛이 시들고 조금은 얇아져 있었다. 이제 그것은 완전히 데미안의 입술이었다.

나는 문장의 새를 종이에 그리기 시작했다. 새가 본래 어떤 모습이었는지 기억 속에 뚜렷이 남은 것이 없었다. 내 기억에 새의 몇몇 부분은 가까이에서도 좀처럼 알아보기 어려웠다. 문장이 새겨진 현관문 위의 바탕*이 오래되고 낡아서 자주 색깔을 덧칠했기 때문이다. 새는 무언가의 위에 서 있거나 앉아 있었다. 아마 꽃이나 바구니, 둥지나 나무우듬지였을 것이다. 그게 무엇이든 상관없이 기억 속에 뚜렷이 떠오르는 것부터 그려나갔다. 뜻 모를 충동

---

* 원문에는 'das Ding(그 물건)'으로 기록되었지만, 여기에서 '그 물건'은 문장(紋章)을 새겨넣은 현관문 위의 바탕을 의미한다.

에 이끌려 곧바로 강렬한 색깔로 그림을 그렸다. 내 그림에서 새의 머리는 황금빛이었다. 나는 마음이 이끌리는 대로 쉬지 않고 붓을 움직여 며칠 만에 그림을 완성했다.

그것은 날카롭고 대담한 새매 머리를 한 맹금猛禽이었다. 펼쳐지는 푸른 하늘을 배경으로 새의 몸이 절반쯤 어두운 지구에 파묻혀 있었다. 새는 마치 거대한 알을 부수고 나오듯 지구를 깨뜨리고 나오는 중이었다. 그림을 오래 음미하며 눈여겨볼수록 그것은 차츰 꿈속에서 보았던 다양한 빛깔의 문장처럼 보였다.

내가 데미안에게 편지를 보낼 주소를 알았다고 해도 그에게 편지 쓰기는 어려웠을 것이다. 하지만 그 무렵에 내가 하는 모든 일에서 느끼곤 했던 꿈결 같은 예감에 젖어 들어 그에게 새매 그림을 보내기로 마음먹었다. 데미안이 그림을 받아 보든 그렇지 못하든 그건 중요하지 않았다. 나는 그림에 아무 말도 쓰지 않았고 내 이름도 적어넣지 않았다. 그림 가장자리를 조심스럽게 오려내고 큼직한 봉투를 사서 내 친구의 옛 주소를 적은 다음 곧바로 그것을 발송했다.

시험이 다가왔다. 나는 평소보다 더 열심히 공부해야 했다. 내가 갑자기 무례하던 태도를 바꾼 다음부터 선생님들은 나를 다시 너그럽게 받아주었다. 그때도 이전과 마찬가지로 모범적인 학생은 아니었지만, 나 자신도 나를 아는 그 누구도 내가 반년 전에 마땅히 퇴학 처분을 받았어야 했을 학생이라는 생각은 하지 않았다.

아버지는 다시 예전과 같은 말투로 편지를 보내셨지만 나를 꾸짖거나 위협하는 내용은 없었다. 하지만 나는 어떻게 이런 변화가 일어났는지 아버지나 다른 어느 누구에게도 설명할 필요성을 전혀 느끼지 못했다. 이런 내 변화가 부모님이나 선생님들의 바람과 일치하게 된 것은 어디까지나 우연이었다. 이 변화는 나를 다른 사람들에게 데려다주지도 않았고 그 누구와 친하게 만들지도 않았다. 오히려 나를 더욱 고독하게 만들었을 뿐이다. 이 변화는 어딘가를 목표로 삼아 나아갔다. 데미안을, 아득히 먼 운명을 목표로 삼아 향하고 있었다. 나 자신도 그것을 알지 못했다. 나는 목표를 향해 나아가는 그 한가운데에 서 있었다. 그것은 베아트리체로 시작되었지만, 얼마 전부터 나는 직접 그린 그림들과 데미안에 대한 생각과 더불어 완전히 비현실적인 세계에서 살았다. 거기에 푹 빠져 있다 보니 베아트리체마저 내 눈길과 생각에서 완전히 사라져버렸다. 아무에게도 나의 꿈과 기대와 내면적 변화에 대해 한마디도 할 수 없었을 것이다. 설령 내가 원했을지라도 말할 수 없었으리라.

그런데 어떻게 내가 그걸 원할 수 있었겠는가?

베아트리체

5

새는 알을 깨고 나오려 투쟁한다

내가 직접 그린 꿈속의 새는 제 길을 떠나 내 친구를 찾아냈다. 그리고 너무나 이상야릇한 방식으로 내게 답장이 왔다.

언젠가 학교 수업에서 쉬는 시간이 끝난 다음 교실의 내 책상에 책이 놓여 있었고 그 책 속에 종이쪽지가 꽂혀 있었다. 그것은 같은 반 친구들이 이따금 수업 시간에 은밀히 쪽지를 주고받을 때 접는 것과 같은 모양으로 접혀 있었다. 도대체 누가 이런 쪽지를 나한테 보냈을까 의문이 들었다. 이런 쪽지를 주고받으면서 누군가를 사귄 적이 없었기 때문이다. 나는 학생들끼리 재미로 하는 장난에 끼어들라고 요구하는 쪽지일 것이라 생각했다. 하지만 그런 일에 끼어드는 것이 썩 내키지 않아서 쪽지를 읽지도 않고 책 앞부분에 꽂아 두었다. 수업이 진행되고 나서야 우연히 다시 쪽지가 내 손에 들어왔다.

종이를 가볍게 만지작거리다가 아무 생각 없이 펼쳤는데 거기엔

126

몇 마디 말이 적혀 있었다. 그 말들을 스쳐가듯 바라보던 내 눈길이 한 낱말에 꽂혀 꿈적도 하지 않았다. 깜짝 놀라 그것을 읽으면서 내 심장은 강추위에 휩싸인 듯 운명 앞에서 움츠러들었다.

"새는 알을 깨고 나오려 투쟁한다. 알은 세계다. 태어나려고 하는 자는 하나의 세계를 깨뜨려야 한다. 새는 신에게로 날아간다. 그 신의 이름은 아브라삭스."

나는 이 구절을 몇 번이나 읽고 깊은 생각에 빠져들었다. 의심할 여지 없이 그건 데미안이 보낸 답장이었다. 나와 데미안, 단둘을 제외하고는 그 새를 아는 사람이 있을 리 없으니까 말이다. 그는 내 그림을 받아 보았다. 그는 그림의 의미를 이해했고 내가 그 뜻을 해석할 수 있도록 도와주었다. 하지만 이 모든 일이 대체 무슨 연관이 있는 걸까? 그리고 마지막 구절이 무엇보다 마음에 걸렸다. 아브라삭스라는 이름은 대체 무얼 뜻하는 걸까? 나는 그 말을 들어본 적도 없었고 읽어본 적도 없었다. "그 신의 이름은 아브라삭스!"

수업에 관련된 내용은 아무것도 듣지 못한 채 그 시간이 지나갔다. 다음 시간이 시작되었고, 그건 그날 오전 수업의 마지막 시간이었다. 대학을 이제 막 졸업한 젊은 보조 교사가 가르치는 수업이었다. 그는 매우 젊을뿐더러 거북스럽게 윗사람 행세를 하지 않아서 우리 마음에 쏙 들었다.

우리는 폴렌 박사님의 지도를 받으며 헤로도토스*를 읽었다. 이 강독 수업은 내 흥미를 일깨우는 몇 안 되는 과목 중 하나였다.

---

* 헤로도토스(Herodot, 기원전 484~기원전 425): 고대 그리스의 역사가이며 '역사학의 아버지'로 알려져 있다. 그의 대표 저서 『역사』는 서양 역사학의 기원이기도 하다.

하지만 이번에는 좀처럼 강독에 집중할 수 없었다. 기계적으로 책을 펴긴 했지만, 번역된 내용을 따라가는 것이 아니라 골똘히 내생각에 잠겨 있었다. 여하튼 그 당시 종교 수업 시간에 데미안이내게 들려준 말이 얼마나 옳은지 나는 이미 여러 번 경험을 거듭하면서 알 수 있었다. 온전히 마음을 쏟아 무언가를 강렬히 원하면 그건 이루어질 수밖에 없었다. 수업 시간에 내 생각에 아주 강렬히 몰입하면, 나는 조용하면서도 차분할 수 있었고 선생님도 그런 나를 차분한 상태로 그대로 내버려 두었다. 그렇다, 누구든 산만해졌거나 졸고 있으면 선생님이 갑자기 와서 그 옆에 서 있기 마련이다. 나도 이미 그걸 경험해 봐서 알고 있다. 하지만 누구든 정말로 생각에 빠져 있으면, 정말로 골똘히 생각에 잠겨 있으면 별일없이 무사한 법이다. 그리고 흔들림 없이 상대방을 뚫어지게 바라보는 것도 이미 내가 시험해 봐서 충분히 통한다는 사실을 확인했다. 데미안과 알고 지내던 당시에는 성공하지 못했지만, 이제는 눈길과 생각만으로도 아주 많은 일을 할 수 있다는 걸 종종 느꼈다.

지금도 나는 그렇게 나만의 생각에 빠져들어 헤로도토스와 학교에서 멀리 떨어져 있었다. 그런데 그때 느닷없이 선생님 목소리가 번개처럼 빠르게 내 의식을 꿰뚫고 들어왔다. 나는 소스라치게놀라 생각 속에서 빠져나왔다. 선생님 목소리가 들렸다. 선생님은내 몸에 닿을 듯 바로 옆에 서 있었다. 나는 선생님이 내 이름을부른 줄로만 알았다. 하지만 선생님은 나를 보지도 않았다. 나는안도의 한숨을 내쉬었다.

그때 다시 선생님의 목소리가 들려왔다. 그 목소리에서 낱말 하나가 크게 울렸다. "아브라삭스."

내가 생각에 잠겨 있느라 시작 부분을 놓친 설명을 폴렌 박사님은 이어서 풀어나갔다. "우리는 고대 종파들의 견해와 신비적 합일을 합리주의적 관점에서 보는 것처럼 그렇게 단순하게 생각해서는 안 됩니다. 고대 사람들은 우리가 생각하는 의미의 학문을 전혀 알지 못했어요. 그 대신 철학적이고 신비적인 진리에 관한 연구가 고도로 발전했지요. 심심찮게 사기와 범죄를 유발한 마술과 유희가 부분적으로는 그런 신비적 진리 연구에서 생겨나기도 했습니다. 하지만 마술도 고귀한 근원과 심오한 사상을 지니고 있었지요. 앞서 예를 들었던 아브라삭스에 대한 가르침이 바로 그런 심오한 사상이라 말할 수 있습니다. 사람들은 이 아브라삭스라는 이름을 그리스의 주문呪文과 연결해 부르고 오늘날에도 오지의 원주민 종족들이 받드는 것처럼 마법을 부리는 그 어떤 악마의 이름쯤으로 여기고 있어요. 그러나 아브라삭스는 지금까지 알려진 것보다 훨씬 더 많은 걸 의미하는 듯 보입니다. 우리는 이 이름을 예를 들어 신적인 것과 악마적인 것을 합일하는 상징적 임무를 지닌 신의 이름으로 생각할 수 있습니다."

키가 작고 박학다식한 그 선생님은 섬세하게 열정적으로 계속 설명을 이어 나갔다. 그런데도 주의 깊게 듣는 학생들은 보이지 않았다. 게다가 그 이름이 더는 언급되지 않았기 때문에 아브라삭스에게 향했던 내 관심도 곧 나 자신에게로 돌아와 다시 내면의 생각 속에 잠겨버렸다.

"신적인 것과 악마적인 것을 합일한다"라는 말이 한참 내 귀에 울리며 가라앉지 않았다. 나는 이것을 데미안과 연결되는 끈으로 삼을 수 있었다. 우리 우정의 막바지에 나는 데미안과 대화를 나누면서 그 말에 이미 친숙해진 상태였다. 그 당시 데미안은 우리가 숭배하는 신이 있긴 하지만 그 신은 의도적으로 싹둑 잘라서 떼어 낸 세계의 반쪽일 뿐이라고 말했다. 그건 공식적으로 허용된 '밝은' 세계일 뿐이라는 것이다. 하지만 우리는 반쪽이 아닌 전체 세계를 숭배할 수 있어야 하며, 따라서 악마이기도 한 신을 믿든지 아니면 신을 섬기는 예배와 더불어 악마를 섬기는 예배도 드려야 한다고 데미안은 얘기했다. 그렇다면 이제 아브라삭스가 신이기도 하고 악마이기도 한 바로 그 신이었다.

한동안 나는 아주 열정적으로 아브라삭스의 자취를 끈질기게 탐문했지만 도무지 진척이 없었다. 아브라삭스를 찾아서 도서관 구석구석을 샅샅이 뒤졌는데도 아무런 성과가 없기는 마찬가지였다. 하지만 내 타고난 성향은 이렇게 직접적이고 의식적으로 무언가를 찾는 방식에는 전혀 어울리지 않았다. 그런 경우 처음에는 진실을 찾아냈다고 믿지만 나중에 손에 쥐는 것은 돌멩이일 뿐이다.

내가 얼마 동안 그토록 온 마음을 다해 빠져들었던 베아트리체의 형상은 점점 사라져갔다. 아니 더 정확하게는 나에게서 서서히 벗어나 지평선에 점점 더 가까이 다가가고 희미해져 아득히 멀어지더니 마침내 창백해졌다. 그녀의 형상은 더는 내 영혼에 만족을 주지 못했다.

이제는 내가 몽유병자처럼 품어 안고 가던, 나 자신 안에 독특하게 뿌리를 내린 존재에서 새로운 것이 형성되기 시작했다. 삶을 향한 동경, 더 정확하게는 사랑을 향한 동경이 내 안에서 꽃을 피웠다. 한동안 베아트리체를 향한 숭배로 해소할 수 있었던 성적 충동은 새로운 모습과 목표를 요구했다. 그 요구를 충족하는 것은 여전히 멀게만 느껴졌다. 그 요구와 동경을 기만하고 내 급우들이 행복을 찾으려고 했던 소녀들에게서 무언가를 기대하는 건 예전보다 더욱 불가능해졌다. 나는 다시 격렬하게 꿈을 꾸었다. 밤보다는 낮에 더 많은 꿈을 꾸었다. 새로운 표상들, 모습들, 소망들이 내 안에서 솟아올라 나를 외부 세계에서 저 멀리 옮겨놓았다. 그렇게 해서 나는 현실적인 주변 세계보다 내 안의 이런 모습들, 내 안의 이런 꿈들이나 그림자들과 더 현실적으로 더 활발하게 소통하며 삶을 함께했다.

늘 반복되는 나만의 특정한 꿈 또는 그 꿈이 낳은 환상의 유희가 내게는 너무나 중요해졌다. 내 인생에서 가장 중요한 꿈이자 언제까지나 잊히지 않을 꿈은 대략 이런 이야기였다. 나는 고향 집으로 돌아갔다. 현관 위에서 문장의 새가 푸른 바탕을 두르고 노랗게 빛나고 있었다. 집에서 어머니가 나를 맞아 주셨다. 그러나 내가 집 안으로 들어오면서 어머니를 포옹하려 하자 그건 어머니가 아니라 한 번도 본 적 없는 인물이었다. 키가 크고 강해 보였다. 막스 데미안이나 내가 그린 그림 속 인물과 닮았지만 다른 점이 보였고, 강인함이 느껴지면서도 더할 나위 없이 여성적이었다. 그 인물은 나를 가까이 끌어당기더니 깊고도 가슴 떨리는 사랑의 포옹으로 나를 품어 주었다. 그 순간 희열과 공포가 뒤섞였다. 그 포옹은 신을 섬기는 예배이면서도 범죄였다. 어머니에 대한 수많은 기억과 내 친구 데미안에 대한 수많은 기억이 나를 포옹한 그 인물 속에 생생하게 살아 움직였다. 그 인물의 포옹은 모든 경외심에 어긋난 행동이면서도 충만한 행복이었다. 나는 때로는 깊은 행복감에 흠뻑 젖은 채 그 꿈에서 깨어나기도 했고, 때로는 소름 끼치는 죄의 수렁에서 빠져나오듯 죽음의 공포와 양심의 가책에 짓눌리다가 깨어나기도 했다.

오롯이 내 내면에서 생겨난 그 인물의 모습은 내가 찾는 신이 누구인지를 암시하는 외부의 신호와 하나로 결합했다. 나도 의식하지 못한 채 서서히 이루어진 그 결합은 점점 더 긴밀하고 친밀해졌다. 마침내 나는 바로 나 자신이 그 예감 가득한 꿈속에서 아브라삭스라는 이름을 부르는 것을 감지했다. 희열과 공포, 남자와 여자가 뒤섞여 있었고 가장 거룩한 것과 추악한 것이 서로 뒤얽혀 있었으며 무거운 죄가 가장 온유한 무죄를 꿰뚫고 휙 지나갔다. 내 사랑의 꿈의 모습이 그랬고, 아브라삭스도 그랬다. 사랑은 내가 처음에 두려워하며 느꼈던 것과 같은 동물적인 어두운 충동이 더는 아니었다. 또한 사랑은 내가 그림 속 베아트리체의 모습에 바쳤던 것과 같은 경건하게 승화된 숭배도 더는 아니었다. 사랑은 이 두 가지 모두였다. 두 가지 모두이면서도 이보다 훨씬 더 많은 의미를 지닌 것이 사랑이었다. 사랑은 천사의 모습이며 악마였고, 남자이며 여자였고, 인간이면서 동물이었고, 가장 드높은 선善이면서도 가장 치떨리는 악이었다. 이런 사랑을 하며 사는 것이 내게 정해진 인생의 길인 듯 보였다. 이런 사랑을 맛보는 것이 거부할 수 없는 내 운명인 듯했다. 나는 운명을 동경하고 갈망하면서도 두려워했다. 하지만 운명은 항상 내 곁에 있었고, 내 위에 있었다.

나는 이듬해 봄에 김나지움을 마치고 대학에 입학하기로 계획되어 있었다. 그러나 어느 대학에서 무슨 분야를 전공해야 할지 감이 잡히지 않았다. 콧수염이 자라나 입술 위를 덮었다. 나는 어엿한 성인이었다. 그런데도 진로를 어떻게 해야 할지 전혀 갈피를 잡지 못했고 지향하는 목표도 없었다. 하지만 내 안에서 우러나오는 목소리, 꿈속의 모습만은 확고했다. 나는 그 목소리가 이끄는 대로 무조건 따라가는 것이 내 삶의 임무라고 느꼈다. 그건 내게 쉽지 않은 일이었기에 나는 날마다 저항했다. 어쩌면 내가 정신 나간 것이 아닐까? 혹시 내가 다른 사람들과 달리 비정상 아닐까? 이런 생각이 잊을 만하면 떠오르곤 했다. 하지만 나는 다른 사람들이 해내는 일을 할 수 있었고, 그들이 하는 일이라면 뭐든 나도 할 수 있었다. 조금만 열심히 노력하면 플라톤을 읽을 수 있었고 삼각법 문제를 풀거나 화학 분석도 어렵지 않게 따라갈 수 있었다. 다만 한 가지만은 내가 할 수 없었다. 다른 학생들이 하듯이 내 안에 어둡게 숨어 있는 목표를 포착해 끄집어내어 내 앞의 어딘가에 선명히 그려놓는 일만은 도무지 할 수 없었다. 다른 학생들은 자신이 교수나 판사, 의사나 예술가가 되려고 하는 것을 정확히 알고 있었으며 그 목표를 이루는 데 얼마나 오래 걸릴지 그리고 어떤 유익을 안겨줄지도 뚜렷이 알고 있었다. 하지만 나는 그걸 알 수 없었다. 어쩌면 나도 언젠가는 그런 부류의 인물이 될지 모르지만, 장차 내가 어떤 인물이 될지 지금 어찌 알겠는가. 어쩌면 앞으로 찾고 또 찾으며 기약 없이 찾아야 할지도 모르는 일이었다. 여러 해동안 찾더라도 아무것도 되지 못하고 목표에 이르지 못할 수도 있었다. 목표를 이루었다고 해도 어쩌면 그것은 사악하고 위험천만하고 무시무시한 것일 수도 있었다.

나는 다만 내 마음속에서 저절로 우러나오는 삶을 살아가려고 했을 뿐이다. 그것이 어째서 그토록 어려웠을까?

나는 꿈속에서 만나는 강렬한 사랑의 형상을 자주 그려 보려고 애썼지만 성공한 적은 없었다. 만일 내가 그 형상을 그려내는 데 성공했더라면 곧바로 그림을 데미안에게 보냈을 것이다. 그는 대체 어디에 있었을까? 그걸 알 수 없었다. 내가 안 것은 데미안이 나와 결합되어 있다는 사실뿐이었다. 그를 언제쯤 다시 만나게 될까?

베아트리체를 알던 시절에 몇 주, 몇 달 동안 내가 누렸던 다사로운 평온은 이미 오래전에 흘러갔다. 그 당시 나는 푸근한 섬에 이르러 평화를 찾았다고 믿었었다. 하지만 늘 그런 식의 모양새였다. 어떤 상태가 마음에 들고 어떤 꿈에서 쾌감을 느끼다가도 언제 그랬냐는 듯 이내 시들해져서 공허해졌다. 그것을 안타까워하면서 못마땅하게 여겨도 아무 소용 없는 일이었다. 이제 나는 채워지지 않은 욕망의 불길 속에서, 나를 종종 거칠게 발광하도록 만드는 긴장된 기다림의 불길 속에서 살았다. 꿈속에서 만난 연인의 모습이 종종 내 눈앞에 더없이 생생하고 명료하게 나타났다. 그 모습은 내 손보다 훨씬 더 뚜렷했다. 나는 그 모습과 이야기를 나누고 그 모습 앞에서 하염없이 울며 저주의 독설을 퍼부었다. 나는 그 모습을 어머니라 부르고 눈물을 흘리며 그 모습 앞에 무릎을 꿇었다. 나는 그 모습을 연인이라 하며 모든 것을 채워 줄 성숙한 입맞춤을 예감했다. 나는 그 모습을 악마와 창녀, 흡혈귀와 살인자라 불렀다. 그 모습은 더없이 다정다감한 사랑의 꿈과 방종의 늪에 빠진 뻔뻔스러움으로 나를 유혹했다. 그 모습에는 지나치게 좋거나 귀중한 것도 없었고, 지나치게 나쁘거나 저급한 것도 없었다.

그해 겨울이 다 가도록 나는 말로 표현하기 어려운 내면의 폭풍 속에서 살았다. 고독은 이미 오래도록 몸에 배어 있기에 내 마음을 짓누르지 않았다. 나는 데미안과 새매와 함께 살았다. 내 운명이자 내 연인인 꿈속의 거대한 모습과 함께 살았다. 그 안에서 사는 것만으로도 넉넉했다. 모든 것이 거대한 것과 광활한 것을 바라보았으며 모든 것이 아브라삭스를 가리켰기 때문이다. 그러나 그 꿈들 가운데 어느 것도, 내 생각 가운데 어느 것도 내 뜻대로 나를 따라오지는 않았다. 나는 그 꿈들과 생각들 가운데 어느 것도 불러낼 수 없었고, 그 어느 것에도 내가 하고 싶은 대로 색깔을 입힐 수 없었다. 그것들은 가만가만 내게 와서 나를 데려갔다. 나는 그것들의 지배를 받으며 그것들이 이끄는 대로 살았다.

나는 겉보기에는 안전했고 사람들이 두렵지 않았다. 그런 점을 학우들도 알아채고는 나를 은근히 존경하는 태도를 보였다. 그때마다 나는 자주 입가에 미소를 머금었다. 나는 마음만 먹으면 얼마든지 거의 모든 학우의 속을 꿰뚫어 볼 수 있었다. 그래서 가끔 학우들을 깜짝 놀라게 할 수 있었다. 하지만 그렇게 속마음을 꿰뚫어 보고 싶은 생각은 그다지 없었다. 아니, 털끝만큼도 없었다. 나는 항상 나에게, 항상 나 자신에게 몰입해 있었다. 이제야말로 나도 삶다운 삶을 제대로 한번 살아보고 싶고 내 안에서 우러나오는 무언가를 세상에 주고 세상과 관계를 맺고 세상과 싸워 보고 싶은 간절한 갈망이 솟구쳐 올랐다. 이따금 저녁에 길거리를 이리저리 떠돌아다니다가 밤이 깊도록 불안스러운 마음을 가라앉히지 못한 채 내 발길이 집을 향해 돌아서지 않으면 이제야말로 기어이 내 연인을 만날 거라는 생각이 이따금 밀려왔다. 내 연인이 다음 길모퉁이를 지나갈 거라는 생각이, 다음 창문에서 내 연인이 나를 부를 거라는 생각이 불쑥불쑥 떠올랐다. 때로는 이 모든 것이 더는 견딜 수 없을 만큼 모질게 고통스러워 한 번은 내 목숨을 끊어버릴 생각까지 한 적도 있다.

그 당시 나는 독특한 피난처를 발견했다. 사람들이 흔히 말하듯 '우연히' 찾아냈다. 하지만 그런 우연은 없는 법이다. 무언가 꼭 필요한 것을 갈구하는 사람이 마침내 그에 꼭 필요한 것을 찾아내게 되면 그것은 우연히 발견된 것이 아니다. 자기 자신, 바로 자기 자신의 갈망과 필연이 꼭 필요한 것이 있는 곳으로 그를 이끈 것이다.

나는 도시를 이리저리 걸어 다니다가 근교의 조그만 교회에서 울려 나오는 오르간 소리를 두세 번쯤 들은 적이 있다. 하지만 그 오르간 소리에 가던 길을 멈추지는 않았다. 다음번에 그 교회 옆을 지나가는데 다시 오르간 소리가 들렸다. 누군가가 바흐의 곡을 연주하고 있었다. 나는 안으로 들어가려고 했지만, 교회 문이 잠겨 있었다. 좀처럼 사람이 다니지 않는 좁은 길이어서 교회 옆쪽의 갓돌에 앉아 코트 깃을 세우고 흘러나오는 음악 소리에 귀를 기울였다. 크지는 않지만 좋은 오르간이었다. 매우 특이하다고 할 만한 연주였다. 의지와 끈기를 오직 자기만의 개성으로 독특하게 표현하는 연주 소리가 마치 기도처럼 울려 왔다. 교회 안에서 오르간을 연주하는 남자가 그 음악에 보석이 은밀히 간직되어 있다는 걸 알고서 마치 자기 목숨인 것처럼 그 보석을 얻으려고 건반을 공들여 매만지고 있다는 느낌이 들었다. 나는 악기를 다루는 기술의 측면에서는 음악에 대해 아는 것이 별로 없지만, 그 오르간 연주자와 같은 영혼의 표현은 어린 시절부터 본능적인 감각으로 이해했고 내 안에 흐르는 음악적인 것을 자명한 것으로 느꼈다.

이어지는 흐름을 따라 음악가는 현대 음악도 연주했다. 레거*의 오르간곡처럼 들렸다. 저물녘에 교회는 거의 어둠에 물들어 있었고 한 줄기 불빛만이 가까운 창문을 통해 어슴푸레 비쳐 나왔다.

나는 연주가 끝나서 음악 소리가 잦아들기를 기다렸다가 그 오르간 연주자가 밖으로 나올 때까지 교회 옆에서 이리저리 서성거렸다. 연주자는 젊은 남자였지만 나보다는 나이가 더 들어 보였다. 자그마한 키에 딱 바라진 몸집이 단단해 보였다. 마음이 불편한 일이라도 있었는지 그는 성큼성큼 걸음을 서둘러 교회를 떠났다.

그때부터 나는 이따금 저녁 무렵에 교회 앞에 앉아 있거나 그곳을 이리저리 서성거렸다. 한 번은 교회 문이 열려 있는 것이 눈에 띄어 안으로 들어갔다. 연주자가 위층의 어슴푸레한 가스등 불빛 아래서 오르간을 연주하는 동안에 나는 반 시간쯤 추위에 떨면서도 행복에 겨워 의자에 가만히 앉아 있었다. 그가 연주하는 음악에서 내가 들은 것은 연주자 자신의 소리만이 아니었다. 그가 연주하는 모든 것이 서로 결합해 비밀스럽게 연관을 맺은 듯했다. 그가 연주하는 모든 것 속에 신앙심과 헌신과 경건함이 간직되어 있었다. 그러나 교회 신자들과 성직자들처럼 경건한 게 아니라 중세의 순례자들이나 걸인들처럼 경건했다.* 그것은 모든 종파를 초월하는 세계 감정에 아낌없이 헌신하는 경건함이었다. 그는 바흐 이전에 활동했던 거장들의 곡과 옛 이탈리아 작곡가들의 곡을 열정적으로 연주했다. 모든 곡이 같은 것을 말하고 있었다. 모든 곡이

- 막스 레거(M. Reger, 1873~1916): 정확한 이름은 요한 밥티스트 요제프 막시밀리안 레거(Johann Baptist Joseph Maximilian Reger)다. 독일의 낭만주의 음악가이며 오르가니스트로 알려져 있다. 라이프치히대학교 음악학부 학장을 지냈다.

- 여기에서 '경건'에 대한 헤르만 헤세의 신념을 알 수 있다. 세례 요한이 '독사의 자식들'이라고 비판했던 바리새인들의 '경건'처럼 외부 세계에 의도적으로 보여주려는 위선적인 '경건'이 아니라 무욕, 금욕, 청빈의 정신에서 우러나오는 '경건'을 헤세는 진정한 '경건'이라고 믿었다. 세례 요한은 헤세가 언급한 '걸인들의 경건함'을 나타내는 대표적 표상이다. 신약성경 중 마태복음 3장 7절 참조.

그것을 창조한 음악가의 영혼 안에도 간직되어 있는 것을 말하고 있었다. 갈망, 이보다 더 깊을 수 없는 세상과의 내밀한 만남, 이보다 더 난폭할 수 없는 세상과의 거듭되는 작별, 자신의 어두운 영혼을 향한 열정적인 경청, 헌신에 깊이 빠져 들어가는 도취, 경이로운 것을 알고 싶어 하는 깊은 호기심을 말하고 있었다.

그러다 한 번은 교회에서 나오는 오르간 연주자의 뒤를 밟아 몰래 쫓아간 적이 있다. 그가 도시 외곽의 작은 술집으로 들어가는 게 보였다. 나는 참지 못하고 그를 뒤따라 술집으로 들어갔다. 거기서 처음으로 그의 모습을 똑똑히 보게 되었다. 그는 작은 술집 한쪽 구석의 탁자에 혼자 앉아 있었다. 검은색 펠트 모자를 머리에 쓴 그 바로 앞에는 포도주잔이 놓여 있었다. 그의 얼굴 생김새는 내가 짐작했던 그대로였다. 볼품 없이 생겼고 조금은 거친 면이 눈에 띄었으며 무언가를 찾으면서도 좀처럼 물러설 줄 모르는 고집스럽고 강인한 의지로 가득 차 있었다. 입가는 부드럽고 천진난만해 보였다. 강인함이 넘치는 남성적 면모는 전부 눈과 이마 쪽에 쏠려 있었다. 얼굴 아래쪽은 여리고 덜 성숙하며 어딘지 모르게 연약하고 참을성이 없어 보이기도 했다. 그의 턱은 지나칠 정도로 우유부단해 보여서 마치 소년 같은 느낌을 풍기며 이마와 눈빛을 향해 불만을 터뜨리는 듯했다. 내 마음에 쏙 든 것은 스스로에 대한 자부심과 외부에 대한 적대감으로 가득 찬 그의 흑갈색 눈이었다.

나는 말없이 그의 맞은편에 앉았다. 우리 두 사람 외에는 술집에 아무도 없었다. 나를 밖으로 쫓아내려는 듯 그는 쌀쌀맞게 노려보았다. 하지만 나는 아무렇지도 않은 듯 의연하게 그를 마주 보았다. 그러자 그가 뿌루퉁한 말투로 중얼거렸다. "왜 그리 나를 매

138

섭게 쏘아보는 거요? 나한테 바라는 게 뭐요?"

"바라는 건 없습니다." 나는 말했다. "하지만 벌써 저는 선생님한 테서 많은 걸 받았어요."

그가 미간을 잔뜩 찌푸렸다.

"그러면 음악을 미치도록 좋아하나 보죠? 음악에 미치는 건 역 겨운 일이라오."

나는 그 말에 끄떡도 하지 않았다.

"선생님이 연주하는 오르간곡을 자주 들었어요. 교회에서 연주 하실 때 밖에서 들었지요. 하지만 선생님을 성가시게 할 생각은 없 습니다. 어쩌면 선생님에게서 무언가 특별한 것을 찾을 수 있지 않 을까 하는 생각이 들어서요. 그게 정확히 무언지는 저도 잘 모르 겠습니다. 제 말을 깊이 생각하지는 마세요! 저는 그냥 교회에서 선생님의 오르간 연주를 듣기만 하면 됩니다."

"나는 늘 교회 문을 자물쇠로 잠그는데."

"최근에는 잠시 잊으셨나 봐요. 그래서 교회에 들어와 앉아 있었 죠. 평상시엔 밖에 서 있거나 갓돌에 앉아 있기도 합니다."

"그래요? 다음번엔 안쪽으로 들어와요. 안쪽이 좀 더 따뜻하긴 하죠. 문을 두드리면 됩니다. 하지만 세차게 두드려야 해요. 연주하 는 동안에는 두드리지 말고요. 자, 이제 말해 봐요. 내게 하고 싶은 말이 뭐죠? 무척 젊은 사람인데, 김나지움 학생이나 대학생이겠네 요. 음악가인가요?"

"아니에요. 그저 음악을 즐겨 듣는 정도입니다. 하지만 선생님이 연주하시는 것과 같은 음악, 모든 것을 뛰어넘는 절대적 음악, 인간 이 천상과 지옥을 흔들어 놓는 게 여실히 느껴지는 그런 음악만을 저는 좋아합니다. 그런 음악이 제 마음에 쏙 들어요. 그런 음악은 그다지 도덕적이지 않아서 마음에 드나 봐요. 나머지 음악은 모두 도덕적인 것들뿐이에요. 저는 그렇지 않은 음악을 찾고 있거든요. 도덕적인 것 때문에 언제나 괴로움에 시달렸으니까요. 제 생각을 말로 다 표현하기 어렵네요. 신이면서도 동시에 악마인 신이 존재해야 한다는 걸 아십니까? 저는 그런 신이 있었다는 말을 들었지요."

음악가는 챙 넓은 펠트 모자를 조금 뒤로 젖히더니 넓은 이마를 덮은 까만 머리카락을 쓸어 올렸다. 그러다가 나를 뚫어지게 바라보면서 탁자 위로 내 쪽을 향해 얼굴을 수그렸다.

그는 긴장한 듯 낮은 목소리로 물었다. "당신이 말한 신의 이름이 뭐죠?"

"아쉽지만 저는 그 신에 대해 아는 게 거의 없습니다. 실은 이름만 알고 있어요. 그 이름은 아브라삭스입니다."

누군가 우리 대화를 엿듣기라도 하는 듯 음악가는 의심의 눈초리로 주위를 둘러보았다. 그러고는 내게로 닿을 듯 다가와 소곤거리며 말했다. "그럴 거라 생각했어요. 대체 당신은 누구죠?"

"김나지움 학생입니다."

"아브라삭스를 어디서 알게 된 거죠?"

"우연히 알게 됐어요."

내 말에 그가 탁자를 내리치자 그의 포도주가 잔에서 넘쳐흘렀다.

"우연이라니! 젊은이, 말 같지도 않은 말은 집어치워요! 내 말 새겨들어요. 아브라삭스를 우연히 알게 되는 법은 없어요. 아브라삭스에 대해 당신에게 좀 더 말해 줄게요. 내가 조금은 알고 있으니까요."

그는 말없이 의자를 뒤로 밀었다. 내가 잔뜩 기대감에 들떠 그를 바라보자 그는 금세 얼굴을 찡그렸다.

"여기서 말할 건 아니고! 다음번에 하죠. 자, 받아요!"

그러더니 그는 입고 있던 코트 호주머니를 뒤져서 군밤 몇 개를 꺼내 내게 던졌다.

나는 아무 말 없이 그걸 받아먹었다. 매우 뿌듯했다.

"그러니까!" 조금 뒤 그가 소곤거렸다. "어디서 알게 되었죠? 그를 말예요."

나는 주저하지 않고 말했다.

"제가 혼자서 어찌할 바를 모르고 방황할 때, 옛 친구 하나가 생각났어요." 나는 데미안 이야기를 했다. "그 친구는 아주 많은 걸 알고 있을 거예요. 그때 저는 그림을 그렸어요. 지구를 뚫고 바깥으로 나오는 새 그림이었죠. 그 그림을 친구에게 보냈어요. 시일이 조금 흐르면서 답장이 오지 않는구나 하는 생각에 아예 포기했는데 쪽지를 하나 받았어요. 그 쪽지에는 이렇게 적혀 있었지요. '새는 알을 깨뜨리고 나오려 투쟁한다. 알은 세계다. 태어나려고 하는 자는 하나의 세계를 깨뜨려야 한다. 새는 신에게로 날아간다. 그 신의 이름은 아브라삭스.'"

그는 내 말에 아무 응답이 없었다. 우리는 밤을 까서 포도주와 함께 먹었다.

"한 잔 더 마실까요?" 그가 물었다.

"말씀은 고맙습니다만 그만 마실래요. 저는 술을 그다지 좋아하지 않거든요."

그는 조금 실망한 듯 웃고만 있었다.

"하고 싶은 대로 해요! 나는 그만하고 싶지는 않으니까. 여기 좀 더 있다가 갈게요. 어서 가보세요!"

　다음번에 그의 오르간 연주가 끝나고 둘이서 함께 길을 걸을 때 그는 좀처럼 말이 없었다. 그는 세월이 켜켜이 쌓인 골목길에 있는 어느 고풍스럽고 거대한 저택의 방으로 나를 데려갔다. 그 방은 크지만 조금 음울하고 삭막했다. 피아노 말고는 음악을 암시하는 게 전혀 눈에 들어오지 않았다. 그러면서도 커다란 서가와 책상은 학자의 연구실 같은 분위기를 풍겼다.

　"책이 참 많은데요!" 나는 인정할 수밖에 없다는 투로 말했다.

　"그 책들 중 일부는 아버지 서재에서 이리로 옮겨놓은 거예요. 나는 아버지 집에서 더부살이를 하지요. 그래요, 젊은이. 나는 어머니 아버지와 같이 살아도 부모님에게 당신을 소개하기는 좀 곤란해요. 우리 가족은 내가 알고 지내는 사람들을 떨떠름하게 여겨요. 나는 이를테면 내놓은 자식 같은 신세랍니다. 아버지는 아주 존경스러운 사람이죠. 이 도시에서 꽤 유명한 목사인 데다 설교자이니까요. 내 상황을 당신이 빨리 알아차리도록 말하자면, 나는 재능 많고 앞날이 창창한 아들이었지만 탈선해서 좀 미쳐버렸지요. 원래는 대학에서 신학을 전공했는데 국가시험을 얼마 남겨두지 않은 시점에 그 고루한 학교를 집어치웠어요. 실은 지금도 혼자서 그 신학이라는 분야를 연구하긴 해도 말이죠. 사람들이 삶 속에서 그때그때 어떤 신들을 머릿속에 떠올렸는지, 그것이 여전히 내게는 가장 중요하고 흥미로워요. 물론 지금은 음악가이고, 가까운 시일 안에 어딘가 어느 작은 교회의 오르간 연주자 자리를 얻을 것 같아요. 그러면 또 교회에서 일하게 되는 거죠."

　나는 서가에 꽂힌 책들을 살펴보았다. 책상 위에 켜둔 작은 등

불에서 희미하게 비쳐 나오는 불빛이 그리스어, 라틴어, 히브리어로 된 책 제목들을 가리켰다. 그러는 동안 그 남자는 어둠에 에워싸인 채 벽 앞의 바닥에 납작 엎드려 무언가에 몰입해 있었다.

"이리로 와 봐요." 조금 뒤 그가 나를 불렀다. "이제 철학 얘기를 좀 나누자고요. 그러니까 입은 잠자코 있고, 배를 바닥에 바짝 붙이고 엎드려 생각만 하자는 것이죠."

그는 성냥을 그어 바로 앞에 있는 벽난로 속 종이와 장작에 불을 붙였다. 불꽃이 높이 치솟았다. 그는 부채질하면서 아주 신중하게 불길을 끌어 올렸다. 낡아서 너덜너덜해진 양탄자 위에 나는 그와 함께 나란히 엎드렸다. 그는 불길 속을 뚫어지게 바라보았다. 그 불길은 내 마음도 끌어당겼다. 우리는 말없이 한 시간 남짓 세차게 번져가는 장작불 앞에서 배를 바닥에 붙이고 엎드려 불길을 바라보았다. 그 불길은 거침없이 타오르다가도 불꽃 가루를 뿜어내고 아래로 주저앉더니 휠 듯 굽이치며 아른거리고 꿈틀대다가 마침내 잠잠히 바닥에 가라앉아 작열하며 생각에 잠겼다.

그러다 잠시 그가 혼잣말로 웅얼거렸다. "불을 숭배하는 건 이제까지 인간이 생각해 낸 것들 중 가장 어리석은 일은 아니었어요." 그 말 외에는 우리 둘 다 한마디도 하지 않았다. 나는 불꽃을 뚫어지게 응시하며 꿈과 고요 속으로 깊이 침잠해 들어갔다. 불꽃의 연기가 스스로 만들어 내는 형상들과 재가 빚어 내는 모습들을 유심히 지켜보았다. 그 모습들을 바라보다가 한순간 나는 화들짝 놀랐다. 내 동료가 빨갛게 달아오른 땔감에 송진을 한 줌 던져 넣자 곧바로 조그만 불꽃이 눈 깜짝할 사이에 위로 솟아올랐다. 그렇게 휘어 오른 불꽃 속에서 노란 새매 머리를 한 새가 모습을 드러냈다. 벽난로의 꺼져가는 불길 속에서 황금빛으로 반짝이는 섬세한 실들이 촘촘한 그물을 이뤄 알파벳과 형상들이 나타나고 얼굴, 동물, 식물, 벌레, 뱀에 대한 기억이 새록새록 떠올랐다.

정신이 번쩍 들어 옆을 보니 그는 두 주먹 위에 턱을 얹은 채 영혼이 빨려 들어가듯 벽난로 속 재를 뚫어지게 바라보고 있었다.

"이젠 가볼게요." 내가 살며시 말했다.

"그래요, 어서 가요. 또 만납시다!"

그는 일어서지 않았다. 등불이 꺼져버린 탓에 나는 어둠이 깔린 방과 칠흑같이 캄캄한 복도와 계단을 겨우겨우 더듬어 가며 마법에 걸린 고풍스러운 저택 밖으로 나왔다. 길을 가려던 발걸음을 멈추고 뒤돌아 그 저택을 올려다보았다. 불을 밝힌 창문은 하나도 없었다. 집 대문 앞을 비추는 가스등 불빛 아래서 조그만 황동^{黃銅}문패가 반짝반짝 빛나고 있었다.

"주임 목사, 피스토리우스." 문패에 새겨진 이름이었다.

기숙사로 돌아와 저녁 식사를 하고 나서 내 작은 방에 홀로 앉아 있었다. 그제야 아브라삭스에 대해서도, 피스토리우스에 대해서도 전혀 이야기를 듣지 못했다는 생각이 뚜렷이 떠올랐다. 우리 둘이 나눈 이야기는 열 마디도 되지 않았다. 그런데도 그의 집에 갔던 일이 내게는 무척 흐뭇했다. 더욱이 그는 다음에 나를 만날 때 너무나 훌륭한 옛 오르간 악곡인 북스테후데*의 파사칼리아**를 들려주겠다고 약속까지 했으니 말이다.

----

* 디트리히 북스테후데(Dietrich Buxtehude, 1637~1707): 북부 독일에서 활동했던 바로크 시대의 음악가다. 작곡가이자 오르간 연주자로 명성을 쌓았다.
** 파사칼리아(Passacaglia): 17세기 초에 스페인에서 처음 생겨난 변주곡이자 춤곡이다.

나도 모르게 스쳐 지나간 일이지만, 음울한 은둔자의 방바닥 벽난로 앞에 우리가 함께 나란히 엎드려 있을 때 오르간 연주자 피스토리우스는 내게 첫 번째 가르침을 주었다. 불을 유심히 들여다본 것은 내게 적지 않은 도움을 주었다. 그 경험은 내 안에 늘 간직하면서도 사실은 단 한 번도 다독이며 챙겨보지 않았던 성향을 내게 확인해 주고 튼실히 강화해 주었다. 나는 부분적으로나마 그 사실을 차츰 깨달아 갔다.

어린아이 때부터 이미 내게는 이따금 자연의 기묘한 형태들을 눈여겨보는 성향이 있었다. 속속들이 관찰하는 건 아니지만 자연이 갖고 있는 본래의 마법, 그 복잡미묘하고 심오한 언어에 심취했다. 목질이 단단해진 긴 나무뿌리, 암석 속에 혈관처럼 흐르는 색색의 광맥들, 물 위에 떠다니는 기름의 얼룩들, 유리 속의 갈라진 틈새들. 이와 비슷한 모든 것이 때때로 내게 크나큰 마법을 발휘했다. 무엇보다 물과 불, 연기, 구름, 먼지 그리고 특히 눈을 감으면 뚜렷이 보이는 빙글빙글 도는 형형색색의 얼룩무늬가 마법으로 나를 사로잡았다. 피스토리우스를 처음 방문하고 나서 여러 날 동안 그런 자연의 기묘한 형태가 다시금 생각났다. 그 후로 내 몸과 마음을 움직이는 활력과 기쁨을 느끼게 된 것도, 내 감정이 솟구치는 것을 느끼게 된 것도 오로지 활활 타오르는 불길을 오래도록 뚫어지게 바라본 덕분임을 깨달았기 때문이다. 불을 바라보는 것이 특이하게도 내 마음을 편안하고 풍요롭게 가꾸어 주었다!

내가 추구하는 참된 삶의 목표를 향한 여정에서 그때까지 겪은 몇 안 되는 경험에 피스토리우스를 만난 일이 새로이 합류했다. 불길 속에서 나타나는 그런 형상들을 눈여겨보며 비합리적이고 복잡미묘하고 진기한 자연의 형태에 심취하다 보면, 그런 형상을 존재하게 만든 의지와 우리의 내면이 결국 일치한다는 감정이 우리 안에서 싹터 오른다. 우리는 이내 그 형상들과 형태들을 우리 자신의 좋은 기분으로, 우리 자신의 창조물로 여기고 싶은 충동을 느낀다. 우리는 우리 자신과 자연 사이의 경계가 흔들리고 점차 녹아내려 그 경계가 사라지는 걸 보게 된다. 그러면서 우리 눈동자에 비쳐 드는 형상들이 외부 세계의 인상에서 오는지 아니면 우리 내면에서 오는지를 분간하지 못하는 상태에 이르게 된다. 우리가 얼마나 대단한 창조자이며 우리 영혼이 언제나 끊임없는 세계의 창조에 얼마나 대단하게 참여하는지를 이 생각의 연습만큼 쉽게 간단히 알아낼 방법은 그 어디에도 없다. 좀 더 정확하게 말한다면 우리 내면과 자연에서 활동하는 것은 결코 나뉠 수 없는 동일한 신성神性이다.* 만약에 외부 세계가 무너진다면, 우리 가운데 한 명이 그 세계를 또다시 일으켜 세울 것이다. 산과 강, 나무와 이파리, 뿌리와 꽃을 비롯해 자연에서 형성된 모든 것은 우리 안에 이미 만들어져 있으며 영혼에서 생겨나기 때문이다. 영혼의 본질은 영원성이다. 그 본질을 우리는 알지 못하지만 그것이 우리에게는 대부분 사랑의 힘과 창조의 힘으로 느껴진다.

몇 해가 흐른 뒤에야 비로소 나는 그렇게 눈여겨본 내용이 책에 실제로 증명되어 있는 것을 발견했다. 레오나르도 다빈치의 책이었

---

* 헤세의 이런 세계관은 헤겔(G. W. F. Hegel)의 철학을 연상시킨다. 헤겔은 그의 저서 『정신현상학』에서 '절대정신'을 강조했다. '절대정신'이란 헤세가 말한 것처럼 "우리의 내면과 자연" 사이의 "경계가 흔들리고 점차 녹아내려 사라지면서" 인간의 내면과 자연이 '일체'를 이루는 궁극적 단계다. 이 '절대정신'은 헤세가 언급한 '신성(神性)'의 또 다른 이름이다.

다. 그는 숱한 사람이 침을 뱉은 벽을 스스로 바라볼수록 창조에서 참으로 좋고도 깊은 자극을 받게 된다는 사실을 말하고 있다. 축축한 벽의 얼룩 앞에서 다빈치는 피스토리우스와 내가 불길을 유심히 바라보며 느낀 것과 똑같은 것을 느꼈다.

다음번에 만났을 때 오르간 연주자는 내게 이렇게 설명했다.

"우리는 개성 간의 경계선을 항상 비좁게만 그려놓고 있어요! 우리가 나름대로 개성적이라고 분류해서 구별하는 것, 타인들과 다르다고 파악하는 것만을 언제나 우리 인격에 포함시키고 닫아버립니다. 그러나 우리, 우리 모두는 세계를 형성하는 모든 것으로 함께 형성되어 있지요. 우리 몸이 물고기의 단계를 지나 그보다 훨씬 더 까마득한 시대까지 거슬러 올라가는 진화의 계통을 지닌 것처럼 우리 영혼도 이제까지 인간의 영혼 안에서 살던 모든 것을 함께 지닌 거예요. 언젠가 존재했던 모든 신과 악마들이 지금도 우리 안에 함께 살아 있지요. 그건 그리스인이든 중국인이든 줄루족이든 어느 종족이든 마찬가지입니다. 그 신들과 악마들은 가능성으로, 소망으로, 탈출구로 우리 안에 존재해요. 만약에 인류가 어느 정도 타고난 재능은 있지만 결코 교육받아 보지도 못한 아이 하나만 남겨두고 전부 멸망한다고 해도 그 아이는 만물이 형성되는 모든 과정을 또다시 찾아낼 거예요. 신들, 악마들, 낙원, 계명과 금기, 신약 성경과 구약 성경, 이 모든 걸 다시 새롭게 창조할 거란 말입니다."

"그렇다고 해두지요." 나는 그와 다른 의견을 내놓았다. "그렇다면 개개인의 고유한 가치는 대체 어디에 있단 말이죠? 우리 안에 이미 모든 것이 이루어져 있다면, 무엇 때문에 그토록 노력해야 하는 건가요?"

"잠깐!" 피스토리우스가 거세게 소리쳤다. "당신이 그저 세계를 당신 안에 지니고만 있느냐 아니면 그렇게 세계를 지녔다는 사실을 알기까지 하느냐, 이 둘 사이에는 큰 차이가 있어요! 미친 사람도 플라톤을 상기해 주는 생각을 말할 수 있고, 헤른후트파* 학교의 경건한 어린 학생도 그노시스파 사람들**이나 조로아스터에게 나타나는 심오한 신화적 관계들에 대해 창의적인 생각을 품을 수 있어요. 하지만 그 어린 학생은 그것들 자체는 전혀 모른답니다! 그것을 모르는 한 그 아이는 나무나 돌, 기껏해야 짐승에 지나지 않아요. 하지만 인식의 첫 불꽃이 밝아오기 시작하면 그는 인간이 됩니다. 똑바로 걷고 아기를 아홉 달 동안 태 속에 품고 있다는 이유만으로 저기 길거리를 왕래하는 두 발 달린 모든 존재를 다 인간이라고 여기지는 않겠지요? 그들 중 얼마나 많은 이가 물고기나 양, 벌레나 거머리이고 얼마나 많은 이가 개미이며, 얼마나 많은 이가 꿀벌인지 당신은 알 거예요! 그런데 그들 모두의 내면에는 인간이 될 가능성이 살아 있어요. 그들이 그 가능성을 예감하고 어느 정도는 그걸 의식하는 법을 배워야만 비로소 그 가능성은 온전히 자기 것이 될 수 있지요."

우리 두 사람의 대화는 이런 식으로 이어져 흘러갔다. 그런 대화들이 내게 완전히 새로운 것이나 매우 깜짝 놀랄 만한 것을 알려주는 일은 거의 없었다. 하지만 우리가 나눈 모든 대화는 그중

---

* 헤른후트(Herrnhut): '주님이 보호하시는 곳'이란 뜻의 '경건주의' 공동체 운동이다.

** 그노시스파(Gnostik): '영지주의'라는 종파의 명칭이다. 영지주의는 기독교에서 파생했으나 기독교 교회의 정통 교리, 전통, 권위에 대항하여 '영(靈)'에 대한 지식을 강조한다. 육체적 존재나 물질적 존재를 악한 것으로 규정했다. 인간의 성품 중 영적 요소인 '영'이 물질계에서 벗어나야만 비로소 자유롭게 된다고 주장했다.

아주 진부한 이야기조차 내 안의 같은 지점을 나직한 소리로 끊임없이 망치질하듯 두드렸다. 모든 대화가 나 자신을 형성하도록 도왔다. 모든 대화가 내가 허물을 벗고 알껍데기를 깨뜨리도록 도왔다. 그렇게 대화로 도움을 받을 때마다 나는 머리를 조금씩 더 위로, 조금씩 더 자유롭게 들어 올렸다. 나의 노란 새가 세계의 껍데기를 산산이 부수고 아름다운 맹금의 머리를 치켜들 때까지.

우리는 자주 서로의 꿈 이야기를 나누었다. 피스토리우스에게는 꿈을 해석하는 능력이 있었다. 꿈 해석의 놀라운 사례 하나가 기억난다. 꿈속에서 나는 하늘을 날 수 있었다. 하지만 날개를 펼쳐 힘차게 솟아오르다가 아직은 도약이 미숙한 탓에 하늘에서 튕겨 나가 곤두박질쳤다. 하늘을 나는 느낌은 감격스러웠지만 뜻하지 않게 상당히 높은 곳까지 솟구쳐 오르는 순간 감격은 곧 두려움으로 변했다. 그때 나는 숨을 잠시 멈추거나 내쉬는 것으로 상승과 하강을 조절할 수 있다는 법칙을 발견하고서야 불안에서 벗어났다.

내 꿈에 대해 피스토리우스는 이렇게 말했다. "당신을 날아오르게 만드는 그 도약은 누구나 갖고 있는 우리 인류의 위대한 재산이에요. 그것은 모든 힘의 뿌리와 연결되어 있다는 느낌을 주는 동시에 곧 두려움에 빠져들게 하지요! 그 도약이 지독하게 위험한 일이니까요! 그런 까닭에 거의 모든 사람이 날기를 미련 없이 포기하고 법 규정에 따라 보행자의 길을 걷는 쪽을 택하는 거예요. 하지만 당신은 달라요. 능력이 있는 청년이라면 당연히 그런 것처럼 당신은 줄기차게 날고 있잖아요. 그리고 또 있어요. 당신은 차츰차츰 뜻대로 하늘을 날아가는 놀라운 일을 직접 겪게 될 거예요. 당신을 이끌어가는 어마어마한 보편적인 힘을 조종할 수 있는 당신만의 작지만 섬세하고 독자적인 힘, 몸의 기관, 방향키를 갖게 될 거라고요! 그건 참으로 대단한 거라고 말할 수 있지요. 그게 없다면 자신의 의지와 전혀 상관없이 공중을 떠돌기만 할 뿐이니까요. 하나의 예를 들면, 미친 사람들이 그런 경우이지요. 그들은 보행자의 길을 걷는 사람들보다 더 심오한 것을 느끼지만 그것을 뜻대로 조절하고 움직일 수 있는 열쇠도 방향키도 갖지 못한 까닭에 바닥 모를 나락으로 곤두박질치지요. 하지만 싱클레어, 당신은 그 일을 기어이 해내고 있어요! 그것도 아주 잘하고 있거든요. 아직도 그걸 모르나요? 당신은 새로운 기관과 호흡을 조절하는 장치로 그 일을 해내는 거라고요. 자, 이제 당신의 영혼이 저 깊은 곳에서 얼마나 '개인적'이 아닌지를 알게 될 거예요. 당신의 영혼이 그 조절 장치를 만들어 낸 게 아니니까요! 조절 장치는 새로운 게 아니랍니다! 그건 빌려온 거죠. 그 조절 장치는 수천 년 전부터 있었답니다. 물고기들의 평형 기관, 이를테면 부레 같은 거예요. 물론 실제로 오늘날에도 아주 기이하고 오래된 몇몇 물고기 종種이 살아서 활동하는데, 그 물고기들은 부레가 일종의 폐 역할을 하지요. 그러다 보니 상황에 따라 부레가 호흡에 이용되기도 해요. 말하자면 당신이 꿈속에서 비행용 부레로 사용하는 폐와 정말 똑같은 거예요!"

피스토리우스는 동물학책 한 권을 가져오더니 자신이 설명했던 그 원시적인 물고기들의 이름과 삽화를 일일이 내게 보여주기까지 했다. 나는 초기 진화시대의 기능이 내 안에도 살아서 움직이는 걸 느끼며 묘한 전율을 느꼈다.

06

야곱의 싸움

내가 그 특이한 음악가 피스토리우스에게서 아브라삭스에 대해 알게 된 내용을 여기에서 몇 마디로 간단하게 이야기할 수는 없다. 그러나 그에게 배운 가장 중요한 것이 있다. 그것은 나 자신에게 이르는 인생의 여정에서 또 하나의 발걸음을 앞으로 내딛는 것이었다. 그 시절에 나는 열여덟 살쯤 먹은 보기 드문 청년이었다. 많은 면에서 나는 나이보다 조숙했다. 하지만 그 밖의 다른 면들에서는 아주 모자라고 미숙했다. 가끔 다른 사람들과 나 자신을 비교해 보면 자긍심이 느껴지면서 어깨를 으쓱거릴 때도 여러 번 있었지만, 달리 보면 그만큼 위축감을 느끼고 의기소침해질 때도 많았다. 어떤 때는 나 자신을 빼어난 천재로 여기기도 하고, 어떤 때는 절반쯤 미친 사람으로 여기기도 했다. 나는 또래 청년들의 삶과 희열에 쉽게 동화되지 못했다. 이제 어쩔 도리 없이 그들과는 분리된 것 같고 나에겐 인생의 문이 완전히 닫혀버린 것만 같았기에 나는 종종 나 자신을 책망하고 근심으로 하루하루를 보내며 수척해졌다.

그 스스로도 완전히 별난 사람이었던 피스토리우스는 나 자신을 존중할 수 있는 마음과 용기를 갖도록 나를 깨우쳐 주었다. 그는 내 입에서 흘러나오는 말, 내가 품은 꿈, 내 상상과 생각에서 언제나 가치 있는 것을 찾아냈다. 그것들을 변함없이 진지하게 헤아리고 진심으로 논평함으로써 바로 이런 것이 귀감이라는 것을 보여주었다.

"언젠가 당신이 내게 이야기했지요. 음악이 도덕적이지 않아서 마음에 든다고." 그는 이렇게 말을 시작했다. "그 말에 나는 반대하지 않아요. 하지만 더 중요한 건 당신 자신도 도덕주의자가 되어선 안 된다는 겁니다! 당신 자신을 다른 사람들과 비교하면 안 돼요. 만일 자연이 당신을 박쥐로 만들었다면, 그게 마땅치 않아 스스로 타조로 만들려고 해서도 안 돼요. 당신은 이따금 자신을 별난 사람이라 여기고 사람들이 대부분 가는 길과는 전혀 다른 길을 가고 있다고 자책하지요. 그렇게 생각하는 습관은 버리는 게 좋아요. 불을 보고 구름을 바라봐요. 예감이 떠오르면서 당신 영혼 안에 살아 있는 목소리가 말하기 시작할 때 곧바로 그것들에 당신을 맡겨요. 그리고 선생님이나 아버지나 어떤 신이 당신의 그것을 좋아하거나 흡족해할지 묻지도 말아요! 그런 질문을 할수록 자신을 망치게 되고, 보행자의 길을 걸으면서도 화석이 됩니다. 싱클레어, 우리 신의 이름은 아브라삭스예요. 우리 신은 신이면서도 악마이고, 밝은 세계와 어두운 세계를 함께 품고 있지요. 당신 안에서 생겨나는 그 어떤 생각도, 당신이 품는 그 어떤 꿈도 아브라삭스는 반대하지 않아요. 이것을 절대로 잊으면 안 돼요. 하지만 언젠가 당신이 나무랄 데 없는 정상적인 사람이 되면, 아브라삭스는 당신 곁을 떠나서 자기 생각을 담아 요리할 수 있는 또 다른 새로운 냄비를 찾을 거예요."

이제까지 내가 꾼 모든 꿈 가운데 가장 믿을 만한 꿈은 저 어두운 사랑의 꿈이었다. 잊었다 싶다가도 나는 어느새 다시 그 꿈을 꾸고 있었다. 꿈속에서 나는 문장에 그려진 새 아래를 지나 우리 가족의 옛집에 들어가 어머니를 안으려고 했다. 하지만 내가 포옹한 사람은 어머니가 아니라 반쯤은 남자 같고 반쯤은 어머니 같은 키가 큰 여자였다. 나는 두려움을 느끼면서도 그 여자를 향해 불꽃처럼 타오르는 욕망을 떨쳐버릴 수 없었다. 그 꿈에 대해서는 내 친구에게도 차마 이야기할 수 없었다. 내 친구에게 다른 이야기는 모두 들려주었지만 그 꿈 이야기만큼은 내 마음속에 꼭꼭 숨겨두었다. 그 꿈은 나의 은신처이고 나만의 비밀이며 피난처였다.

때로 우울해지면 피스토리우스에게 그 옛날 북스테후데의 파사칼리아 곡을 연주해 달라고 청했다. 저녁이 기울어 가는 어둑한 교회에서 나는 자신 속에 몰입해 자신의 소리에만 귀를 기울이는 그 독특하고 내면적인 음악에 깊이 빨려 들어갔다. 그 음악은 항상 내 마음을 편안하게 해주었고 영혼의 목소리를 받아들이고 따르도록 나를 더욱 다독여 주었다.

우리는 이따금 오르간 소리가 그친 뒤에도 잠시 교회에 앉아 있었다. 한 줄기 빛이 높고 뾰족한 아치 모양 창문으로 희미하게 비쳐 들어와서는 차츰 아련히 사라지는 풍경을 함께 바라보았다.

"내가 예전에 신학을 전공해서 목사가 될 수도 있었다는 말이

꽤 우습게 들릴 거예요." 피스토리우스가 말했다. "하지만 그 당시 나는 길을 잘못 들어서는 형식상 잘못을 저질렀을 뿐이에요. 성직자가 되는 것은 내 인생의 소명이고 목적입니다. 다만 아브라삭스를 알기 전에 지나치게 일찍 만족에 빠져들어 나 자신을 야훼에게 바쳤던 것이지요. 아, 모든 종교는 하나 같이 다 아름다워요. 그리스도교의 성찬식에 참여하든 메카*를 향해 성지순례의 길에 오르든 상관없이 종교는 영혼이에요."

"그러고 보면." 내가 말을 이었다. "선생님은 목사가 될 수도 있었겠어요."

"아니에요, 싱클레어. 그렇지는 않아요. 만일 내가 목사가 되었더라면 거짓말을 늘어놓아야 했을 거예요. 우리 인간의 종교가 행해지는 모습을 보면 마치 종교가 아닌 것 같은 생각이 들어요. 종교가 아니라 이성의 일처럼 행해지지요. 나는 꼭 필요할 때는 어쩔 수 없이 가톨릭 신자는 될 수 있었겠지만 개신교 목사는 나하고 맞지 않아요! 신앙심이 깊은 몇몇 신자는 말씀 하나하나의 구절에 지나칠 정도로 얽매여 있지요. 나는 그런 사람들을 알아요. 그리스도가 내게는 인간이 아니라 절반은 신, 절반은 인간인 반신半神이자 신화라는 말을 그런 사람들에게 할 수는 없어요. 그리스도는 인류가 자기 모습을 영원성이라는 벽에 그려놓고 바라보는 인류 자신의 어마어마한 그림자상像이라는 말을 그들에게 할 수는 없다는 거죠. 그 밖의 다른 신자들은 지혜로운 말 한마디를 들으려는 이유로, 의무를 수행하려는 이유로, 또는 아무것도 소홀히 하지 않

---

* 메카: 사우디아라비아의 도시. 모든 이슬람교 신자의 제1의 성지로 알려져 있다.

으려는 등등의 이유로 교회에 다니지요. 그런 사람들에게 내가 또 무슨 말을 해야 하나요? 그들을 교화하기를 바라는 건 아니죠? 나는 그럴 생각이 조금도 없어요. 성직자는 사람들을 교화하려고 하지 않아요. 성직자는 신자들과 더불어 살고, 자신과 비슷한 사람들과 어울려 살면서 우리가 우리 신들을 만들어 내는 감정을 전해 주고 표현하는 사람이 되려고 할 뿐이에요."

피스토리우스는 한순간 말을 멈추었다가 이어갔다. "이봐요, 친구. 우리의 새로운 신앙, 지금 우리가 아브라삭스라는 이름을 선사한 신앙은 훌륭한 거예요. 그 신앙은 우리에게 주어진 최고의 것이지요. 하지만 그건 아직 젖먹이 아기와 다름없어요. 아직은 죽지에서 날개가 돋지 않았으니까요. 아, 그건 아직 외로운 종교예요. 아직은 진정한 종교에 이르지 못했어요. 종교는 모두가 함께하는 공동의 것이 되어야 하지요. 종교는 예배와 열광, 축제와 비밀스러운 종교의식을 갖추어야 하니까요……."

피스토리우스는 생각에 깊이 잠겨 자기 자신 속으로 빠져들어 갔다.

"비밀스러운 종교의식을 혼자 아니면 몇 사람이 모여 작은 규모로 치를 수도 있지 않나요?" 나는 머뭇거리며 말했다.

"물론 그럴 수도 있지요." 그는 고개를 끄덕였다. "벌써 나는 오래전부터 그렇게 혼자 예배를 드리고 있어요. 내가 지금 드리는 예배가 어떤 것인지를 혹시라도 사람들이 알게 되면 몇 년 동안은 교도소 신세를 져야 할 겁니다. 그러나 나도 그렇게 홀로 비밀스러운 예배를 드리는 게 올바른 방법은 아니라는 사실을 잘 알아요."

피스토리우스가 갑자기 어깨를 툭 치는 순간 나는 놀란 나머지 몸을 움찔했다. "이봐요, 젊은이." 그의 말에는 절실함이 배어 있었다. "당신에게도 비밀스러운 종교의식이 있겠지요. 또 당신이 나한테 차마 털어놓지 못한 꿈들을 꾼다는 것도 나는 알아요. 그걸 굳이 알고 싶지는 않아요. 하지만 당신을 위해 이 말은 꼭 하고 싶어요. 당신이 꾸는 그 꿈들을 행동으로 옮겨요! 그 꿈들과 더불어 놀고 그 꿈들을 위한 제단을 만들어요! 아직은 완전하지 않을지라도 결국 그것은 하나의 길이에요. 우리, 당신과 나와 또 다른 몇 사람이 언젠가 과연 세상을 새롭게 바꿔놓을지는 앞으로 지켜봐야 하겠지요. 하지만 우리는 매일 우리 안에서 이 세상을 새롭게 바꿔나가야 합니다. 바꾸려고 노력하지 않는다면 우리에게 이루어지는 건 아무것도 없을 거예요. 이것을 가슴에 새겨요! 싱클레어, 당신은 이제 열여덟 살입니다. 거리에서 몸을 파는 여자들을 쫓아다니지 말고 사랑의 꿈과 사랑의 소망을 간직해요. 어쩌면 당신은 그 꿈과 소망을 두려워할 수도 있어요. 하지만 결코 두려워하지 말아요! 그것들은 당신이 가진 최고의 자산이에요! 내 말을 믿어요. 당신 같은 젊은 나이에 나는 사랑의 꿈들을 무시하고 제멋대로 여긴 탓에 많은 걸 놓치고 말았지요. 당신은 그러지 말아요. 아브라삭스를 알고 있다면 더는 사랑의 꿈과 소망을 무시하는 일은 없어야 합니다. 우리 안에 있는 영혼이 바라는 그 어떤 것도 두려워하지 말아요. 그것이 금지되어 있다고 생각하지도 말아요."

나는 그의 말에 깜짝 놀라 다른 의견을 내놓았다. "그렇다고 해도 머릿속에 떠오르는 대로 모든 걸 할 수는 없죠. 어떤 사람이 밉다고 해서 그를 죽일 수는 없잖아요."

피스토리우스는 내게 닿을 듯 가까이 다가왔다.

"상황에 따라서는 그렇게 할 수도 있지요. 그러나 떠오르는 생각대로만 하면 대부분 잘못하게 되죠. 내가 말한 건 당신 머릿속에 떠오르는 대로 모든 걸 하라는 뜻이 아닙니다. 그건 아니고 말고요. 하지만 좋은 의도를 품고 있는 생각을 억지로 몰아내거나 도덕의 틀에 뜯어 맞춰 망쳐버리진 말라는 뜻이지요. 자기 자신이나 다른 사람을 십자가에 못 박지 않고도 장엄한 사상의 잔에 담긴 포도주를 마시며 제물의 신비를 생각할 수 있습니다. 그런 거창한 행동들을 하지 않고도 자신의 충동과 유혹을 존중과 사랑으로 바라보고 품을 수도 있어요. 그렇게 하면 그 충동과 유혹은 숨은 뜻을 마침내 드러냅니다. 그것들 속에는 저마다 숨은 뜻이 있어요. 싱클레어, 언젠가 다시 머릿속에 미친 짓이나 죄로 가득 찬 생각이 떠오르면, 누군가를 죽이고 싶다거나 끔찍하게 비열한 짓을 하고 싶다면 당신 안에서 그런 상상(환상)을 펼쳐서 보여주는 건 다름 아닌 아브라삭스라는 사실을 생각해 봐요! 당신이 죽이고 싶은 그 사람은 결코 이런 성격, 저런 성격의 특정한 인물이 아니에요. 그 사람이 특정한 인물로 보인다면 그건 분명히 위장의 가면을 쓴 인물이지요. 우리가 어떤 사람을 증오한다면, 그 사람 모습에서 우리 자신 안에 있는 무언가를 증오하는 겁니다. 우리 자신 안에 없는 것은 절대 우리를 흥분하게 하지 않아요."

피스토리우스가 이토록 내 가슴의 정곡을 깊숙이 찌르는 말을 한 적은 한 번도 없었다. 그에게 딱히 대응할 말은 없었다. 그러나 그 어느 것보다도 강렬하고 기이하게 내 마음을 사로잡은 것은 피스토리우스의 이런 충고가 이미 몇 년 전부터 내 마음속에 간직하고 다닌 데미안의 말과 일치한다는 사실이었다. 두 사람은 서로 상대방을 전혀 알지 못하는데도 내게 같은 것을 말했다.

"우리가 눈으로 보는 것들은." 피스토리우스는 나지막이 속삭이듯 말했다. "우리 안에 있는 것과 같은 것들이에요. 우리 안에 품고 있는 현실과 동떨어진 다른 현실은 바깥에 존재하지 않는 법이에요. 그런 까닭에 사람들이 대부분 너무나 비현실적으로 사는 거지요. 바깥의 모습들을 현실적인 것이라 생각하면서 자신 안에 있는 본연의 세계에 전혀 말할 기회를 주지 않으니까요. 물론 그렇게 살면서도 행복할 수는 있어요. 그러나 일단 다른 것을 알게 되면 사람들이 대부분 가는 길을 선택할 수 없게 되죠. 싱클레어, 대부분이 가는 길은 쉽고 우리가 가는 길은 어렵습니다. 이 길을 우리 함께 가요."

며칠이 지난 뒤, 나는 피스토리우스를 두 번이나 기다리다가 만나지 못하고 발길을 돌리려 했는데 저녁 늦게 길에서 그와 마주쳤다. 그는 차가운 밤바람에 젖어 외로이 길모퉁이를 돌아 나오고 있었다. 그는 술에 흥건히 취해 이리저리 비틀거렸다. 굳이 그를 부르고 싶지는 않았다. 그는 나를 알아보지 못한 채 내 옆을 지나갔다. 미지의 세계로부터 어렴풋이 들려오는 부름을 좇아가듯, 그는 타오르는 고독한 눈으로 앞을 뚫어지게 바라보기만 했다. 나는 한참 그의 뒤를 따라갔다. 그는 보이지 않는 철사에 끌려가듯 열광적이면서도 하느작거리는 발걸음으로 마치 유령처럼 움직였다. 나는 슬픔에 젖어 집으로 돌아갔다. 아직 구원받지 못한 내 꿈으로 돌아간 것이다.

"이제 그는 저런 모양새로 자신 안에 있는 세계를 새로이 바꾸려고 하나 보네!" 이렇게 생각하면서도 불현듯 내 생각이 저급하고 도덕에 치우쳤다는 느낌이 들었다. 내가 그의 꿈에 대해 무엇을 아는가? 어쩌면 술에 취한 그가 불안에 사로잡힌 나보다 더 안전한 길을 가는지도 모른다.

내가 이제까지 한 번도 주목한 적이 없었던 학우 하나가 쉬는 시간에 내 곁을 서성거리는 모습이 자꾸만 눈에 띄었다. 키가 작고 가냘프고 허약해 보이는 소년이었다. 숱이 적고 붉은빛이 흐르는 금발 머리에 눈빛과 행동에는 무언가 특이한 데가 있었다. 어느 날 저녁 집으로 가는데 그가 골목길 어귀에서 나를 기다리고 있었다. 내가 옆으로 지나갈 때까지 잠자코 있다가 서둘러 다시 내 뒤를 쫓아오더니 우리 집 문 앞에 멈추어 섰다.

"나한테 뭐 바라는 게 있니?" 내가 물었다.

"너하고 그냥 한번 이야기해 보고 싶었거든." 그가 쑥스러운 듯 말했다. "잠시 함께 걸으면 좋겠는걸."

나는 그를 따라가면서도 그가 기대감에 부풀어 매우 흥분한 것이 느껴졌다. 그의 두 손이 떨렸다.

"너 심령술사야?" 그가 뜬금없이 물었다.

"그건 아니야, 크나우어." 나는 웃으며 말했다. "전혀 아니지. 어떻게 그런 생각을 하게 되었지?"

"그게 아니면 너 접신론자니?"

"물론 그것도 아니야."

"아휴, 그렇게 숨길 필요는 없잖아! 너한테서 무언가 특별한 게 느껴지는데. 그게 네 눈에 담겨 있으니까 말이야. 너는 정령들과 소통하는 게 분명해. 호기심 때문에 물어보는 건 아니야, 싱클레어. 그건 아니라고! 나 자신도 탐구자이고 나도 혼자이니까."

야곱의 싸움

"속 시원히 이야기해 봐!" 나는 그에게 힘을 실어주었다. "나는 정령들에 대해서는 아는 게 전혀 없어. 나는 내 꿈속에서 사는 거야. 그런데 네가 그걸 느꼈나 봐. 다른 사람들도 꿈속에서 살지만 자기 꿈속에서 살지는 않아. 그게 나와는 다른 점이라고."

"그래, 어쩌면 그럴 수도 있겠지." 그가 소곤거리듯 말했다. "중요한 건 어떤 종류의 꿈속에서 사느냐는 거지. 그럼 너는 백색 마술에 대해 들어봤겠구나?"

들어본 적 없다는 말을 해야 할 상황이었다.

"백색 마술로부터 자신을 다스리는 법을 배울 수 있어. 죽지 않는 영원한 존재가 될 수도 있고 스스로 마법을 부릴 수도 있지. 너는 아직도 그런 연습을 해본 적이 없니?"

나는 호기심이 생겨 그 연습이 대체 뭐냐고 물었다. 처음에 그는 대단한 비밀이라도 되는 듯 쉽게 털어놓지 않았다. 그러다가 내가 집으로 가려고 하자 그제야 어쩔 수 없다는 듯 백색 마술에 대해 털어놓았다.

"예를 들어 나는 정신을 집중하거나 잠들고 싶어질 때면 일부러 그런 연습을 하곤 해. 이를테면, 어떤 낱말이라든가 어떤 이름 또는 일종의 기하학 도형 같은 걸 먼저 생각해 보는 거야. 그런 다음 온 힘을 다해 그것을 내 안으로 끌어들이는 생각을 계속하는 거야. 그것이 정말로 내 안에 들어와 있다고 느껴질 때까지 뇌리에 떠올리려고 애를 쓰는 거지. 그다음에는 그것을 내 목구멍으로 끌어내리는 생각에 집중하는 거야. 내 존재 전체가 그것으로 완전히 가득 찼다는 확신이 들 때까지 생각하고 또 생각하는 거라고. 그렇게 되면 나는 너무나 견고해져서 어떤 일이 생기더라도 흔들리지 않아."

그가 무엇을 말하려는지 그 의미를 알 듯했다. 하지만 내게 하고 싶은 또 다른 말이 있다는 것도 금방 알아차릴 수 있었다. 이상하게도 그는 흥분해서 여유가 없어 보였다. 나는 그가 편하게 말할 수 있도록 도와주려고 했다. 그러자 크나우어는 마음속에 숨겨두었던 말을 곧바로 털어놓았다.

"너도 금욕禁慾하지?" 그가 머뭇거리며 물었다.

"무슨 뜻이지? 지금 너는 성적인 욕구를 말하는 거니?"

"그래. 2년 전에 그 가르침을 알게 된 다음부터 지금까지 나는 금욕하고 있어. 가르침을 듣기 전까지는 방탕한 짓거리도 서슴지 않았지만 말이야. 무얼 말하는지 알 거야. 너 아직 여자하고 자본 적 없니?"

"아직은 없어." 나는 말했다. "내 마음에 쏙 드는 여자를 못 만났으니까."

"그럼, 마음에 쏙 드는 여자라고 판단되는 여자를 만나면 같이 잘 거야?"

"물론 자고말고. 그 여자가 나를 거부하지 않는다면 얼마든지." 나는 조금 빈정거리듯 말했다.

"아이고, 그건 올바른 길이 아니야! 내면의 힘을 기르려면 철저히 금욕해야 해. 나는 그렇게 해왔거든. 2년 동안, 아니 2년하고 한 달 조금 넘게 말이야! 금욕하는 건 너무나 힘든 일이야! 잘하다가도 더 견딜 수 없을 것만 같은 때가 오거든."

"크나우어, 나는 금욕이 네가 말하는 것처럼 그렇게 대단히 중요하다고 생각하지는 않아."

"나도 안다고." 그는 내 말을 가로막고 말했다. "다들 그렇게 말하긴 하지. 하지만 너는 다른 사람들과는 좀 다를 줄 알았는데. 저만치 더 높은 정신적인 길을 가려는 사람은 순수함을 변함없이 간직해야 해. 어떤 일이 있어도 그래야 해!"

"그래, 그럼 너는 그렇게 하면 되겠네! 하지만 나는 좀처럼 이해가 안 돼. 어째서 성적 욕구를 절제하는 사람이 그렇지 않은 다른 사람보다 '더 순수하다'고 말하는 거야? 그러면 너는 떠오르는 모든 생각과 네가 품는 모든 꿈속에서도 성적 욕구를 쫓아낼 수 있다는 거야?"

그는 좌절한 듯 참담한 얼굴로 나를 바라보았다.

"아니, 그건 아니지! 아휴, 이를 어쩌나. 하지만 그렇게 돼야 한다고. 밤마다 나는 나 자신에게도 차마 말 못 할 꿈들을 꿔! 끔찍할 만큼 지긋지긋한 꿈을 꾸니까 말이야. 정말이라고!"

피스토리우스가 내게 들려준 말이 머릿속에 떠올랐다. 하지만 내가 그 말을 백번 옳다고 인정한다고 해도 다른 사람에게 이야기해 줄 수는 없었다. 내 체험에서 우러나오지 않은 충고, 나도 아직 실천하지 못하는 충고를 다른 사람에게 직접 해줄 수는 없었다. 나는 아무 말도 할 수 없었다. 충고가 필요한 사람에게 충고를 들려주지 못하는 굴욕감을 느꼈다.

"나는 여태까지 안 해본 게 없어." 크나우어가 내 옆에서 한숨 쉬며 말했다. "사람이 할 수 있다고 생각하는 건 뭐든지 다 해봤거든. 차가운 물, 눈[雪], 체조, 달리기 등 별의별 짓을 말이야. 하지만 아무 소용도 없었지. 이어지는 밤마다 결코 생각해서는 안 되는 꿈을 잔뜩 꾸다가 나도 모르게 깨어나니까. 또 무엇보다 끔찍한 것은 그동안 정신적으로 애써 배운 모든 걸 그것 때문에 차츰 잃어버린다는 사실이야. 이제 더는 집중도 할 수 없고 잠도 오지 않아. 침대에 누워 있긴 하지만 눈 한 번 붙이지 못하고 밤을 지새우는 날이 많아. 이런 식으로는 얼마 견디지 못하겠지. 그렇게 살다가 결국 이 싸움을 이겨내지 못한 채 백기를 들고 다시 나 자신을 더럽히면 한 번도 싸워 보지 못한 다른 사람들보다 더 나쁜 사람이 되는 거야. 내 말이 이해되니?"

　나는 알아들었다는 듯 고개를 끄덕였지만 그에게 대꾸할 말이 없었다. 점점 더 지루해진다는 생각이 들었다. 크나우어가 괴로움과 좌절감에 빠져 힘들어하는 걸 똑똑히 보면서도 좀처럼 마음이 흔들리지 않는 나 자신도 몹시 놀랐다. 너를 내가 도와줄 수 없다는 느낌만 강하게 다가올 뿐이었다.

　"그러니까 너는 내가 이런 상황에서 어떻게 해야 하는지 아무 말도 해줄 수 없다는 거야?" 마침내 크나우어는 지친 기색으로 쓸쓸히 말했다. "정말 아무 말도? 아니야, 분명히 무슨 방법이 있긴 있을 거야! 너는 이런 상황에서 어떻게 하는데?"

　"크나우어, 너한테 따로 해줄 말이 없어. 이건 서로 도와줄 수 있는 일이 아니야. 이런 일에서는 나도 전혀 도움을 받지 못했으니까 말이야. 스스로 깊이 생각해 봐. 정말로 네 본성에서 저절로 우러나오는 걸 해야 해. 그것 말고는 다른 방법이 없다고. 너 자신을 발견하지 못한다면 결코 정령도 발견할 수 없어. 나는 그렇게 생각해."

　키 작은 그 친구는 몹시 실망해서 갑자기 입을 꾹 다물더니 나를 쳐다보았다. 불현듯 그의 눈길이 증오의 불꽃을 터트리며 타올랐다. 그는 잔뜩 찡그린 얼굴로 소리 질렀다. "아무럼 어련하시겠어. 거룩한 성자가 여기 계시네! 너라고 더러운 짓 안 하고 배기겠냐. 나는 다 안다고! 너는 에헴 하면서 현자인 체하는데 보이지 않는 곳에서는 나하고 다른 모든 사람처럼 너도 오물 구덩이에서 이리저리 굴러먹기는 마찬가지야! 너는 돼지야. 나하고 똑같은 돼지일 뿐이라고. 우리는 모두 어쩔 수 없는 돼지라고!"

나는 크나우어를 남겨두고 그 자리를 떠났다. 그는 내 뒤를 몇 걸음 더 따라오다가 걸음을 멈추더니 몸을 홱 돌려 황급히 뛰어가 버렸다. 가련함과 혐오감이 뒤섞여 역겨운 구역질이 치밀어 올랐다. 집에 돌아와 내 작은 방에서 내가 그린 그림 몇 장을 빙 둘러 세워 놓고 마음을 모아 절실하게 나 자신만의 꿈속에 몰입할 때까지도 그 역겨운 감정을 떨쳐낼 수 없었다. 그때 곧바로 내 꿈이 다시 눈앞에 펼쳐졌다. 현관문과 문장, 어머니와 낯선 여자, 그 여자의 외모가 아주 생생하고 뚜렷하게 보였다. 그날 저녁 나는 곧바로 그 여자를 그리기 시작했다.

꿈속의 15분처럼 의식도 없는 상태로 며칠을 보내고 마침내 이 그림이 완성된 날 저녁에 나는 그림을 벽에 걸어두고 그 앞에는 탁상용 등불을 밝혀놓았다. 그런 다음 마치 끝장을 볼 때까지 싸워서 결판을 내야 하는 정령을 마주 보는 듯 그림 앞에 섰다. 그림은 내가 예전에 그린 얼굴과 닮았다. 내 친구 데미안과도 닮았고 몇 가지 측면으로 보면 내 모습과도 닮았다. 한쪽 눈이 다른 쪽 눈보다 확연히 높이 있었다. 운명으로 가득 차 있는 그 눈길은 나를 넘어 어느 한곳을 뚫어지게 바라보았다.

그림 앞에 서 있는데 속으로 얼마나 긴장했는지 가슴속까지 차가워졌다. 나는 그림에 질문하고 그림을 원망하며 그림을 애무하고 그림에 기도했다. 나는 그림을 어머니라 부르고 연인이라 부르고 매춘부와 창녀라 부르고 아브라삭스라 불렀다. 그러다가 피스토리우스의 말이 떠올랐다. 아니면 데미안의 말이었나? 그 말을 언제 들었는지는 기억나지 않지만 여하튼 다시 내 귀에 들려오는 것 같았다. 그건 하느님의 천사와 야곱*의 싸움 이야기였다. "저를 축복해 주시지 않으면 결코 당신을 놓아 드리지 않을 거예요."**

등불에 비쳐 일렁이는 그림 속 얼굴은 내가 이름을 부를 때마다 모습이 바뀌었다. 환하게 빛을 뿌리다가도 검게 어두워지고, 생기 없는 눈 위로 파리한 눈꺼풀을 감았다가도 그 눈꺼풀을 다시 떠서 불타오르는 눈빛을 던지기도 했다. 그 얼굴은 여자이고 남자이며 소녀이고 어린아이이며 짐승이었다. 그 얼굴은 작은 얼룩으로 희미해졌다가도 다시 커지면서 생생히 뚜렷해졌다. 결국 나는 내면에서 우러나오는 강렬한 외침을 따라 가만히 두 눈을 감고 내 마음속에 와 있는 그림을 보았다. 그림이 더 활기차고 더 강렬하게 보였다. 나는 그림 앞에 무릎 꿇고 그것을 바라보려 했지만, 그림은 내 마음속 깊은 곳까지 들어와서는 온전히 나 자신이 된 것처럼 내게서 떨어질 줄 몰랐다.

바로 그때 봄날의 폭풍이 사납게 몰아치듯 칠흑같이 어둡고 격렬한 바람 소리가 들려왔다. 나는 겁에 질렸지만 무언가를 체험하

---

* 야곱: 유대교와 그리스도교의 모든 신자에게 '믿음의 조상'으로 추앙받는 아브라함의 손자이며 이삭의 아들이다. 야곱의 아들 12명은 유대교의 12지파(支派)를 형성하는 원조가 되었다.

** 창세기 32장 26절에는 다음과 같이 기록되어 있다. "당신이 내게 축복하지 아니하면 가게 하지 아니하겠나이다." 야곱은 '얍복' 강변에서 '어떤 사람'으로 변한 하느님의 천사를 만났다. 야곱은 그에게 '축복해 달라'고 매달리면서 '날이 새도록 씨름하다가 허벅지 관절이 어긋나는' 큰 부상을 당했다. 야곱은 마침내 하느님으로부터 축복을 받음과 동시에 '이스라엘'이라는 새로운 이름을 부여받았다.

는 형언할 수 없는 새로운 감정을 느끼며 온몸이 떨렸다. 별들이 내 눈앞에서 흐드러지게 빛을 꽃피우다가 다시금 사르르 저버렸다. 내가 까마득히 잊었던 머나먼 어린 시절까지, 아니 그 이전에 나를 존재하게 했던 생성의 초기 단계까지 거슬러 올라가는 기억들이 밀물처럼 밀려와 나를 스쳐 지나갔다. 하지만 내 인생의 비밀스러운 부분까지도 반복해서 비추는 것처럼 보이던 기억들은 어제와 오늘의 시점에 머무르지 않고 앞으로 계속 흘러가 미래를 비추어 주었다. 그 기억들은 나를 오늘에서 이끌어내 새로운 삶의 모습들이 펼쳐지는 곳으로 데려다주었다. 그 삶의 모습들은 눈부시게 밝고 찬란했지만 훗날 그 어느 것도 명확히 기억나지는 않았다.

깊은 잠에서 깨어나 보니 한밤중이었다. 옷을 입은 채 잠들었던 나는 침대에 비딱하게 누워 있었다. 불을 켰다. 무언가 중요한 것을 생각해야 한다는 느낌이 들었다. 하지만 지난 몇 시간 동안 어떤 일이 있었는지 전혀 기억이 떠오르지 않았다. 불을 켜자 기억이 느릿느릿 되살아났다. 어딘가에 있을 그림을 찾아보았다. 그림은 벽에도 걸려 있지 않고 책상 위에도 놓여 있지 않았다. 내가 그림을 태워버린 듯한 기억이 희미하게 떠올랐다. 아니면 그림을 손바닥에 올려놓고 불살라서 재를 삼켜버린 건 꿈이었던가?

온몸이 파르르 떨리는 극도의 불안감이 나를 밖으로 내몰았다. 나는 모자를 쓰고 무언가에 억지로 끌려가듯 집과 골목길을 지나갔다. 폭풍에 쓸려가듯 길거리를 정처 없이 걷고 또 걸었고 광장을 헤매 다녔다. 내 친구 피스토리우스의 캄캄한 교회 앞에서 귀를 기울이고, 어두운 충동에 사로잡힌 채 무얼 찾는지도 모르면서 하염없이 찾고 또 찾아다녔다. 나는 매음굴이 있는 시 외곽 지역을 지났다. 그곳엔 아직 여기저기 불이 켜져 있었다. 외곽 밖으로 좀 더 멀리 가보니 새로 지은 건물들과 듬성듬성 잿빛 눈에 덮인 벽돌 더미가 있었다. 마치 몽유병자처럼 낯선 힘에 떠밀려 이 황량한 곳을 떠돌아다닐 때, 고향 도시의 새로 지은 건물이 머릿속에 떠올랐다. 한때 나를 괴롭히던 크로머가 우리의 첫 번째 계산을 하려고 나를 데려갔던 그 건물이 생각난 것이다. 그날 밤, 그것과 닮은 건물이 여기 내 앞에 있고 나를 향해 검은 문 구멍을 쩍 벌리며 하품을 해댔다. 문 구멍은 나를 안으로 잡아끌었다. 나는 벗어나려다가 모래와 쓰레기 더미에 걸려 비틀거렸다. 나를 잡아끄는 구멍의 충동이 더 강력해졌다. 나는 그 구멍 안으로 들어갈 수밖에 없었다.

널빤지와 부서진 벽돌들을 넘어 황량한 공간 속으로 비틀거리며 걸어 들어갔다. 축축한 냉기에 젖은 돌 냄새가 탁하게 코끝을 스쳐 갔다. 모래 더미가 희뿌연 얼룩처럼 놓여 있고, 그것 말고는 모든 게 어둠에 잠겨 있었다.

그때 화들짝 놀란 목소리가 나를 불렀다. "아니, 이럴 수가. 싱클레어, 너 어디서 온 거야?"

내 옆에 깔린 어둠 속에서 어떤 사람 하나가 유령처럼 일어서고 있었다. 키 작고 야윈 사내 녀석이었다. 오싹해지면서 머리끝이 쭈뼛쭈뼛 일어서는데, 알고 보니 동급생 크나우어였다.

"너 여기 어떻게 왔어?" 그가 흥분을 감추지 못하고 미친 사람처럼 물었다.

"대체 어떻게 나를 찾아낸 거야?"

그가 무슨 말을 하는지 나는 이해할 수 없었다.

야곱의 싸움

"너를 찾아온 건 아니야." 나는 정신이 조금 혼미해져 말했다. 힘들게 꺼내는 말 한마디, 한마디가 얼어붙은 듯 굳어버린 무거운 입술 사이로 간신히 흘러나왔다.

크나우어는 나를 노려보았다.

"나를 찾아온 게 아니란 말이야?"

"그렇다니까. 나는 무언가에 끌려온 거야. 네가 나를 불렀지? 네가 나를 부른 게 틀림없어. 너 대체 여기서 뭐 하는 거야? 한밤중에 말이야."

그는 가냘픈 두 팔을 뻗어 발작하듯 나를 끌어안았다.

"그래, 밤이야. 하지만 곧 아침이 올 텐데 뭘. 싱클레어, 너는 나를 잊지 않았구나! 나를 용서해 주겠니?"

"무얼 용서하라는 건데?"

"아, 내가 너한테 너무 꼴사납게 굴었잖아!"

말을 듣다 보니 비로소 우리의 대화가 기억났다. 4일이나 5일 전이었던가? 그 뒤로 인생이 통째로 지나간 듯했다. 하지만 지금 이 순간 갑자기 모든 걸 알게 되었다. 우리 사이에 있었던 일뿐 아니라 어째서 내가 이곳으로 왔으며 크나우어가 이 외진 곳에서 무슨 일을 하려는지도 분명해졌다.

"크나우어, 너 죽으려고 했지?"

그는 추위와 두려움에 짓눌려 몸을 덜덜 떨었다.

"그래, 맞아. 죽으려고 했어. 정말 죽을 수 있었는지는 나도 모르겠어. 아침이 올 때까지 기다려보려고 했거든."

나는 그를 건물 밖으로 끌어냈다. 하루의 문을 열며 수평으로 퍼져가는 첫 빛줄기가 잿빛 대기 속에 스며들어 형언할 수 없이 차갑고 무심하게 빛났다.

나는 그의 팔을 붙잡고 한참을 끌고 갔다. 내게서 이런 말이 저절로 나왔다. "이제 그만 집으로 가는 게 좋겠어. 그 누구한테도 이번 일을 말하면 안 돼! 너는 길을 잘못 들었어. 길을 잘못 든 거라고! 네가 생각하는 것처럼 우리는 돼지도 아니야. 우리는 사람이야. 우리는 신들을 만들어서 그들과 싸우고 있어. 그리고 신들은 우리를 축복해 주고 있지."

우리는 아무 말 없이 좀 더 걷다가 헤어졌다. 집에 돌아왔을 때는 벌써 날이 밝은 후였다.

성聖 ○○시에서 지내던 시절에 가장 흡족했던 것은 피스토리우스와 함께 오르간이나 벽난로 앞에서 보낸 시간이었다. 우리는 아브라삭스에 대해 알려주는 그리스어로 된 책을 함께 읽었다. 피스토리우스는 베다* 경전의 번역서에 담긴 인상 깊은 구절들을 내게 읽어 주었다. 신성한 '옴om'**을 어떻게 발음하는지도 가르쳐 주었다. 그렇게 교류하는 동안 나를 내면적으로 길러 준 것은 이런 학문의 내용이 아니라 오히려 그 반대의 것이었다. 내 성장에 좋은 영향을 준 것은 나 자신 안에서 앞으로 나아가는 길을 발견하게 된 것이었다. 내 꿈과 생각과 예감을 점점 더 신뢰하게 되고 내 안에 품은 힘을 점점 더 잘 알게 된 것이었다.

피스토리우스와 나는 어떤 방식으로든 서로 잘 이해하고 소통

---

* 베다: 힌두교의 경전이자 문헌이다. 베다는 산스크리트어로 기록된 까닭에 산스크리트 문학의 기원이기도 하다.

** 옴(om): 힌두교에서 가장 신성하게 여기는 주문(呪文)이다. 힌두교 경전인 『베다』의 각 장(章) 시작과 끝에서 발견된다.

했다. 내가 온 신경을 한데 모아 그를 생각하기만 하면, 그가 나를 방문하든지 아니면 내게 인사말을 전할 것이라 확신할 수 있었다. 데미안에게 그랬듯이 나는 피스토리우스가 내 곁에 없더라도 그에게 질문할 수 있었다. 그의 모습을 확고히 머릿속에 떠올리면서 생각에 생각을 거듭한 내 질문을 그에게 보내기만 하면 되었다. 그러면 그 질문에 불어넣은 모든 영혼의 힘이 대답이 되어 내 안으로 돌아왔다. 다만 내가 머릿속에 떠올린 것은 피스토리우스라는 인물도, 막스 데미안이라는 인물도 아니었다. 그것은 내가 꿈꾸고 그림으로 그렸던 형상이었다. 그것은 내가 불러내야 했던 내 악령의 꿈의 형상, 남자이면서 동시에 여자인 꿈의 형상이었다. 이제 그것은 내 꿈속에서나 종이의 그림으로만 살아 있는 게 아니라 내 도약과 소망으로 내 안에 살고 있었다.

자살에 성공하지 못한 크나우어가 나를 마주하는 태도는 특이하고 가끔은 우스꽝스러웠다. 알 수 없는 무언가가 나를 그에게 보냈던 그날 밤 이후 그는 충실한 하인이나 개처럼 내게 매달렸고 자기 인생을 내 인생에 얽어매려 했으며 맹목적으로 나를 따라다녔다. 그는 이보다 더 기이한 게 있을까 싶은 질문들과 소원들을 내게 와서 털어놓았고, 정령들을 보고 싶어 했으며 카발라*를 배우고 싶어 했다. 나는 그런 것들에 대해 아무것도 모른다고 단단히 일러두었는데도 그는 좀처럼 내 말을 믿지 않았다. 그는 모든 걸 할 힘이 내게 있다고 믿었다. 그런데 이상한 일이었다. 내 안에서 무언가 얽히고설킨 문제의 매듭을 풀어야 할 때가 되면 곧바로 크

---

* 카발라: 유대교의 신비주의 사상과 철학.

나우어가 특유의 기이하고 어리석은 질문들을 안고 나를 찾아왔다. 그의 갈피를 잡을 수 없는 발상과 관심사는 종종 문제의 매듭을 푸는 실마리와 자극을 내게 주었다. 나는 종종 그가 귀찮아서 냉담하게 그를 쫓아버렸지만, 알 수 없는 무언가가 그를 내게 보냈다는 걸 직감했다. 또한 내가 그에게 준 것은 그에게서 두 배로 불어나 내게로 돌아왔다. 크나우어도 내게는 안내자였고 길이었다. 그는 자신이 구원의 길을 찾고 있는 터무니없는 책들과 문헌들을 내게 가져오기도 했는데, 그것들은 내가 순간적으로 깨달을 수 있는 것보다 더 많은 것을 가르쳐 주었다.

나중에 이 크나우어라는 녀석은 자취도 없이 내 길에서 사라졌다. 그와는 굳이 논쟁할 필요가 없었다. 그러나 피스토리우스는 달랐다. 성靐 ○○시에서 학창 시절이 끝을 맺을 무렵, 나는 그 친구와 함께 색다르고 특이한 것을 체험했다.

악의 없는 사람들도 살다 보면 경건함이나 감사의 미덕과 갈등을 빚는 걸 피할 수 없는 경우가 한두 번쯤 있기 마련이다. 누구나 한 번은 아버지와 선생님들의 품에서 떨어져 나가는 발걸음을 내딛고 새 길을 갈 수밖에 없다. 누구나 고독의 가혹함을 뼛속 깊이 느낄 수밖에 없다. 물론 대부분의 사람들이 그걸 견뎌 내지 못하고 이내 다시 의탁할 곳을 찾아 아버지와 선생님의 품속으로 숨어들지만 말이다. 나는 부모님과 그분들의 세계, 내 아름다운 어린 시절의 '눈부신' 세계와 격하게 싸우며 헤어진 게 아니라 거의 감지조차 할 수 없을 만큼 서서히 부모님과 멀어지고 낯설어졌다. 유감스럽게도 고향을 찾아갈 때마다 종종 언짢은 시간을 보내곤 했다. 하지만 그런 언짢은 감정이 가슴속 깊이 스며들지는 않았기에 묵묵히 견뎌낼 수 있었다.

그러나 우리의 습관이 아닌 자발적 충동으로 사랑과 존경을 바친 곳에서, 진심으로 제자였고 친구였던 곳에서 우리 마음을 주도하는 흐름이 그 사랑하는 사람에게서 멀어지려는 걸 갑자기 깨닫게 되면 가슴 아프고 두려운 순간을 마주한다. 그 순간에 친구와 스승을 거부하는 모든 생각이 우리 심장을 향해 독침을 겨누고, 우리가 휘둘렀던 거부의 칼날이 되돌아와 우리 얼굴을 내려친다. 그렇게 되면 스스로 보편타당한 도덕적 관념을 지녔다고 믿어온 사람에게는 '신의를 저버림'과 '배은망덕' 같은 말들이 마치 자신을 향한 수치스러운 야유와 치욕스러운 낙인처럼 떠오른다. 그때 깜짝 놀란 가슴은 겁에 질려 어린 시절의 미덕이 만발했던 정겨운 골짜기로 도주해 버리고, 친구나 선생님과 맺은 그 관계도 깨져야 하며 그들과의 유대도 끊어져야 한다는 사실이 도무지 믿기지 않아서 가슴 아파한다.

시간이 흘러가면서 서서히 내 친구 피스토리우스를 무조건 인생의 인도자로 인정하기는 좀 곤란하다는 감정을 내 안에서 느꼈다. 내 청소년 시기의 몇 달 동안 나는 그와 우정, 충고, 위로, 돈독한 유대를 체험했다. 신이 그의 입을 빌려 내게 말했다. 잊었던 내 꿈들이 그의 입을 통해 돌아오고 깨끗이 씻기고 꿈의 의미가 해석되었다. 그는 나 자신에게 가까이 다가가는 용기를 내게 선사했다. 아, 하지만 나는 이제 그에 대한 반항심이 서서히 자라나는 걸 뚜렷이 느꼈다. 그의 말 하나하나가 지나치게 훈계하는 말투로 들렸으며, 그가 오로지 내 일부분만을 이해할 뿐이라는 느낌을 지울 수 없었다.

우리 사이에 싸움은 없었고 격앙된 언쟁도 없었다. 관계를 깨거나 청산하는 일도 없었다. 다만 나는 그에게 한마디, 정말 악의 없는 한마디를 던졌을 뿐이다. 하지만 그건 우리 사이의 환상이 산산이 부서져 갖가지 색깔의 유리 조각으로 흩어지는 순간이었다.

그 일이 있기 얼마 전부터 알 수 없는 예감이 내 마음을 압박했다. 그렇게 가슴 조이던 어느 일요일 피스토리우스의 낡은 서재에서 그 예감은 뚜렷한 감정으로 모습을 드러냈다. 우리는 타오르는 불길 앞의 바닥에 엎드려 있었고, 그는 그동안 연구했던 비밀 종교의식과 종교 형태를 이야기했다. 그는 그것들을 골똘히 생각하면서 그것들의 미래가 어떻게 될지 가늠해 보는 데 몰두했다. 하지만 내 생각에는 이 모든 것이 호기심을 유발하고 흥미를 자극할 뿐 인간의 삶에 그다지 중요한 건 아닌 것 같았다. 내게는 그가 자신의 해박한 지식을 늘어놓는 소리로만 들렸고, 무너진 옛 세계의 잔해를 피곤하게 이리저리 뒤적거리는 소리로만 들렸다. 이런 모든 방식, 신화에 대한 이런 식의 숭배, 예부터 전해오는 신앙 형태들을 모자이크식으로 갖다 맞추는 이런 놀이가 갑자기 혐오스럽게 느껴졌다.

"피스토리우스." 나 자신도 깜짝 놀랄 만큼 지독하게 악의적인 말투로 불쑥 말을 꺼냈다. "꿈 이야기나 다시 한번 들려주는 게 낫겠어요. 밤에 꾸었던 진짜 꿈 이야기나 해줘요. 당신이 지금 하는 얘기는 그러니까 이를테면, 케케묵어서 지긋지긋하다고요!"

그는 내게서 그런 투의 말을 한 번도 들은 적이 없었다. 내가 그를 겨누고 쏘아 보내 그의 심장에 명중시킨 화살은 다름 아닌 그의 무기고에서 가져왔다는 사실이 그 순간 내 뇌리를 번개처럼 스쳐 가면서 수치심과 두려움이 밀려왔다. 그가 이따금 빈정거리는 말투로 내뱉던 그 자책의 말들을 이제는 내가 더욱 뾰족한 화살촉 모양으로 갈고 다듬어 악의적으로 그를 향해 쏘아 보낸 것이다.

피스토리우스는 순간적으로 그걸 알아채고는 곧바로 말문을 닫았다. 나는 두려운 마음으로 그의 표정을 살폈다. 창백하게 변해 가는 그의 얼굴을 보면서 소름이 돋았다.

무거운 침묵의 시간이 길게 흐른 뒤 그는 새 장작을 불길 위에 얹어놓으며 조용히 입을 열었다. "당신 말이 맞아요, 싱클레어. 당신은 똑똑한 친구예요. 앞으로는 그런 케케묵은 이야깃거리로 당신을 곤란하게 하지 않을 겁니다."

피스토리우스는 아주 차분하게 말했지만, 그가 깊은 상처를 입고 괴로워하는 소리가 내 귀에 들리는 듯했다. 내가 그에게 대체 무슨 짓을 했단 말인가!

나는 금방이라도 눈물이 흐를 것만 같았다. 진심으로 그에게 다가가 용서를 청하고 그를 향한 애정 어린 감사의 마음은 물론 사랑이 확고하다는 걸 분명히 말해 주고 싶었다. 감동적인 말들이 마음속에 떠오르긴 했지만 그 말들을 소리 내서 전할 수는 없었다. 나는 가만히 엎드린 채 불길을 들여다보며 침묵했다. 피스토리우스도 침묵에 잠겼다. 우리는 그렇게 엎드려 있었고 불길은 점점 수그러들어 나지막이 타오르다가 사르르 가라앉았다. 꺼져 가는 모든 불꽃과 더불어 다시는 돌아올 수 없는 아름답고 친근한 것이 잦아들어 아련히 사라져 가는 게 느껴졌다.

"내 말을 잘못 이해한 것이 아닌지 좀 염려됩니다." 마침내 나는 짓눌린 마음의 무게를 견디지 못해 먹먹하게 잠긴 목소리로 말했다. 입 밖에 내봤자 아무 소용도 없는 어리석은 말들이 일간 신문의 연재소설을 낭독할 때처럼 입술 사이에서 무미건조하게 흘러나왔다.

"당신의 말뜻을 제대로 이해했어요." 피스토리우스의 목소리는 낮게 가라앉아 있었다. "당신 말이 맞아요." 그는 잠시 멈칫하더니 다시 천천히 말을 이어갔다. "사람들끼리 충분히 주고받을 수 있는 옳은 말이지요."

아뇨, 그건 아녜요. 내가 틀렸어요! 나는 마음속으로 이렇게 외쳤다. 하지만 나는 아무 말도 하지 못했다. 나의 평범한 말 한마디가 그의 본질적 약점, 그의 고민과 상처를 가리키며 콕콕 찔렀다는 걸 나는 알고 있었다. 그가 자신을 불신할 수밖에 없는 그 지점을 내가 건드리고 만 것이다. 그의 이상은 '케케묵은 것'이었으며, 그는 과거의 것만 애써 찾는 탐구자였고 낭만주의자였다. 피스토리우스가 내게 했던 그 역할을 자기 자신에게는 할 수 없고 내게 주었던 그것을 자기 자신에게는 줄 수 없다는 것이 불현듯 마음속 깊이 느껴졌다. 그는 내게 길을 안내했지만, 결국 안내자인 그를 뛰어넘어 그를 떠나야 하는 길로 나를 안내한 것이다.

누가 알겠는가, 내 입에서 어떻게 그런 말이 흘러나온다는 것인가! 나는 결코 나쁜 의도로 던진 말이 아니었고, 그런 가슴 아픈 파국을 겪을 줄은 예감조차 하지 못했다. 그 말을 하는 순간에 나 자신이 무슨 말을 하는지조차 몰랐다. 조금은 기발하고 조금은 심술궂은 그저 평범한 생각을 따랐던 것뿐인데, 그것이 운명이 될 줄은 미처 몰랐다. 내가 신중하게 생각하지 않고 조금은 거칠게 군 행동이 그에게는 심판이 되고 말았다.

야곱의 싸움

아, 그 당시 나는 피스토리우스가 버럭 화를 내고 자신이 옳다고 변론하며 내게 호통치기를 얼마나 바라고 기대했던가! 하지만 그는 전혀 내가 원하는 대로 하지 않았다. 내가 바라던 그 모든 것을 내 마음속에서 스스로 해야만 했다. 그는 할 수만 있었다면 얼마든지 입가에 웃음을 머금었을 것이다. 그가 웃을 수 없었다는 사실에서 그에게 입힌 상처가 얼마나 심했는지 나는 똑똑히 알 수 있었다.

피스토리우스는 내가 날린 강타를, 건방지고 감사를 모르는 제자의 강타를 얻어맞고 아무 소리 없이 받아들였다. 그는 말없이 내 말이 맞는다고 긍정하면서 내 말을 운명으로 인정했다. 그렇게 해서 내가 나 자신을 증오하게 만들었고 내 무분별한 언행을 천 배나 더 크게 확대해 놓았다. 나는 망설이지 않고 때리면서도 방어 능력을 갖춘 강자를 때린다고 생각했다. 하지만 내 생각과 달리 조용히 참아내는 사람, 무방비 상태로 묵묵히 항복하는 사람에게 타격을 가한 것이다.

우리는 점점 사그라드는 불길 앞에 오래도록 엎드려 있었다. 불길 속에서 눈부시게 빛나는 형상 하나하나가, 불길 속에서 구부러져 고개 숙이는 나무 장작의 재 하나하나가 행복하고 아름답고 풍요로웠던 시간을 내 기억 속으로 불러냈으며 피스토리우스에 대한 의무를 저버린 내 죄를 점점 더 크게, 더 높이 쌓아 올렸다. 마침내 더 견딜 수 없었다. 나는 일어나서 그의 방을 나왔다. 그의 방문 앞에서 오랫동안, 어둑한 계단에서 오랫동안, 집 밖에서도 오랫동안 서서 기다렸다. 그가 뒤따라올지 모른다고 생각하면서 내내 기다렸다. 그러다 그곳에서 발길을 돌려 저녁이 될 때까지 몇 시간

동안 시내와 교외, 공원과 숲을 걷고 또 걸었다. 그때 처음으로 나는 카인의 표가 내 이마에 찍혀 있다는 걸 알았다.

차츰 나 자신을 돌아보며 생각 속으로 침잠해 들어갔다. 내 안에서 생겨난 모든 생각은 나를 비난하고 피스토리우스를 옹호하려는 의도에서 시작했지만, 하나하나의 생각이 의도와 정반대 결과로 끝을 맺었다. 나는 불쑥 내뱉은 내 경박한 말을 수천 번이나 후회하고 그 말을 되돌릴 마음의 준비가 되어 있었다. 그러나 내가 그에게 했던 말은 틀린 게 없었다. 지금에서야 나는 피스토리우스를 이해하고 그의 꿈 전부를 내 눈앞에서 하나로 엮어 재구성해 볼 수 있다. 그의 꿈은 사제가 되어 새로운 종교를 대외에 선포하고 찬미와 사랑과 숭배의 새로운 형식을 부여하며 새로운 종교적 상징을 정립하는 것이었다. 하지만 그에게는 이 꿈을 이룰 만한 힘도, 직분도 없었다. 그는 흘러가 버린 과거에 지나치게 안주했고, 케케묵은 옛것을 너무나 속속들이 알고 있었다. 그는 이집트, 인도, 미트라스*, 아브라삭스에 대해 지나칠 정도로 많이 알고 있었다. 그의 사랑은 지구가 이미 보았던 형상들에 단단히 묶여 있었다. 그러면서도 피스토리우스는 새로운 것은 새롭고 달라야 할 뿐 아니라 새로운 땅에서 샘솟듯 솟아나야 하며, 결코 박물관이나 도서관에서 만들어져서는 안 된다는 걸 마음속 깊이 잘 알고 있었다. 그의 도움을 받았기에 하는 말이지만, 어쩌면 그의 직분은 사람들이 자기 자신에게 이르는 걸 도와주는 것일지도 모른다. 그 누

---

* 미트라스(Mithras): 로마제국 시대에 존재했던 비밀 종교 중 하나인 미트라교(敎)의 신이다. 많은 학자는 고대 페르시아의 신 '미트라'가 로마에 전래되어 '미트라스'로 변형되었다고 주장한다. 미트라스는 계약의 신이자 태양의 신으로 알려져 있다.

구도 들어본 적이 없는 새로운 신들을 사람들에게 안겨주는 건 그의 직분이 아니었다.

누구에게나 '직분'이 있는 법이다. 하지만 아무도 자기 직분을 스스로 선택하고 명확히 규정하고 그때그때 마음대로 수행할 수는 없다는 깨달음이 이 순간에 갑자기 강렬한 불꽃처럼 솟구쳐 나를 불살랐다. 새로운 신들을 원하는 건 잘못이었다. 세계를 향해 무언가 새로운 걸 안겨주려는 태도는 완전히 잘못된 것이었다! 깨어 있는 인간에게는 자기 자신을 찾고 자신 속에서 견고해지며 어디에 도달하든지 간에 자신만의 고유한 길을 더듬어 앞으로 계속 나아가는 것, 이 한 가지 의무 외에 다른 의무는 정녕 그 어디에도 결코 없었다. 이 깨달음이 나라는 존재를 깊이 흔들었다. 이 깨달음은 내가 피스토리우스와 체험하며 얻은 결실이었다. 나는 종종 미래의 내 모습을 머릿속에 그려 보았다. 훗날 내가 맡을 수 있다고 짐작되는 역할들, 이를테면 시인이나 예언자나 화가 같은 그런 역할들을 꿈꿨다. 하지만 그 모든 것은 아무것도 아니었다. 나는 시를 쓰거나 예언의 말을 들려주거나 그림을 그리려고 존재하는 건 아니었다. 나도, 나 말고 다른 어느 누구도 그것을 위해 존재하는 건 아니었다. 그 모든 것은 삶에서 부수적으로 생겨날 뿐이었다. 우리 각자에게 부여된 진정한 소명은 오직 자기 자신에게 이르러야 하는 한 가지 소명뿐이다. 각자는 마지막에 시인이나 광인, 예언자나 범죄자로 끝을 맺을 수도 있다. 하지만 이것은 그의 책무가 아니며 결국 그다지 중요한 것도 아니다. 그 자신의 책무는 그때그때 임의로 정한 운명이 아닌 자기 자신의 고유한 운명을 찾아내고 그 운명을 자신 안에서 불굴의 의지로 온전히 살아내는 것이다. 그것 말고 다른 모든 것은 반쪽짜리에 불과하며 자기 자신에게서 벗어나려는 시도일 뿐이다. 대중이 갈망하는 이상理想으로 도피하고 거기에 순응하며 자기 내면을 두려워하는 것일 뿐이다. 나의 새로운 모습이 내 앞에 두렵고도 신성하게 떠올랐다. 이미 수없이 예감했고 어쩌면 종종 말로 표현했을지도 모르는 것을 나는 이제야 비로소 직접 체험한 것이다. 나는 자연이 내던진 존재였다. 불확실성을 향해, 어쩌면 새로움을 향해, 어쩌면 무無를 향해 내던진 존재였다. 근원의 깊이에서 우러나오는 이 내던짐이 내 안에서 온전히 이루어지도록 그 의지를 내 안에서 느끼고 완전히 내 의지로 만드는 것, 그것만이 내 소명이었다. 내 소명은 오직 그것뿐이었다!

나는 이미 고독을 숱하게 맛보았다. 그런데 이제는 그보다 더 깊은 고독이 있으며 그 고독을 피할 수 없다는 걸 예감했다.

나는 피스토리우스와 화해하려고 노력하지는 않았다. 우리는 여전히 친구 사이로 남아 있었지만 그 관계는 예전 같지 않았다. 우리는 그 이야기를 단 한 번 나누었다. 아니, 피스토리우스 혼자서만 그 이야기를 꺼냈다. 그는 이렇게 말했다. "당신도 알지만, 내 소망은 사제가 되는 것이지요. 우리가 많은 것을 예감하는 새로운 종교의 사제가 기꺼이 되고 싶었지요. 하지만 나는 결코 그런 사제가 되지는 못할 거예요. 속속들이 털어놓은 건 아니지만, 나 자신이 그걸 잘 알고 있고 또 이미 오래전부터 잘 알았으니까요. 이제는 다른 방향으로 사제의 일을 하게 될 거예요. 아마 오르간이나 그 밖의 다른 방식이 있을 겁니다. 하지만 나는 나 자신이 아름답고 신성하다고 느끼는 것, 예를 들어 오르간 음악과 비밀 종교의식, 상징과 신화 같은 것들에 늘 에워싸여 있어야 해요. 나는 그런 것이 필요하기에 그런 것을 버리고 싶지 않아요. 이게 바로 내 약점이지요. 싱클레어, 그런 소망들을 품어서는 안 된다는 걸, 그런 소망들이 사치이고 약점이란 걸 나는 이따금 깨닫습니다. 내가 아무것도 요구하지 않고 아주 단순하게 운명에 순응하는 편이 더 고귀하고 더 올바른 행동이 될 거예요. 하지만 나는 그렇게 할 수 없습니다. 그건 내가 할 수 없는 유일한 행동이지요. 아마 당신이라면 그렇게 운명에 순응하는 걸 언젠가 해낼지도 몰라요. 그건 어려운 일이에요. 이봐요, 싱클레어. 운명에 순응한다는 건 참으로 어려운 일이에요. 이 세상에서 유일하게 어려운 일이지요. 나는 종종 알몸으로 운명에 순응하는 꿈을 꾸었지만 실제로 그렇게 할 수는 없어요. 운명에 순순히 따르는 걸 생각만 하면 몸서리치도록 두려워져요. 나는 완전히 알몸이 되어 외로이 홀로 서 있을 수는 없어요. 나도 조금은 따스한 기운과 먹이가 필요하고 그때그때 같은 족속의 친밀한 살가움을 느끼고 싶은 가련하고도 연약한 한 마리 개이니까요. 정말로 자기 운명 말고는 아무것도 원하지 않는 사람, 그 사람에게는 같은 족속이 있을 리 없어요. 그 사람은 완전히 홀로 서 있고 그 사람 주변에는 차가운 우주만 존재할 뿐이니까요. 당신도 알겠지만, 겟세마네 동산에서 예수가 그렇게 완전히 홀로 서 있었지요. 십자가에 기꺼이 못 박힌 순교자들이 있었지만, 그들도 영웅은 아니었어요. 그들도 홀로 자유롭지는 못했지요. 그들도 정겨운 것과 고향처럼 친근한 것을 원했어요. 그들에게는 자신들이 본받아야 할 모범이 있었고 이상이 있었어요. 하지만 운명 말고는 아무것도 바라지 않는 사람에게는 따라야 할 모범도 이상도 없는 거예요. 좋아하는 것도, 위로되는 것도 그 사람에게는 없는 거랍니다.

본래는 이런 길을 가야 하지요. 나와 당신 같은 사람들은 정말 외롭긴 하지만 우리는 서로 마주 볼 수 있잖아요. 우리는 다른 사람들과는 무언가 다르고 세상에 반항하며 특이한 것을 원한다는 은밀한 만족감에 은근히 젖어 있어요. 하지만 운명의 길을 흔들림 없이 가려면 그런 만족감조차 버려야 해요. 스스로 혁명가, 모범적인 사람, 순교자가 되려고 해서도 안 됩니다. 운명의 길을 간다는 건 상상을 뛰어넘는 일이니까요."

맞는 말이었다. 그 길을 간다는 건 상상을 뛰어넘는 일이었다. 하지만 그건 꿈꿀 수 있는 일이었다. 미리 느낄 수도 있고 예감할 수도 있는 일이었다. 완전한 정적이 감도는 순간 나는 몇 번 그것을 느꼈다. 모든 소리가 잠잠히 가라앉는 고요한 시간에 나는 그 길을 걷는 것을 몇 번이나 느꼈다. 그러면 나 자신을 들여다보다가 내 운명의 얼굴이 눈을 크게 뜨고 가만히 나를 응시하는 걸 볼 수 있었다. 내 운명의 눈은 지혜로 가득 넘칠 수도 있었고 광기로 넘칠 수도 있었다. 그 눈은 사랑의 빛을 발할 수도 있었고 깊은 악의의 빛을 뿜어낼 수도 있었다. 그건 아무래도 좋았다. 그중 어느 것도 선택해서는 안 되며 어느 것도 원해서는 안 되었다. 오직 자기 자신만을, 오직 자신의 운명만을 원할 수 있을 뿐이었다. 피스토리우스는 내가 그곳에 이를 수 있도록 안내자 역할을 톡톡히 해주었다.

그 무렵 나는 앞을 못 보는 사람처럼 이리저리 떠돌아다니기만 했다. 내 안에서 폭풍이 사납게 불어닥쳤고, 발걸음을 내디딜 때마다 위험이 몰려왔다. 내 앞을 막아서는 끝없는 어둠 외에는 아무것도 보이지 않았다. 지금까지 내가 걸어온 모든 길이 그 어둠

속으로 빨려들어 깊이 가라앉았다. 내면 깊은 곳에서 데미안을 닮은 안내자의 모습을 보았다. 그의 두 눈 속에 내 운명이 깃들어 있었다.

나는 종이에 이렇게 기도문을 적었다. "안내자가 저를 남겨두고 떠났습니다. 저는 완전히 어둠의 한가운데 서 있습니다. 저 혼자서는 한 걸음도 내디딜 수 없사오니, 저를 도와주소서!"

나는 이 종이를 데미안에게 보내려고 마음먹었지만 끝내 단념했다. 그걸 보내려고 할 때마다 어쩐지 유치하고 의미 없는 짓이라는 생각이 들었다. 하지만 나는 그 짧은 기도문을 암기하여 자주 마음속으로 읊고 또 읊었다. 그 기도문은 내 삶의 모든 시간을 나와 함께했다. 나는 기도가 무엇인지를 차츰 알아가기 시작했다.

김나지움의 학창 시절이 끝을 맺었다. 졸업한 뒤 맞이한 방학을 여행하며 보내기로 되어 있었다. 그건 아버지가 생각해 낸 계획이었다. 여행을 다녀온 다음 대학에 가기로 정해져 있었다. 어떤 학과를 전공 분야로 선택할지는 아직 나도 알 수 없었다. 한 학기 동안 철학 과목을 이수하도록 승인받았다는 사실만 알고 있었다. 그러나 나는 철학 이외에 다른 어떤 수업을 듣더라도 만족했을 것이다.

7
___

에바 부인

방학 중에 나는 막스 데미안이 몇 년 전 그의 어머니와 함께 살았던 집을 한 번 찾아간 적이 있다. 어느 노부인이 정원을 산책하고 있었다. 노부인에게 말을 붙여 몇 마디 주고받다가 노부인이 그 집의 주인이란 걸 알게 되었다. 데미안 가족을 물어보니 노부인은 그들을 또렷이 기억하고 있었다. 하지만 그들이 지금 어디 사는지는 모른다고 했다. 노부인은 내가 그들에게 유독 관심이 많다는 걸 느끼고는 집 안으로 나를 데리고 갔다. 집에 들어와서는 가죽 앨범을 꺼내 오더니 내게 데미안의 어머니 사진을 보여주었다. 데미안의 어머니에 대해 기억나는 건 거의 없었다. 그러나 그 조그만 사진 속 모습을 보는 순간 내 심장의 고동이 멎는 듯했다. 내가 꿈속에서 보았던 바로 그 모습이었다! 다름 아닌 그녀였다! 키가 크고 남성적인 느낌이 물씬 풍기는 여인의 모습 그대로였다. 아들과 닮았으면서도 모성적인 면모와 엄격한 면모, 깊게 타오르는 정열의 면모를 지니고 있었다. 아름답고도 매혹적이었다. 아름다우면 서도 가까이 다가갈 수 없었고, 악령이면서도 어머니였고, 운명이 면서도 연인이었다. 다름 아닌 그녀였다!

내가 꿈속에서 보았던 모습이 지상에 살고 있다는 걸 알았을 때, 마치 지축을 뒤흔드는 기적을 몸으로 겪는 듯했다! 그런 모습 을 한 여인, 내 운명의 특징을 고스란히 지닌 여인이 살고 있다니! 그녀는 어디에 있을까? 대체 어디에? 그런데 그녀는 바로 내 친구 데미안의 어머니였다.

그 일이 있고 나서 곧 여행을 떠났다. 정말 특이한 여행이었다! 나는 이곳에서 저곳으로 생각이 떠오르는 대로 끊임없이 계속 그 여인을 찾아다녔다. 그녀를 머릿속에 떠오르게 하는 얼굴들, 그녀 를 연상시키는 얼굴들, 그녀를 닮은 얼굴들만 마주치는 날들이 있 었다. 마치 복잡하게 얽힌 꿈속에서처럼 그 얼굴들은 내게 유혹 의 손길을 내밀어 낯선 도시의 골목길로, 기차역으로, 기차 속으 로 나를 데려갔다. 그토록 그녀를 찾아다니는 것이 얼마나 헛된 일 인지를 알게 되는 날들도 있었다. 그럴 때면 어딘가 공원이나 호텔 의 정원이나 기차역의 대합실에 가만히 앉아서 내 마음속을 들여 다보며 내 안의 모습을 눈앞에서 보듯 생생히 살려내려고 애썼다. 하지만 그 모습은 금방 쑥스러워하며 내 앞에서 달아나 버렸다. 나 는 좀처럼 잠을 이룰 수 없었다. 가본 적 없는 마을을 지나는 기차 안에서 잠깐씩 까딱까딱 쪽잠을 자곤 했다. 언젠가 취리히에서 웬 여자가 내 뒤를 따라왔다. 예쁘기는 했지만 뻔뻔스러움이 느껴지 는 여자였다. 나는 형체 없는 공기를 대하듯 그 여자를 본체만체하 고 서둘러 발길을 옮겼다. 단 한 시간이라도 다른 여자에게 관심의 눈길을 줄 바엔 차라리 그 자리에서 당장 죽는 편이 나았으니까.

내 운명이 나를 안으로 끌어당기는 게 느껴졌다. 내 운명이 곧 실현될 것으로 느껴졌다. 그럼에도 내가 아무것도 할 수 없다는 생각에 초조해져서 미칠 지경이었다. 언젠가 어느 기차역, 아마도 인스부르크*역이었던 것으로 기억된다. 이제 막 출발하는 기차의 창가에서 그녀를 머릿속에 떠오르게 하는 얼굴이 스쳐 지나가는 걸 보고는 며칠 내내 불행의 늪에 잠겨 있었다. 그렇게 불행한 나날을 보냈는데, 갑자기 그녀 얼굴이 밤에 다시 꿈에 나타났다. 나는 그녀를 찾아다니는 것이 부질없는 짓일 뿐이라는 부끄럽고 삭막한 감정을 새삼 느끼며 깨어났다. 바로 그 길로 나는 집으로 돌아갔다.

몇 주 후 나는 H대학에 등록했다. 모든 게 실망스러울 뿐이었다. 내가 듣는 철학사哲學史 강의는 대학생 대부분의 행동만큼이나 알맹이가 없었고 대량으로 생산하는 상품처럼 획일적이었다. 모든 것이 규격에 맞춘 듯 천편일률적이었다. 너 나 할 것 없이 모두 똑같은 행동만 했다. 그리고 아직 소년티를 벗지 못한 얼굴들에 달아오르는 즐거움은 우울함이 느껴질 정도로 공허하고 이미 만들어진 제품처럼 보였다! 그러나 나는 자유로웠다. 하루 종일 오직 나 자신을 위해 살았다. 도시 근교의 낡고 오래된 집에서 고요히 멋들어지게 살았다. 내 책상 위에는 니체의 책이 여러 권 놓여 있었다. 나는 니체와 함께 살면서 그의 영혼이 지닌 고독을 느꼈다. 끊임없이

---

* 인스부르크(Innsbruck): 오스트리아 티롤주의 주도, 독일과 국경 지대에 있으며 알프스의 아름다운 풍경으로 유명하다.

그를 몰아붙이던 운명의 향기를 맡았고 그와 함께 고통을 맛보았다. 더욱이 그토록 냉혹하게 자기 자신의 길을 걸어간 사람이 있었다는 생각에 마냥 행복했다.

어느 날 늦은 저녁에 나는 가을바람을 맞으며 시내를 떠돌아다니고 있었다. 여기저기 술집에서 대학생 동아리들의 노랫소리가 들려왔다. 열린 창문 밖으로 담배 연기가 구름떼처럼 휘돌아 흘러나오고 노랫소리가 우렁차게 울려 퍼졌다. 소리는 쩌렁쩌렁했지만 빳빳이 굳어 있어 활기도 없고 생명감도 없는 단조로운 노래였다.

나는 길모퉁이에 서서 가만히 귀를 기울였다. 두 군데 술집에서 한 치의 어김도 없이 짜맞춘 젊음의 쾌활함이 밤을 향해 울려 퍼졌다. 그 어디에나 유대감은 있었고 그 어디에서든 삼삼오오 함께 둘러앉아 있었으며 그 어디에서나 자신의 운명을 내려놓고 따뜻한 자기네 무리의 품속으로 도망쳐 버렸다!

내 뒤쪽에서 두 남자가 천천히 걸어와 나를 지나쳐 갔다. 그들이 주고받는 대화의 한 토막이 내 귀에 들렸다.

"저건 꼭 흑인 마을에 있는 청년들의 집 같지 않나요?" 두 사람 중 하나가 말했다. "모든 게 다 똑같아요. 문신까지도 유행을 따라 똑같이 한다니까요. 자, 보세요. 저런 게 젊은 유럽의 모습이지요."

그 목소리는 이상하게도 무언가를 경고하는 듯했다. 내 귀에 익은 목소리였다. 나는 어두운 골목길을 따라 두 사람 뒤를 쫓아갔다. 한 사람은 키가 작고 품위 있는 일본인이었다. 가로등 불빛 아래 노랗게 여울지는 그의 얼굴이 미소 지으며 환히 빛나는 게 보였다.

대화를 나누던 상대방이 다시 말을 이어갔다.

"글쎄요. 당신네 일본도 사정이 더 나을 것 같지는 않은데요. 무리를 쫓아다니지 않는 사람들은 어디를 가든 보기 드물지요. 여기도 그런 사람들은 있기 마련이고요."

그의 입에서 나오는 말 한마디 한마디를 들으며 내 마음은 기쁨과 놀라움으로 가득 넘쳤다. 지금 말을 하는 그 사람은 내가 아는 사람이었다. 바로 데미안이었다.

바람 부는 그 밤에 나는 데미안과 일본인의 뒤를 쫓아 골목길을 쏘다녔고, 그들의 대화에 귀를 기울이며 데미안의 목소리에서 울려 나오는 음향을 즐겼다. 목소리의 음조는 예전 그대로였다. 그 목소리에는 여전히 멋진 안정감과 차분함이 깃들어 있었고 나를 지배하는 힘이 살아 있었다. 이제 모든 게 다 만족스러웠다. 데미안을 찾아냈으니 말이다.

도시 근교의 어느 막다른 길에 이르러 일본인이 작별 인사를 건네고 집의 현관문을 열었다. 데미안은 갔던 길을 되돌아왔다. 나는 걸음을 멈추고 길 한가운데 서서 그를 기다렸다. 내게로 다가오는 그의 모습을 바라보면서 나는 가슴이 두근거렸다. 꼿꼿하면서도 경쾌하게 그가 걸어왔다. 그는 갈색 비옷을 입고 팔에는 가느다란 지팡이를 걸고 있었다. 걸음걸이가 조금도 흐트러지지 않고 일정한 속도로 바로 내 앞까지 바짝 다가와서는 모자를 벗고 굳게 다문 입과 훤칠한 이마가 유독 돋보이는 친숙하고 환한 얼굴을 내게 보여주었다.

"데미안!" 나는 외쳤다.

그는 내게 손을 내밀었다.

"너였구나, 싱클레어! 너를 기다렸거든."

"내가 여기 있는 걸 알았던 거야?"

"정확히 알았던 건 아니지만, 네가 여기 있기를 바랐던 건 맞아. 오늘 저녁에야 널 보게 되는구나. 네가 저녁 내내 우리 뒤를 쫓아왔잖아."

"그럼 나를 금방 알아봤다는 거야?"

"그렇고말고. 물론 네 모습이 달라지긴 했어. 하지만 너는 표標를 지니고 있잖아?"

"표라고? 무슨 표를 말하는 거야?"

"네가 아직도 기억할지는 모르겠는데, 예전에 우리는 그걸 카인의 표라고 했지. 그건 우리가 지닌 표야. 너는 항상 그 표를 가지고 있었지. 그래서 나는 네 친구가 되었던 거야. 그런데 지금은 그 표가 이전보다 더 뚜렷해졌어."

"나는 몰랐지. 아니, 나도 알고 있었나 봐. 데미안, 언젠가 네 모습을 그린 적이 있어. 그런데 그 그림이 내 모습과 닮아서 깜짝 놀랐잖아. 그게 네가 말한 표였을까?"

"맞아, 그게 표였어. 네가 이렇게 와서 참 좋아! 우리 어머니도 기뻐하실 거야."

나는 깜짝 놀랐다.

"어머니라고? 네 어머니도 여기 계셔? 그런데 나를 전혀 모르시잖아."

"아, 너를 잘 아셔. 말씀드리지 않아도 네가 누군지 금방 알아보실 거야. 네 소식을 듣지 못한 지 너무 오랜 시간이 흘렀구나."

"아, 네게 몇 번이나 편지를 쓰려고 마음먹었지만 끝내 못 쓰고 말았어. 얼마 전부터 너를 곧 만날 것 같은 느낌이 왔지. 그래서 날마다 너를 만나기를 기대했어."

데미안은 내 팔짱을 끼고 함께 걸었다. 그에게서 평온함이 흘러
나와 내게로 스며들었다. 우리는 이내 예전처럼 이야기를 나누었
다. 지나간 학창 시절, 견진성사를 준비하던 수업 시간 그리고 언
젠가 방학 때 있었던 그 불행한 만남을 화제로 떠올렸다. 그러나
우리 두 사람을 처음으로 끈끈하게 연결해 준 프란츠 크로머 이야
기만큼은 이번에도 화제로 삼지 않았다.

우리 자신도 의식하지 못하는 사이에 진기하고 예감으로 가득
찬 대화의 심연으로 빠져들었다. 우리는 데미안과 일본인이 나눈
대화를 떠올리다가 대학 생활도 이야기를 나눴고 그것과는 아주
동떨어진 듯 보이는 다른 이야기로 화제를 옮기기도 했다. 하지만
이런 이야기들도 데미안의 말에서 내적으로 아주 긴밀하게 맥을
이어갔다.

데미안은 유럽 정신과 이 시대의 징후를 이야기했다. 어디에서
나 동맹이 이루어지고 패거리가 결성되지만, 자유와 사랑은 어디
에서도 찾아볼 수 없다는 것이었다. 대학생 연맹과 합창단에서부
터 국가들의 동맹에 이르기까지 이 모든 유대 관계는 어쩔 수 없
이 형성되었거나 불안과 공포와 당혹감에서 생겨났을 뿐이며 뼛
속 깊이 썩어 문드러지고 낡아빠진 까닭에 얼마 못 가 붕괴할 것이
라고 그는 말했다.[*]

"유대 관계를 맺는다는 건 멋진 일이야." 데미안이 말했다. "하지
만 지금 곳곳에서 번성하는 것들은 멋진 게 아니야. 진정한 유대

---

[*] 데미안의 말에서 제1차 세계대전이 일어난 1910년대의 상황을 엿볼 수 있다.

관계는 개인들끼리 서로를 잘 아는 것에서 새롭게 생겨나 한동안 세계를 바꾸어 놓게 될 거야. 현재 유대 관계라고 하는 것은 패거리를 만드는 짓일 뿐이야. 사람들은 서로 상대방 품속으로 도망치고 있어. 서로 상대방을 두려워하기 때문이지. 주인들은 주인들끼리, 노동자들은 노동자들끼리, 학자들은 학자들끼리 말이야! 그런데 왜 이들은 두려워할까? 이들은 자기 자신과 하나가 되는 일체감을 느끼지 못하기 때문이야. 이들은 한 번도 자기 자신을 믿지 못했기 때문에 두려워하는 거야. 그 유대 관계라는 것은 자기 자신 안에 있는 미지의 것을 두려워하는 사람들만의 모임일 뿐이라고! 이들은 모두 자기 삶의 법칙이 이제 더는 유효하지 않으며 자신들이 옛날의 낡은 규범에 따라 살고 있다고 느끼는 거지. 이들의 종교도, 윤리도, 그 무엇도 이 시대의 우리에게 필요한 것과는 맞지 않아. 백 년이 넘는 동안 유럽이 한 일이라곤 그저 연구하고 공장을 세운 것뿐이라고! 이들은 한 사람을 죽이는 데 화약이 몇 그램 필요한지는 정확히 알고 있지. 하지만 이들은 신에게 어떻게 기도해야 하는지는 몰라. 이들은 한 시간을 행복하게 보내려면 어떻게 해야 하는지조차 몰라. 저 대학생들이 즐겨 찾는 술집을 한번 보라고! 아니면 부자들이 즐겨 찾는 유흥시설을 보라고! 희망이 보이지 않아! 싱클레어, 이런 것들에서는 즐거움이 생길 수 없어. 그렇게 두려움에 사로잡힌 나머지 한곳에 모이는 사람들은 공포와 악의로 가득 차 있고, 서로서로 절대 믿지 않아. 이들은 이상이라고 말할 수조차 없는 이상에 집착하면서 도리어 새로운 이상을 제시하는 사람을 돌로 쳐 죽여. 싸움이 다가오고 있어. 싸움이 일어날 거야. 두고 봐. 곧 싸움이 일어날 거라고! 물론 이런 싸움들이 세상을 '개선'하지는 못할 거야. 노동자들이 공장주를 때려죽이거나 아니면 러시아와 독일이 서로 상대방에게 총부리를 들이댄다 해도 결국엔 주인만 바뀔 뿐이야. 그래도 아주 헛된 결과만 있는 건 아니겠지. 그것은 오늘날 우리가 이상으로 제시하는 것들이 얼마나 가치가 없는지를 뚜렷이 보여주게 될 테니까. 석기시대의 신들을 깡그리 없애버리게 되는 거야. 현재 우리가 살고 있는 이 세계는 죽음에 이를 거야. 멸망하고 말 거야. 꼭 그렇게 될 거야."

"그러면 우리는 어떻게 되는 건데?" 내가 물었다.

"우리? 우리도 다 같이 멸망하겠지. 이들은 우리 같은 사람들도 때려죽일 수 있으니까 말이야. 다만 우리가 모조리 죽어서 소멸되는 일은 없을 거야. 우리가 남겨두는 것이나 아니면 우리 중 살아남은 사람들을 중심으로 미래의 의지가 모여들 거야. 그동안 우리 유럽이 기술과 학문의 장터에서 고래고래 질러대던 외침 때문에 들리지 않았던 인류의 의지가 마침내 드러날 거야. 그러면 이 인류의 의지가 오늘날의 공동체들이나 국가들이나 민족들 또는 협회들과 교회들의 의지와는 결코 그 어떤 면에서도 같지 않다는 사실이 드러나겠지. 자연이 인간에게 원하는 것은 저것들이 아니라 오히려 각 개인의 안에, 너와 나의 안에 적혀 있어. 예수 안에 적혀 있었고 니체 안에 적혀 있었지. 오늘날의 공동체들이 다 무너져야만, 자연이 인간에게 원하는 이 중요한 흐름이 힘을 발휘할 여지를 갖게 될 거야. 물론 이 흐름의 모습은 날마다 다르게 보이겠지만 말이야."

밤 깊은 시각에 우리는 강가에 있는 어느 정원 앞에 와서 걸음을 멈추었다.

"우리는 여기 살아." 데미안이 말했다. "며칠 내로 한번 꼭 와!

우리는 널 보고 싶어서 기다릴 테니까."

　기쁨에 들뜬 나는 그사이 서늘해진 어둠을 뚫고 먼 길을 걸어 집으로 돌아왔다. 술집을 나온 대학생들이 집으로 돌아가면서 여기저기서 시끄럽게 떠들며 비틀거렸다. 나는 그들이 즐거워하는 우스꽝스러운 모습과 내 고독한 삶이 서로 대립되어 등 돌리고 있는 걸 자주 느꼈다. 그러면서 때로는 궁핍감을 느끼기도 했고, 때로는 그것을 비웃어 주기도 했다. 하지만 그것이 나와 이제 더는 상관없는 것이고 그 세계는 내게서 멀리 떨어져 사라진 것이나 다름없다는 걸 오늘처럼 이렇게 평온한 마음으로 은밀하지만 힘차게 느껴본 적은 없었다. 고향 도시의 공무원들이 생각났다. 그 품격 있는 노신사들은 마치 축복받은 낙원을 그리워하는 추억에 매달리듯 술집에서 보낸 대학 시절의 기억에 집착했으며, 시인들이나 낭만주의자들이 어린 시절을 예찬하듯 대학 시절의 사라진 '자유'를 숭배했다. 어디를 가든 똑같았다! 현재 그들이 져야 할 책임과 앞으로 가야 할 길에 대한 두려움에서 벗어나려고 그들은 어디를 가든 '자유'와 '행복'을 흘러간 과거에서 찾았다. 몇 년 동안 코가 비뚤어지게 술을 퍼마시고 질펀하게 놀다가 몸을 숨길 만한 안전한 곳으로 기어들어 국가에 봉사하는 점잖은 나리가 된 것이다. 그래, 썩었다. 우리 주변이 온통 썩어 문드러졌다. 그래도 대학생들의 이런 어리석음은 수많은 다른 어리석은 일에 비하면 덜 어리석고 덜 나쁜 것이었다.

　그러나 내가 멀리 떨어진 숙소에 돌아와 침대에 누웠을 때 이런 모든 생각은 여운도 없이 사라져 버렸고 내 모든 감각은 설레는 마음으로 그날 하루가 내게 선사한 가슴 벅찬 약속에 매달렸다. 내가 원하기만 하면 당장 내일이라도 데미안의 어머니를 볼 수 있었다. 대학생들이 술집에서 죽치고 있든 말든, 그들이 얼굴에 문신을 하든 말든, 세상이 썩어 문드러져서 무너지기를 기다리든 말든, 그런 게 나하고 무슨 상관이란 말인가! 나는 오로지 내 운명이 새로운 모습으로 나를 향해 걸어오기만을 손꼽아 기다렸다.

나는 아침 늦게까지 단잠을 잤다. 새날이 마치 성대한 축제일처럼 밝아왔다. 그런 날은 내 어린 시절의 크리스마스 축제 이후 처음이었다. 마음은 초조하고 몹시 들떠 있었지만 두려움은 조금도 없었다. 나를 위해 중요한 하루가 시작되었다는 걸 느낄 수 있었다. 나를 에워싸는 주변 세계가 달라진 것을 눈으로 보고 또 느꼈다. 그 세계는 기대감으로 충만했으며 의미심장하고 성대했다. 살포시 내리는 가을비도 아름답고 고요했으며 축제일에 어울리는 즐겁고 성스러운 음악을 가득 품고 있었다. 난생처음 바깥 세계와 내 내면세계가 완벽하게 조화되었다. 이제 내 앞에는 영혼의 축제일이 펼쳐져 있고 내게는 살아야 할 보람이 있었다. 어떤 집도, 어떤 쇼윈도도, 골목길의 어떤 얼굴도 내게 걸림돌이 되지 않았다. 모든 것이 원래 있어야 할 방식대로 그 자리에 있었지만 평범하고 낯익은 데서 볼 수 있는 공허한 얼굴이 아니었다. 모든 것이 기대감을 가득 품은 자연이었다. 모든 것이 경외심을 가지고 운명을 맞이할 준비가 되어 있었다. 소년이었을 적에 나는 크리스마스나 부활절처럼 아주 성대한 축제일 아침에 바로 이런 눈길로 세상을 바라보았다. 그 시절엔 이 세상이 아직도 이렇게 아름다울 수 있다는 걸 미처 알지 못했다. 나는 내 안의 세계 속으로 깊이 침잠해 들어가 그곳에 살면서 바깥 세계에 대한 감각을 잃어버렸다고 체념하는 데

길들여졌다. 빛나는 색깔을 잃어버린 것은 필연적으로 어린 시절을 잃어버린 것의 결과이며, 따라서 이 고운 빛을 미련 없이 포기해야만 영혼의 자유와 남성다운 기개를 얻을 수 있다고 단정했던 것이다. 그런데 이제 그 모든 것은 다만 깊이 파묻혀 있거나 어둠에 덮여 흐려져 있었을 뿐이며, 어린 시절의 행복을 포기하고 자유를 선택한 사람이라도 세상이 환히 빛나는 모습을 볼 수 있고 어린아이의 눈길로 느끼던 다사로운 전율을 다시금 맛볼 수 있다는 걸 깨닫고 황홀해졌다.

　지난밤에 막스 데미안과 헤어진 교외의 정원을 다시 찾아갈 시간이 마침내 다가왔다. 비에 젖은 잿빛의 키 큰 나무들 뒤에 자그마한 집이 숨어 있었다. 환하고 아늑해 보이는 집이었다. 커다란 유리벽 뒤에서 관목들이 꽃을 피웠다. 빛이 반짝이는 창문들 너머 어두운 벽에는 그림들이 걸려 있고 책이 꽂혀 있었다. 현관문을 지나자마자 작지만 포근하게 느껴지는 홀에 이르렀다. 검은 옷에 흰 앞치마를 두른 나이 든 하녀가 말없이 나를 맞이해 외투를 받아 주었다.

　하녀는 나를 홀에 혼자 두고 나갔다. 나는 주위를 둘러보았고, 그 순간 내 꿈의 한가운데에 들어와 있었다. 문 위쪽 거무레한 나무 벽에는 검은 테로 된 유리 액자 안에 내가 잘 아는 그림이 들어 있었다. 세계의 껍데기를 산산이 부수고 날아오르는 황금빛 새매 머리를 한 나의 새였다. 나는 감동에 겨워 그 자리에 서 있었다. 이제까지 내가 행하고 경험했던 모든 것이 바로 이 순간에 실현되고 답이 되어 내게 돌아온 것 같아서 기쁘면서도 마음이 아팠다. 수많은 모습이 번개처럼 빠르게 내 영혼을 스쳐 가는 게 보였다. 아치형 현관문 위쪽에 낡고 오래된 돌 문장이 있는 고향집, 그 문장을 그림으로 옮기던 소년 데미안, 크로머라는 적의 사악한 마력에 붙들려 두려움에 떨던 소년 시절의 나 자신, 조그만 기숙사 방의 조용한 책상에서 동경하는 새를 종이에 그리던 청소년 시절의 나 자신, 자신의 실로 짠 그물에 얽혀버린 영혼. 모든 것, 바로 이 순간에 이르기까지 내가 경험한 모든 것이 내 안에서 반향의 소리로 울려 퍼져 긍정되고 응답받고 인정받았다.

나는 눈물이 그렁그렁 맺힌 눈으로 내 그림을 바라보며 내 안에 있는 나 자신을 읽었다. 그때 내 눈길이 아래쪽으로 향했다. 새 그림 아래 열린 문에 검은 옷을 입은 키 큰 여인이 서 있었다. 바로 그녀였다.

나는 아무 말도 할 수 없었다. 그 아름답고 존경스러운 여인은 나를 향해 다정하게 미소 지었다. 그녀의 얼굴은 자기 아들처럼 영적 의지로 가득 차 있고 시간과 나이를 뛰어넘은 듯했다. 그녀의 눈길은 모든 게 이루어지는 성취 자체였고, 그녀의 인사는 고향의 품에 안기는 귀향을 의미했다. 나는 말없이 그녀를 향해 두 손을 내밀었다. 그녀는 내 두 손을 자신의 두 손으로 꼭 움켜잡으며 따뜻이 감싸 쥐었다.

"싱클레어군요. 첫눈에 알아봤죠. 잘 왔어요."

그녀의 목소리는 깊고 포근했다. 나는 그 목소리를 감미로운 포도주처럼 마셨다. 나는 눈을 들어 그녀의 고요한 얼굴을 보았고, 깊이를 가늠할 수 없는 검은 눈을 보았으며, 신선하면서도 성숙한 입을 보았고, 표票를 지닌 품위가 흘러 환하게 빛나는 이마를 보았다.

"참 기쁩니다!" 나는 그렇게 말하며 그녀 손에 입을 맞추었다. "늘 방황으로 얼룩진 삶을 살아오다가 이제야 집에 돌아왔네요."

그녀는 어머니처럼 미소 지었다.

"집에는 결코 돌아가지 못하는 법이에요." 그러더니 상냥하게 말을 이어갔다. "하지만 친숙한 길들이 만나는 곳에서는 잠시라도 모든 세상이 고향처럼 보이지요."

이 말은 내가 그녀를 향해 길을 가는 도중에 느꼈던 것을 나타냈다. 그녀의 목소리와 말은 아들과 닮았으면서도 사뭇 달랐다. 그녀의 모든 것이 아들보다 더 성숙했고 더 온화했고 더 분명했다. 그러나 예전에 데미안이 어느 누구에게도 소년 같은 인상을 풍기지 않았듯이 그의 어머니도 도무지 어른이 된 아들을 둔 어머니처럼 보이지는 않았다. 얼굴과 머리카락에 일렁이는 숨결이 너무나 젊고 신선했다. 황금빛으로 빛나는 살결은 한 자락의 주름살도 없이 팽팽했다. 입술엔 생명감이 넘쳐흘렀다. 그녀는 내가 꿈속에서 본 모습보다 더 위엄 있고 당당하게 내 앞에 서 있었다. 나는 그녀 곁에 있음으로써 사랑의 행복을 느꼈고, 그녀의 눈길을 바라봄으로써 성취가 무엇인지를 알았다.

그것은 내게로 다가오는 내 운명의 새로운 모습이었다. 그것은 내게 더는 엄격하지도 않았고 나를 외롭게 만들지도 않았다. 아니, 그것은 성숙의 극치였으며 즐거움으로 가득 넘쳤다! 어떤 결정을 내린 것도 아니고 어떤 맹세를 한 것도 아닌데 나는 마침내 목적지에 이르렀다. 앞으로 나아갈 길이 저 멀리 눈부시게 모습을 드러내는 높다란 길목에 이르렀다. 내가 걸어갈 그 길은 약속의 땅을 향해 곧게 뻗어 있었다. 그 길은 가까이 다가온 행복의 나무우듬지 그늘로 덮여 있었고, 가까이 다가온 온갖 즐거움의 정원들로 서늘해져 있었다. 앞으로 어떤 일이 일어나든 나는 행복했다. 그 여인을 이 세상에서 알게 되고 그녀의 목소리를 마시며 그녀 곁에서 숨을 쉴 수 있어서 마냥 행복했다. 그녀가 내게 어머니가 되든, 연인이 되든, 여신이 되든 이 세상에 존재하기만 한다면야! 내 길이 그녀 길 가까이에 있기만 한다면야!

그녀는 내가 그린 새매 그림을 손가락으로 가리켰다.

"우리 막스에게 이 그림만큼 큰 기쁨을 준 건 없지요." 그녀는 차분히 생각하면서 말했다. "나도 몹시 기뻤어요. 우리는 당신을 기다렸지요. 저 그림이 집에 왔을 때, 우리는 당신이 우리를 향해 오고 있다는 걸 알았어요. 싱클레어, 당신이 소년이었을 때, 내 아들이 어느 날 학교에서 돌아와 이렇게 말했지요. 이마에 표를 지닌 아이가 있는데, 두고 봐. 반드시 내 친구가 될 테니까. 그 아이가 바로 당신이었어요. 그동안 무척 힘겨웠을 거예요. 하지만 우리는 당신을 믿었지요. 언젠가 방학 때 집에 왔을 때 당신은 막스를 다시 만났지요. 그때 당신은 열여섯 살쯤 되었을 거예요. 막스가 내게 그 이야기를 들려주었지요."

나는 그녀의 말을 끊고 이렇게 말했다. "아, 막스가 나를 만난 이야기를 했다고요! 그 당시는 비참하기 짝이 없는 시절이었지요!"

"그래요. 그때 막스가 내게 이런 말을 하더군요. 이제부터 싱클레어에게 아주 힘든 일이 몰려올 거야. 싱클레어는 다시 또 사람들 모임으로 도망가려고 해. 아예 술집까지 출입하고 있어. 하지만 결국 그렇게 끝나지는 않을 거야. 싱클레어의 이마에 지닌 표가 밖으로 드러나 있지는 않지만 은밀하게 그를 불사르고 있으니까. 이렇게 막스가 말한 대로 되지 않았나요?"

"네, 맞습니다. 틀림없이 그대로 되었어요. 그러던 중에 베아트리체를 만났고, 마침내 다시 안내자가 내 앞에 나타났지요. 그의 이름은 피스토리우스였어요. 내 소년 시절이 막스에게 그렇게 매여 있었던 까닭을, 내가 막스에게서 벗어날 수 없었던 이유를 그 안내자를 만나고 나서야 분명히 알게 되었지요. 부인, 아니 어머니! 그 당시 나는 스스로 목숨을 끊는 게 차라리 낫겠다는 생각을 되풀이하곤 했어요. 이 운명의 길은 누구에게나 그토록 힘든 건가요?"

그녀는 한 손으로 산들바람처럼 가볍게 내 머리카락을 쓰다듬었다.

"태어난다는 것은 항상 힘든 법이지요. 새가 알을 깨뜨리고 날아오르려고 얼마나 온 힘을 다하는지, 당신도 잘 알잖아요. 당신이 겪은 지난 일들을 되돌아봐요. 걸어왔던 그 길이 정말로 모질게 힘들었는지 당신 자신에게 물어봐요. 마냥 힘들기만 했나요? 어떤 때는 아름답지 않던가요? 당신에게 이보다 더 아름답고 더 쉬운 길이 있었을까요?"

나는 고개를 설레설레 저었다.

"힘들었지요." 마치 잠결에 진심을 털어놓듯 나는 말했다. "그 꿈이 내 앞에 나타나기 전까지는 무척 힘들었어요."

그녀는 고개를 끄덕이며 뚫어지게 나를 바라보았다.

"맞아요. 누구든지 기어이 자기 꿈을 찾아내야 해요. 그렇게 되면 나아갈 길이 순탄해져요. 하지만 변함없이 지속되는 꿈은 없어요. 어떤 꿈이든 뒤이어 오는 새로운 꿈에 밀려나고 말지요. 그러니 그 어떤 꿈도 붙들려고 애써서는 안 돼요."

나는 깜짝 놀랐다. 그녀의 말은 나를 향한 경고였을까? 아니면 자신을 방어하는 것이었을까? 하지만 뭐가 됐든 내겐 상관없었다. 나는 내가 도달할 목적지를 묻지 않고 그녀가 안내하는 대로 따라갈 마음을 단단히 굳혔다.

"내 꿈이 얼마나 오래 지속될지는 나도 잘 모르겠어요." 나는 말했다. "다만 영원히 지속되기만을 바랄 뿐이에요. 내 운명은 저 새 그림 아래서 나를 어머니처럼, 때로는 연인처럼 기꺼이 맞아 주었지요. 나는 오직 내 운명에 속할 뿐입니다. 나는 운명 이외의 그 누구에게도 속해 있지 않아요."

"그 꿈이 당신 운명이라면 온 마음을 다해 그 꿈에 충실해야 해요." 그녀는 진지한 말투로 내게 확신을 주었다.

나는 야릇한 슬픔에 빠져들었다. 마법에 사로잡힌 것처럼 황홀한 이 순간에 이대로 죽고 싶다는 간절한 소망이 나를 사로잡았다. 눈물을 흘린 지 얼마나 오래되었던가? 눈물이 끊임없이 솟구쳐 나를 사정없이 몰아붙이는 게 느껴졌다. 나는 갑자기 그녀에게서 등을 돌려 창가로 걸어가 눈물에 촉촉이 젖은 눈으로 화분의 꽃 너머 저만치 먼 곳을 바라보았다.

등 뒤에서 그녀의 말소리가 들려왔다. 울려오는 그 말소리는 무척 차분했다. 마치 포도주로 가득 찬 술잔처럼 온화함이 넘쳐흐르는 말소리였다.

"싱클레어, 아직도 어린아이네요! 당신의 운명이 사랑하는 사람은 바로 당신이지요. 당신이 온 마음을 다해 운명에 충실하면, 언젠가 그 운명은 당신이 꿈꾸는 대로 완전히 당신 것이 될 거예요."

나는 마음을 추스르고 다시 그녀를 향해 얼굴을 돌렸다. 그녀는 내게 손을 내밀었다.

"내게는 친구들이 몇 사람 있어요." 그녀는 입가에 웃음을 머금고 말했다. "몇 사람 안 되지만 아주 막역한 친구들이에요. 그들은 나를 에바 부인이라고 하지요. 당신도 원한다면 나를 그 이름으로 불러요."

그녀는 나를 문으로 데리고 가서 그 문을 열고는 손가락으로 정원을 가리켰다. "저기 가면 막스가 있을 거예요."

나는 넋이 나간 듯 멍한 상태로 키가 훤칠한 나무들 아래 서 있었다. 평상시보다 정신이 더 맑게 깨어 있었는지 아니면 꿈속에 더 깊이 빠져들었는지 나도 알 수 없었다. 나뭇가지에 고여 있던 빗방울이 소리 없이 떨어지고 있었다. 나는 강변을 따라 멀리 이어지는 정원을 향해 느릿느릿 걸어갔다. 드디어 데미안이 내 눈에 들어왔다. 그는 주변으로 확 트인 정자에서 웃통을 벗은 채 그곳에 매달려 있는 샌드백을 치며 복싱 연습을 하고 있었다.

그 모습에 놀란 나는 걸음을 멈췄다. 데미안은 아주 멋있어 보였다. 딱 벌어진 넓은 가슴과 단단하고 남성다운 머리가 눈에 들어왔다. 들어 올린 두 팔은 강하고도 활력이 넘쳐 보였고 근육은 탄탄한 탄력으로 돋보였다. 엉덩이와 어깨와 팔의 관절에서 생명의 움직임이 마치 춤을 추며 하느작거리는 샘물처럼 솟아 나왔다.

"데미안!" 내가 소리쳐 불렀다. "거기서 뭐 하는 거야?"

그가 유쾌하게 웃었다.

"연습하는 중이야. 그 작은 일본인하고 복싱을 한판 붙기로 약속했어. 그 녀석은 고양이처럼 잽싼 데다가 여간 교활한 것이 아니거든. 하지만 나한테는 못 당할 거야. 내가 그 녀석한테 아주 작은 굴욕을 당한 적이 있는데 그 빚을 꼭 갚아줄 거야."

그는 셔츠와 재킷을 다시 입었다.

"너 벌써 우리 어머니를 만난 거야?" 그가 물었다.

"그래, 데미안. 네 어머니 참 멋진 분이시더라! 에바 부인! 그 이름이 어쩌면 그렇게 잘 어울리시는지, 이 세상 모든 존재의 어머니 같으셔."

그는 잠시 생각에 잠겨 내 얼굴을 바라보았다.

"벌써 그 이름을 안다고? 참 대단한데, 친구! 우리 어머니가 처음 만난 자리에서 그 이름을 말해 준 사람은 네가 처음이니까."

이날부터 나는 아들이나 형제처럼 또한 애인처럼 이 집을 드나들었다. 대문을 닫고 이 집에 들어서면, 정말 그랬다. 정원의 키가 훤칠한 나무들이 멀리서부터 내 눈길에 들어오면, 나는 풍요롭고 행복한 사람이 되었다. 바깥에는 '현실'이 있었다. 바깥에는 도시의 거리와 집들, 사람들과 시설들, 도서관과 강의실들이 있었다. 하지만 이 집의 안쪽에는 사랑과 영혼이 있었고, 동화와 꿈이 살고 있었다. 그렇다고 해도 우리는 세상과 격리되어 살지는 않았다. 우리는 종종 생각과 대화로 세상의 한가운데로 들어가 그곳에서 살았다. 다만 다른 차원에서 살았을 뿐이다. 우리가 그어놓은 경계가 아니라 세상을 바라보는 다른 방식이 우리를 대다수 사람과 구별해 놓은 것이다. 우리의 과제는 세상 속에 하나의 섬을 그려서 보여주는 것이고, 어쩌면 하나의 모범을 제시하는 것이며, 여하튼 다른 가능성을 예고하는 삶을 사는 것이었다. 오랫동안 고독하게 살아온 나는 완전한 외로움을 맛본 사람들 사이에서도 충분히 가능한 공동체를 알게 되었다. 이제 다시는 행복한 사람들의 식탁이나 즐거운 사람들의 잔치로 돌아가고 싶은 마음이 없었다. 다른 사람들이 함께 어울려 지내는 모습을 보아도 이제 다시는 질투에 시달리거나 향수의 열병을 앓는 일이 없었다. 그리고 나는 이마에 '표'를 지닌 사람들의 비밀을 차츰 전수받았다.

이마에 표를 지닌 우리가 세상 사람들의 눈에는 기이한 사람들로, 심지어는 미친 사람들이나 위험한 사람들로 보이는 건 어쩌면 당연한 일이었다. 우리는 깨어난 사람들 아니면 깨어나는 중인 사람들이었다. 우리의 노력은 점점 더 완벽히 깨어 있는 상태를 목표로 지향했다. 반면에 다른 사람들의 노력과 행복 추구는 자신들의 견해, 자신들의 이상과 의무, 자신들의 삶과 행복을 집단의 것에다 점점 더 단단히 묶어두는 걸 지향했다. 그곳에도 노력은 있었고 힘과 위대함은 있었다. 그러나 우리가 생각하기에 표를 지닌 우리는 무언가 새로운 것과 개성적인 것과 미래지향적인 것을 추구하는 자연의 의지를 드러내고 알려주었다. 반면에 다른 사람들은 자신들에게 주어진 것을 고수하려는 의지 속에서 살았다. 그들도 우리처럼 인류를 사랑했다. 하지만 그들이 생각하는 인류는 이미 완성된 것으로서 기존의 상태대로 보존되고 보호되어야 하는 대상이었다. 우리가 생각하는 인류는 먼 미래였다. 우리는 모두 이 미래를 향해 나아가고 있었다. 이 미래가 어떤 모습인지는 아무도 모르며 이 미래의 법칙 또한 아무 곳에도 적혀 있지 않았다.

에바 부인과 데미안과 나를 포함해 아주 다양한 유형의 구도자들이 우리 모임을 이루었다. 좀 더 적극적이어서 가깝게 느껴지는 사람들도 있었고 비교적 소극적이어서 거리가 느껴지는 사람들도 있었다. 그들 중에 더러는 남다른 목표를 세우고 그 목표를 향해 특별한 길을 걸으며 특이한 견해와 의무에 집착하는 사람들도 있었다. 그들 중에는 점성술사와 카발라* 교도들도 있었고 톨스토이** 백작을 추종하는 사람도 하나 있었다. 마음이 여리고 숫기가 없고 쉽게 상처받는 온갖 사람, 새로운 종파의 추종자들, 인도 금욕주의 명상의 애호가들, 채식주의자들 등이 있었다. 실은 우리가 제각기 상대방의 비밀스러운 삶의 꿈을 존중한다는 것 말고는 그들 모두와 공유할 수 있는 그 어떤 정신적인 공통점도 없었다. 과거에 있었던 신들과 새로운 이상들을 찾아나가는 인류의 탐구 행적을 추적하는 사람들이 우리와 좀 더 가깝게 지냈다. 그들이 연구하는 내용은 자꾸만 내 친구 피스토리우스를 머릿속에 떠오르게 했다. 그들은 책을 가져와 우리에게 고대 언어로 기록된 텍스트들을 번역해 주고 옛 상징들과 종교의식들을 그려낸 도판들을 보여주었다. 그리고 지금까지 인류가 소유했던 모든 이상이 무의식적인 영혼의 꿈들로 이루어졌다는 것을, 미래의 가능성에 대한 예감을 하나하나 놓치지 않고 추구했던 인류의 꿈들로 이루어졌다는 것을 우리에게 알려주었다. 이렇게 그들의 도움으로 우리는 그리스도교가 도래하는 전환의 여명이 밝아오기 전까지 고대 세계를 지배했던 무수히 많은 경이로운 신의 무리를 두루두루 파악했다. 고독하게 신앙에만 전념하는 여러 종파의 경건한 신자들을 알게 되었고, 또 종교들이 이 민족에서 저 민족으로 전파되는 과정에서 변화한 형태들도 알게 되었다. 우리는 이렇게 모은 모든 것을 바탕으

---

* 카발라(Kabbalah): 유대교 신비주의 사상의 명칭이며 이 사상을 기록한 책의 이름이기도 하다.
** 레프 톨스토이(1828~1910): 러시아의 대문호. 대표작으로는 장편소설 『부활』, 『안나 카레니나』, 『전쟁과 평화』 등이 있다. 제정(帝政) 러시아 시절에 그의 신분은 백작이었다.

로 우리의 시대와 현재의 유럽을 우리 스스로 비판했다. 지금의 유럽은 엄청난 노력으로 인류의 강력한 새 무기들을 만들어 냈지만, 그 여파로 결국 극심하고 엄청난 정신의 피폐 상태에 빠져들고 말았다. 유럽은 전 세계를 손에 넣었지만 그 과정에서 영혼을 잃어버렸기 때문이다.

또 우리 모임에는 특정한 희망과 구원론을 믿는 사람들과 그걸 교리로 받드는 신봉자들도 있었다. 유럽을 개종하려는 불교도들과 톨스토이 추종자와 그 밖의 또 다른 종파들도 있었다. 우리 모임 가운데 우리와 좀 더 밀접한 사람들은 그런 교리들을 귀 기울여 들었지만 그중 어느 것도 상징 이상의 것으로는 받아들이지 않았다. 앞으로 미래를 어떻게 형성할지에 대한 걱정은 우리 표票를 지닌 사람들의 몫이 아니었다. 우리에게는 모든 종파와 모든 구원론이 이미 처음부터 죽은 것이었고 무익한 것이었다. 우리는 각 사람이 온전히 자기 자신이 되는 것만을 우리의 의무이자 운명으로 받아들였다. 우리는 각 사람 안에서 작용하는 자연의 싹에 완전히 순응해 자연의 의지에 따라 살아가고, 불확실한 미래가 가져올지 모르는 그 어떤 일의 결과도 기꺼이 받아들일 의지를 단단히 다지는 것만이 우리의 의무이고 운명이었다.

말로 표현하든 표현하지 않든, 우리는 모두 새로운 것의 탄생과 현재 존재하는 것의 몰락이 임박했음을 육감으로 감지할 만큼 뚜렷이 느꼈기 때문이다. 데미안은 잊을 만하면 내게 이렇게 말하곤 했다. "앞으로 어떤 일이 일어날지는 짐작할 수 없어. 유럽의 영혼은 까마득히 오래전부터 사슬에 묶여 있던 짐승이야. 그 짐승이 사슬을 끊고 몸을 풀어 처음으로 움직이게 되면 결코 기분 좋은 일은 아닐 거야. 하지만 사람들이 아주 오래전부터 계속 거짓말로 얼버무리면서 아예 없는 것처럼 마비시켜왔던 영혼의 궁핍이 그 민낯의 실체를 드러내는 때가 되면, 이 방법 저 방법을 써본다 해도 아무 소용이 없을 거야. 그렇게 되면 우리의 날이 올 거야. 사람들에게 우리가 필요한 날이 올 거라고. 우리가 안내자나 새로운 입법자로서 필요한 게 아니지. 우리가 새로운 법을 경험하는 일은 이제 없을 테니까 말이야. 그보다는 길을 함께 가다가 운명이 부르는 곳에서 기꺼이 멈춰 설 각오가 되어 있는 사람들로서 우리가 필요하게 될 거야. 보라고, 사람들은 누구나 자신들이 추구하는 이상이 위협당한다는 생각이 들면 결코 믿을 수 없는 일조차도 기꺼이 하게 되어 있어. 그러나 새로운 이상, 어쩌면 위험하기도 하고 섬뜩함이 느껴지기도 하는 새로운 성장의 움직임이 와서 문을 두드리면 아무도 나서지 않아. 그때 마음의 각오를 다지던 우리 몇몇 사람이 나서서 함께 길을 가게 될 거야. 그 일을 하려고 우리에겐 표票가 새겨져 있는 거지. 공포와 증오를 일깨우며 당시 인류를 비좁은 전원에서 위험한 넓은 세상으로 몰고 가기 위해 카인의 이마에 표가 새겨져 있던 것처럼 말이야. 인류가 가는 길에 영향을 준 사람들은 모두 하나같이 자신의 운명을 기꺼이 받아들일 각오가 되어 있었기 때문에 그렇게 영향을 줄 수 있었고 능력을 발휘할 수 있었지. 그건 모세와 부처에게도 해당하는 말이고, 나폴레옹과 비스마르크˙에게도 어김없이 맞는 말이라고. 어떤 흐름에 기여할지,

---

* 오토 폰 비스마르크(Otto von Bismarck, 1815~1898): 1871년 독일 역사상 최초로 통일을 달성한 프로이센의 수상이다. 통일 이후 '독일 제국'의 수상을 지냈다.

어떤 좌표에 따라 움직일지는 스스로 선택할 수 없는 문제야. 만일 비스마르크가 사회민주주의자들*을 이해하여 그들과 타협했더라면 영리한 정치가는 될 수 있어도 운명의 남자는 되지 못했을 거야. 나폴레옹, 카이사르, 로욜라** 모두가 다 그렇게 운명을 기꺼이 받아들였던 거야! 그런 것은 항상 생물학적 관점이나 발전사적 관점으로 생각해야 해! 육지 표면의 지각 변동이 수중 동물을 육지로, 육상 동물을 물속으로 내던졌을 때, 운명을 받아들일 각오가 되어 있던 특출한 생물들만이 전대미문의 새로운 일을 기어이 해내고 새롭게 적응해 자신들의 종種을 구해낼 수 있었어. 이 특출난 생물들이 자신들의 종 무리에서 기존에 존재했던 것을 보존하는 보수주의자로서 뛰어난 능력을 발휘했는지 아니면 유별난 괴짜이자 혁명가로서 두드러진 역량을 발휘했는지는 알 수 없어. 어쨌든 그들은 각오가 되어 있었고, 그런 까닭에 자신들의 종 무리를 새로운 발전으로 이끌어 구해낼 수 있었던 거야. 우리는 그걸 알고 있어. 그래서 우리도 운명을 받아들일 각오를 다지려는 거야."

데미안과 이런 대화를 나눌 때 에바 부인도 그 자리에 종종 함께 있었지만, 이런 식으로 대화에 참여해 자기 견해를 말하는 일은 없었다. 각자 자기 생각을 구체적으로 말하는 우리 두 사람에게 그녀는 신뢰와 이해심으로 가득 찬 경청자였고 우리 마음속에 울리는 메아리였다. 우리의 말 속에 담긴 모든 생각이 마치 그녀에게서

---

* 사회민주주의자들(die Sozialdemokraten): 비스마르크는 독일 제국의 수상으로 재임하던 1878년 '사회민주주의자 탄압법'을 제정하여 사회민주주의 정치세력의 발흥을 가로막았다.

** 이냐시오 데 로욜라(Ignacio de Loyola, 1491~1556): 로마 가톨릭교회의 사제이자 신학자. '예수회'의 창립자로 초대 총장을 지냈다. 가톨릭 개혁운동에 힘쓰면서 영적 지도자의 리더십을 발휘했다.

흘러나와 그녀에게로 되돌아가는 듯 보였다. 그녀 가까이에 앉아서 끊어질 듯 이어지는 그녀의 목소리를 듣고 그녀를 에워싼 성숙한 숨결과 영혼의 분위기에 젖어드는 것이 내게 행복을 주었다.

내 안에서 무슨 변화가 일어나면, 우울해지거나 전에 없던 새로운 일이 생기면, 그녀는 곧바로 감지했다. 내가 잠을 자면서 꾸는 꿈들이 마치 그녀에게서 받는 계시처럼 생각되었다. 나는 꿈 이야기를 그녀에게 자주 들려주었다. 그녀는 내 꿈 하나하나에 공감하면서 그것을 당연히 있을 수 있는 일로 받아들였다. 그녀가 명쾌하게 느끼지 못하거나 이해하지 못할 만큼 특이한 꿈은 없었다. 한동안 나는 데미안과 낮에 나눈 대화를 그대로 옮겨놓은 듯한 꿈들을 꾸었다. 온 세상이 격동의 소용돌이에 휘말린 가운데 나는 혼자서 때로는 데미안과 함께 두근거리는 가슴을 부여안고 위대한 운명을 기다리는 꿈을 꾸었다. 운명은 감추어져 뚜렷이 보이지는 않았지만, 왠지 모르게 에바 부인의 표정을 하고 있었다. 에바 부인에게 선택받을 것인가 아니면 배척당할 것인가, 그건 운명이었다.

간혹 그녀는 입가에 미소를 머금고 말했다. "당신의 꿈은 그게 전부가 아니잖아요. 싱클레어, 당신은 꿈의 가장 빛나는 부분을 잊고 있어요." 그녀가 이렇게 말하면 내 꿈의 가장 빛나는 부분이 다시 생각났고, 내가 어떻게 그걸 잊을 수 있었는지 좀처럼 이해되지 않아 갸우뚱하기도 했다.

이따금 나는 만족을 느끼지 못하고 욕망에 사로잡혀 괴로움을 겪었다. 그녀를 내 곁에 두고 바라보면서도 두 팔로 와락 끌어안을 수 없다는 것이 더는 견디기 어려웠다. 그런 내 마음까지도 그녀는 즉시 눈치챘다. 언젠가 며칠 동안 내가 그 집에 나타나지 않

다가 혼란스러운 얼굴로 다시 찾아갔을 때 그녀는 나를 한쪽으로
데려가더니 이렇게 말했다. "당신 자신이 믿지 않는 소망에 스스
로 매달려서는 안 돼요. 당신이 원하는 게 무엇인지 나는 알아요.
당신은 그 소망을 단념하든지 아니면 소망답게 제대로 완전히 품
어볼 수 있어야 해요. 소망이 이루어질 것을 당신이 마음속으로 굳
게 확신하고 간절히 바라기만 한다면 언젠가 그 소망은 반드시 이
루어질 거예요. 하지만 당신은 소망을 품다가도 이내 다시 후회하
곤 하지요. 그러면서 두려움에 시달리고요. 이 모든 걸 스스로 극
복해야 해요. 내가 동화를 하나 들려줄게요."

  그녀는 별을 사랑하게 된 어느 젊은이 이야기를 내게 들려주었
다. 그는 바닷가에 서서 하늘을 향해 두 손을 뻗어 별을 우러러 연
모하고 그 별을 꿈꾸며 오로지 그 별만을 생각했다. 하지만 별이
인간의 품에 안길 수 없다는 걸 그 젊은이는 알고 있었다. 그걸 알
고 있다고 스스로 생각하기도 했다. 그는 이루어질 희망이 보이지
않는데도 별을 사랑하는 것을 자신의 운명이라 여겼다. 그리고 그
는 이런 생각으로부터 사랑의 체념과 그 체념에 따른 고통을 묵묵
히 진실하게 견뎌내는 온전한 삶의 문학을 만들어 냈으며, 그 고통
이 자신을 더 나은 인간으로 성숙시키고 맑게 정화해 주리라고 믿
었다. 하지만 그의 모든 꿈은 오로지 별을 향해 흘러갈 뿐이었다.
그는 또다시 깊은 밤에 바닷가의 높은 절벽 위에 서서 별을 우러
러보며 별을 향한 사랑으로 자신을 불살랐다. 깊어지던 그리움이
절정으로 치솟는 순간에 그는 별을 향해 뛰어올라 허공 속에 몸
을 던졌다. 하지만 뛰어오르는 순간에도 이런 생각이 번개처럼 빠
르게 머릿속을 스쳐 갔다. '어차피 내 사랑은 이루어질 수 없어!'

그는 바닷가에 떨어져 온몸이 산산이 부서졌다. 그는 어떻게 해야 온전히 사랑하는 것인지를 몰랐다. 뛰어오르는 순간에 사랑이 이루어질 것을 철석같이 확실히 믿을 수 있는 영혼의 힘을 가졌더라면 그는 하늘 높이 비상하여 별과 하나가 되었을 것이다.

"사랑을 간절히 구하면 안 돼요." 그녀는 말했다. "사랑을 요구해서도 안 돼요. 사랑은 자기 자신 안에서 확신에 이르는 힘을 지녀야 해요. 그러면 사랑은 더 이상 끌려가는 게 아니라 끌어당기게 되어 있지요. 싱클레어, 당신의 사랑은 내게 끌려가고 있어요. 언젠가 당신의 사랑이 나를 끌어당기면, 그때 내가 당신에게 가겠어요. 나는 선물을 주지는 않을 거예요. 다만 당신이 나를 끌어당겨 나를 가져가 주길 바랄 뿐이에요."

다음번에 그녀는 또 다른 동화를 내게 들려주었다. 희망이 보이지 않는 사랑에 빠져든 한 남자의 이야기였다. 그는 오로지 자신의 영혼 속으로 움츠러들어 사랑으로 불타 죽는다고 생각했다. 세상은 그에게 흔적도 없이 사라져 버렸다. 그의 눈에는 푸른 하늘과 초록빛 숲이 더는 보이지 않았다. 그의 귀에는 속살거리는 시냇물 소리도 들리지 않았고 하프 소리도 울리지 않았다. 모든 게 함몰해 가라앉았다. 그는 가난하고 비참한 지경에 이르렀다. 하지만 그의 사랑은 점점 자라나 더욱 강해졌고, 그는 사랑하는 아름다운 여인을 단념하기보다는 차라리 자신이 죽어서 썩어 없어지길 원했다. 그는 그녀를 향한 사랑이 자신 안에 있는 다른 모든 것을 불살라 버린 걸 느꼈다. 그 사랑은 마침내 엄청난 힘을 갖게 되어 그녀를 끌어당기고 또 끌어당겼다. 그 아름다운 여인은 사랑의 힘에 이끌려 따라오지 않을 수 없었다. 그녀는 따라왔고 그는 두 팔을 활짝 벌려 그녀를 꼭 끌어안았다. 하지만 그녀가 그 앞에 섰을 때 그녀는 완전히 다른 사람으로 변해 있었다. 그는 잃어버렸던 온 세상이 자신에게 끌어당겨진 것을 똑똑히 보고 몸으로 느끼며 전율했다. 그녀는 그의 앞에 서서 자신을 온전히 그에게 맡겼다. 하늘과 숲과 시냇물, 모든 것이 새로운 빛깔로 눈부시게 살아 생기를 발하며 그에게 다가와 그의 것이 되고 그의 언어를 말했다. 그는 단순히 한 여인을 얻는 데 그치지 않고 온 세상을 마음속에 지니게 되었다. 하늘의 모든 별이 그의 안에서 찬란히 빛났으며 그의 온 영혼을 즐거움의 빛으로 반짝이게 했다. 그는 사랑했고, 그토록 사랑하면서 자기 자신을 찾아냈다. 하지만 사람들은 대부분 사랑하면서 자기 자신을 잃어버린다.

에바 부인을 향한 사랑이 내 인생에 하나밖에 없는 내용 같았다. 하지만 날마다 내 사랑은 모습이 달라졌다. 내 존재가 이끌려 가는 대상은 그녀 자신이 아니고 그녀는 단지 내 내면의 상징일 뿐이며 나를 나 자신 속으로 더욱 깊이 데려가려 한다는 느낌을 때로는 지울 수 없었다. 나를 향한 그녀의 말들은 종종 내 마음을 꾹 찌르는 절박한 질문들에 대한 내 무의식의 답변처럼 들렸다. 그러다가 또다시 그녀 곁에서 육감적인 욕망으로 내 몸이 뜨겁게 불타올라 그녀의 손길이 닿은 물건들 하나하나에 입을 맞추는 순간이 있었다. 육감적인 사랑과 정신적인 사랑, 현실과 상징이 차츰 겹치면서 공존했다. 집으로 돌아와 내 방에서 고요히 진심으로 그녀만을 생각하면, 그녀의 손이 내 손안에 있고 그녀의 입술이 내 입술 위에 있는 것처럼 느껴졌다. 또는 그녀와 함께 앉아서 그녀 얼굴을 바라보고 그녀와 이야기를 나누고 그녀 목소리에 귀를 기울이면서도 그녀가 현실인지 꿈인지 뚜렷이 구별되지 않을 때도 있었다. 나는 사랑을 어떻게 변함없이 불멸의 것으로 간직할 수 있는지 서서히 예감하기 시작했다. 그리고 책을 한 권 읽으면서 새로운 깨달음을 얻게 되면, 그 깨달음은 마치 에바 부인의 입맞춤과 똑같은 감촉으로 내게 다가왔다. 그녀는 내 머리카락을 다사롭게 어루만지며 나를 향해 향기롭고 성숙한 온기가 흐르는 미소를 지었다. 그러면 나 자신 안에서 한 단계 더 정신적으로 깊어졌을 때와 똑같은 느낌이 들었다. 내게 중요했고 운명이었던 모든 것이 그녀의 형상으로 나타날 수 있었다. 그녀는 내 모든 생각으로 변할 수 있었고, 내 모든 생각은 그녀 자신으로 변할 수 있었다.

나는 크리스마스 휴가를 부모님과 보내기가 두려웠다. 2주일 동안이나 에바 부인과 떨어져 지내는 건 괴로울 게 뻔하다는 생각이 들었기 때문이다. 그런데 의외로 괴롭지 않았다. 고향 집에 와서 그녀를 생각하는 건 참으로 멋진 일이었다. 나는 H시로 돌아왔을 때도 그녀의 육감적인 모습에 얽매이지 않고 나만의 자유를 누리려고 이틀 동안 그녀 집을 찾지 않았다. 또한 비유적인 새로운 방식으로 그녀와 합일하는 꿈을 꾸었다. 그녀는 바다였고 나는 강의 물결이 되어 그 바다의 품속으로 흘러 들어갔다. 그녀는 별이었고 나 자신도 별이 되어 그녀에게로 갔다. 우리는 만나서 마주 보았고 서로에게 이끌리는 걸 느꼈다. 나는 그녀 곁에, 그녀는 내 곁에 머물렀다. 우리는 그 자리를 떠나지 않고 희열이 가득한 노래의 울림으로 원을 그리며 언제까지나 서로 주변을 맴돌았다.

그 후 처음으로 다시 그녀를 찾아갔을 때 나는 그 꿈 이야기를 들려주었다. "꿈이 참 아름다워요." 그녀는 조용히 말했다. "그 꿈을 삶에서 실현해 봐요!"

이른 봄의 어느 날이었다. 그날을 나는 결코 잊을 수 없다. 홀에 들어섰을 때 창문이 활짝 열려 있었다. 창을 통해 흘러 들어온 온화한 바람결을 따라 진한 히아시스 향기가 홀 곳곳에 젖어들었다. 나는 아무도 보이지 않기에 계단을 올라가 막스 데미안의 서재로 향했다. 방문을 톡톡 두드리고는 평소에도 그랬듯이 대답을 기다리지 않고 안으로 들어섰다.

방 안은 어두웠고, 젖힌 커튼은 하나도 없었다. 옆의 작은 방으로 통하는 문이 열려 있었다. 그곳은 데미안이 화학 실험실 용도로 꾸민 곳이었다. 그곳에서 비구름 사이로 언뜻언뜻 얼굴을 내미는 봄날의 태양이 말갛게 새하얀 빛을 드리우고 있었다. 방 안에 아무도 없다는 생각에 나는 무심코 커튼 하나를 옆으로 젖혔다.

그러자 커튼이 드리워진 창가의 등받이 없는 의자에 몸을 잔뜩 웅크리고 앉아 있는 막스 데미안이 보였다. 그런데 이상하게도 내가 알던 데미안과 무언가 달라 보였다. '이런 모습을 너는 예전에도 겪은 적이 있잖아!'라는 느낌이 번개처럼 순식간에 머릿속을 스쳐갔다. 그의 두 팔은 미동도 없이 아래로 축 처져 있었고 두 손은 무릎에 가만히 놓여 있었다. 앞으로 조금 수그린 얼굴은 두 눈을 크게 뜨고 있어도 죽은 사람처럼 멍한 눈빛을 하고 있었다. 작지만 눈부신 빛 한 자락이 마치 유리 조각에 부딪혀 반짝거리듯 그의 동공에 반사되어 힘없이 반짝거렸다. 창백한 얼굴은 자기 내면에 침잠해 있었으며 백지장처럼 경직되어 아무런 표정도 읽을 수 없었다. 그 얼굴은 마치 신전의 정문을 장식한 태고의 동물 가면 같았다. 데미안은 숨을 쉬지 않는 것처럼 보였다.

212

묻어 두었던 기억이 되살아나면서 온몸에 소름이 돋았다. 그렇다, 바로 그런 모습을 예전에도 한 번 본 적이 있다. 여러 해 전, 내가 아직 새파란 소년이었을 때 보았던 모습과 똑같았다. 그때도 데미안의 두 눈은 저렇게 내면을 향해 굳어 있었고, 두 손은 저렇게 생기 없이 나란히 무릎 위에 놓여 있었으며, 파리 한 마리가 그의 얼굴 위를 마음껏 기어다녔다. 아마 6년이 지났을 텐데, 그 당시에도 데미안은 바로 저렇게 나이 들어 보이고 저렇게 시간의 장벽을 훌쩍 뛰어넘은 듯한 모습이었다. 지금 내 눈에 비친 얼굴의 주름살 하나하나도 그때에 비해 달라진 것이 없었다.

나는 두려움을 떨쳐내지 못하고 소리 없이 방에서 나와 계단을 내려갔다. 홀에서 에바 부인과 마주쳤다. 그녀의 얼굴은 창백했고 피곤한 기색이 역력했다. 그녀를 안 뒤 처음 본 모습이었다. 그림자 하나가 창문을 스쳐 지나가면서 눈부신 새하얀 햇살이 갑자기 사라졌다.

"막스 곁에 잠시 있다가 왔어요." 나는 서둘러 속삭이듯 말했다. "무슨 일이라도 있었나요?" "막스가 잠을 자는지, 아니면 자신 안에 침잠해 있는지 잘 모르겠어요. 막스의 저런 모습을 예전에도 한 번 본 적이 있긴 해요."

"그 애를 깨우지는 않았겠죠?" 그녀가 다급하게 물었다.

"네, 막스는 제 말소리를 못 들었지요. 갔다가 금세 다시 나왔으니까요. 에바 부인, 막스에게 무슨 일이 있는지 말해 주시겠어요?"

그녀는 손등으로 이마를 훔쳤다.

"염려 말아요, 싱클레어. 막스한테는 아무 일도 없을 테니까요. 그 애는 지금 자신 안에 침잠해 있는 거예요. 그리 오래 걸리진 않을 거예요."

때마침 비가 내리기 시작했지만, 그녀는 아랑곳없이 앉아 있던 자리에서 일어나 정원으로 나갔다. 나는 따라가면 안 되겠다는 느낌이 들었다. 그래서 홀 안의 이곳저곳을 왔다 갔다 하며 영혼을 마비시킬 듯한 진하디진한 히아신스 향기를 맡고, 문 위에 걸려 있는 나의 새매 그림을 속속들이 음미하며, 그날 아침 막스와 그녀의 집을 가득 채운 기이한 그림자를 조여드는 가슴으로 숨결처럼 들이마셨다. 이걸 어떻게 설명할 수 있을까? 도대체 무슨 일이 일어난 걸까?

에바 부인이 곧 돌아왔다. 그녀의 검은 머리카락에 빗방울이 아롱져 있었다. 그녀는 안락의자에 앉았다. 그녀의 몸 위에 피곤의 무게가 켜켜이 쌓여 있었다. 나는 그녀 옆으로 다가가 몸을 굽혀 그녀의 머리카락에 아롱진 물방울 하나하나에 입을 맞췄다. 그녀의 두 눈은 맑고 고요했다. 하지만 내 입술에 젖은 물방울들에서는 그녀의 눈물 같은 맛이 났다.

"막스에게 가볼까요?" 나는 속삭이듯 조용히 물었다.

그녀는 입가에 엷은 미소를 지었다.

"싱클레어, 어린애처럼 행동하지 말아요!" 그녀는 스스로 강박관념을 떨쳐버리려는 듯 큰 소리로 나를 꾸짖었다. "이제 그만 가보는 게 좋겠어요. 나중에 다시 와요. 지금은 당신과 이야기를 나눌 수 없어요."

나는 그 집을 나와 도심부를 지나 산을 향해 걸었다. 비스듬히 내리는 성긴 빗줄기들이 내 볼을 내리쳤다. 구름 무리가 겁을 먹은 듯 무겁게 짓눌려 아래로 낮게 흘러갔다. 산 아래쪽으로는 바람이 오지 않았지만 저 높은 곳에서는 폭풍이 불어닥치는 듯했다. 태양은 몇 번이나 강철같이 단단해 보이는 잿빛 구름 무리를 뚫고 잠깐씩 모습을 드러냈다. 때로는 창백했고, 때로는 눈부셨다.

노랗게 물든 엷은 구름 하나가 저만치 하늘 너머에서 흘러오다가 잿빛 구름 무리의 벽 앞에 멈춰 섰고, 몇 초도 안 되어 바람은 노란색과 푸른색에서 어마어마한 새의 모습을 엮어냈다. 그 새는 푸른 빛의 혼돈을 뚫고 솟구쳐 올라 훨훨 날갯짓하며 하늘 속으로 사라져갔다. 새가 떠나고 나서 폭풍이 몰려오는 소리가 들려왔고, 우박이 섞인 빗줄기가 후드득 쏟아졌다. 폭풍과 비와 우박이 채찍질하듯 두들겨 대는 풍경 위로 잠깐이지만 우르릉 쾅 하는 소리와 함께 천둥이 귀를 의심할 만큼 섬뜩하게 울부짖었다. 이내 다시 햇빛 한 자락이 비쳐 들고, 갈색의 숲 너머 가까운 산 위에서 창백한 낮빛의 눈[雪]이 현실 저편에 있는 듯 아스라이 반짝였다.

내가 몇 시간 동안 비에 흠씬 젖어 바람에 이리저리 뒤채이다가 다시 돌아갔을 때 데미안이 직접 현관문을 열어 주었다.

그는 나를 데리고 자기 방으로 올라갔다. 실험실 안에는 가스 불꽃이 타오르고 있었고 종이가 사방에 흩어져 있었다. 그는 한참 일에 집중한 듯 보였다.

"앉아." 데미안이 나를 배려했다. "너, 피곤하겠다. 참 징글징글한 날씨야. 아주 원 없이 바깥바람을 쐰 모양이야. 차를 곧 가져올 거야."

"오늘 무언가 심상치 않아." 나는 머뭇거리며 말문을 열었다. "그저 단순한 폭풍우는 아닌 것 같아."

데미안은 무언가를 캐내려는 듯 나를 유심히 보았다.

"너 무언가를 봤지?"

"그래, 구름 속에서 한순간 아주 뚜렷한 모습을 보았어."

"어떤 모습인데?"

"그건 새였어."

"새매? 그 새였어? 네 꿈에 나타난 그 새 맞아?"

"맞아, 그건 내 새매였어. 새매는 노랗고 어마어마하게 컸는데 검푸른 하늘 속으로 날아가 버렸어."

데미안이 숨을 깊이 내쉬었다.

문을 두드리는 소리가 났다. 나이 든 하녀가 차를 가져왔다.

"차 들어, 싱클레어. 네가 그 새를 우연히 본 건 아닐까?"

"우연이라고? 그런 것을 우연히 본다는 말이야?"

"좋아, 네 말대로 우연은 아니야. 새매를 봤다면 그건 무언가 의미가 있어. 그게 무언지 알아?"

"아니, 모르겠어. 무언가 충격적인 일, 운명으로 가는 한 걸음을 의미한다는 것만 느껴질 뿐이야. 우리 모두와 관계된 일 같아."

데미안은 마음을 가누지 못하고 방 안을 왔다 갔다 했다.

"운명으로 가는 한 걸음이라고!" 그는 큰 소리로 외쳤다. "지난밤에 나도 같은 꿈을 꾸었어. 그리고 어머니도 어제 야릇한 예감을 느끼셨대. 네가 말한 것과 같은 얘기를 하시더라고. 나는 사다리를 타고 커다란 나무줄기인지 탑인지를 올라가는 꿈을 꾸었어. 꼭대기에 올라가자 온 땅이 한눈에 들어왔어. 드넓은 평원이었지만, 도시들과 마을들이 불타고 있었어. 아직 모든 걸 이야기할 수는 없어. 아직 모든 게 분명하지는 않으니까."

"그 꿈이 너를 가리키는 거 맞아?" 나는 물었다.

"나 맞냐고? 물론이지. 아무도 자신과 관계없는 꿈을 꾸지는 않아. 하지만 그 꿈이 나 혼자에게만 관계되는 건 아니지. 네 말이 옳아. 나는 꿈들을 상당히 정확하게 구별할 수 있어. 내 영혼의 움직임을 예고하는 꿈들과 아주 드물긴 하지만 온 인류의 운명을 암시하는 다른 꿈들을 말이야. 그런 꿈들을 꾼 적은 드물었어. 그리고 꿈이 미래를 예언해서 그 예언이 실현되었다고 나 자신이 말할 수 있는 꿈을 꾼 적은 한 번도 없었어. 해석한다고 해도 의미를 명확히 알 수 없는 꿈들이지. 하지만 지난밤에 나 혼자에게만 관계되는 것이 아닌 그런 꿈을 꾼 것만큼은 틀림없어. 그 꿈은 내가 예전에 꾸었던 다른 꿈들의 일부이면서도 그 꿈들을 계속 이어주는 꿈이거든. 싱클레어, 나는 그런 꿈들로부터 이전에 너한테 말한 적이 있는 예감들을 얻고 있어. 우리는 우리의 세상이 여지없이 부패했다는 걸 알고 있어. 그렇지만 그건 세상의 멸망이라든가 멸망 비슷한 걸 예언할 근거는 못 될 거야. 하지만 내가 몇 년 전부터 꾸는 꿈들에 비추어 보면, 낡은 세상이 한꺼번에 와르르 무너지는 날이 점점 더 가까이 다가온다는 판단이 서거나 그렇게 판단할 만큼 강한 느낌이 들기도 해. 처음엔 아주 모호하고 불분명한 예감이었지만 점점 더 뚜렷하고 분명해져. 나하고도 관계있는 무언가 엄청나고 무시무시한 사건이 다가오고 있다는 것 말고는 아직은 아무것도 몰라. 싱클레어, 우리가 이따금 이야기를 나눈 바로 그 일을 직접 체험하게 될 거야! 세상은 새로워지려고 해. 죽음의 냄새가 진동하고 있어. 죽음 없이 새로운 것은 결코 태어나지 않아. 내가 생각했던 것보다 더 끔찍할 거야." 나는 깜짝 놀라 그를 바라보기만 했다.

에바 부인

"그 꿈 이야기를 다 해줄 수 없어?" 나는 쑥스러운 듯 부탁했다.

데미안은 고개를 가로저었다.

"그건 안 돼."

그때 문이 열리고 에바 부인이 들어왔다.

"여기 같이 있었구나! 얘들아, 슬픈 일이 있는 건 아니지?"

생기가 넘치는 그녀는 이제 더는 피곤한 기색이 아니었다. 데미안은 그녀를 바라보며 입가에 미소를 머금었다. 그녀는 마치 겁에 질린 아이들을 다독이려는 어머니처럼 우리에게 다가왔다.

"우리는 슬퍼하지 않아요. 어머니, 다만 이 새로운 징후들이 무얼 뜻하는지 그 수수께끼 같은 의미를 조금이나마 풀어보려고 했을 뿐이에요. 하지만 그건 그다지 중요하지 않아요. 앞으로 일어날 일은 어느 날 갑자기 우리의 현실이 될 거예요. 그러면 우리가 꼭 알아야 할 일을 몸으로 겪게 되겠지요."

하지만 나는 우울해졌다. 작별 인사를 나누고 혼자 홀을 걸어 나오는데 히아신스 향기가 생기를 잃고 스르르 가라앉더니 주검에서 흘러나오는 냄새처럼 번져갔다. 불현듯 그림자 하나가 우리를 덮쳐 왔다.

8

종말의 시작

바라던 일이었지만, 여름 학기에도 나는 H시에 머무를 수 있었다. 우리는 집 밖으로 나와 강변의 정원에서 거의 하루를 보냈다. 그 일본인은 복싱 경기에서 데미안에게 사정없이 두들겨 맞고 패배한 뒤 떠났고, 톨스토이 추종자도 홀연히 사라졌다. 데미안은 말을 한 마리 키우더니 말에 정을 붙여 날마다 끈기 있게 말을 탔다. 그러다 보니 나는 그의 어머니하고 단둘이 있는 시간이 많았다.

나는 내 삶에 깃드는 평온함을 느낄 때마다 놀라곤 했다. 혼자 고독하게 지내고 단념을 반복하면서 고통과 이를 악물고 싸우는 것에 아주 오랫동안 익숙해져 있었기에 H시에서 보낸 그 몇 개월은 오로지 아름답고 쾌적한 일들과 감정에 포근히 감싸여 마법에 사로잡힌 듯 편안하게 살 수 있는 꿈속의 섬처럼 생각되었다. 그것은 우리가 생각했던 새롭고 더 고상한 공동체의 전주곡이라는 예감이 들었다. 때로는 그 행복을 압도하는 깊은 슬픔에 사로잡히기도 했다. 그 행복이 영원히 지속될 수 없다는 것을 잘 알았기 때문이다. 풍요로움과 편안함 속에서 숨 쉬는 것은 내 삶과 맞지 않았다. 나에게 필요한 것은 고통과 치열한 투쟁이었다. 나는 어느 날이 아름다운 사랑의 모습에서 깨어나 다시 다른 사람들의 차가운 세계에서 홀로, 완전히 홀로 서게 될 것을 깊이 느꼈다. 그 세계에서 내게는 오직 고독이나 정신적 투쟁만 있을 뿐 더불어 살아가는 삶이나 평화는 없었다.

그런 생각이 들수록 내 운명이 아직도 이렇게 아름답고 고요한 표정을 하고 있다는 게 믿기지 않을 만큼 기뻐서 나는 이전보다 두 배나 더 다정하게 에바 부인 곁으로 스며들었다.

여름의 몇 주일이 경쾌한 발걸음으로 빠르게 지나갔고, 여름 학기도 벌써 끝을 향해 가고 있었다. 작별을 눈앞에 두고 있었지만 나는 그 생각을 해서는 안 된다고 마음속으로 되뇌며 애써 그 생각을 지워버렸다. 나비가 꿀이 듬뿍 담긴 꽃에 머무르듯 나는 그 아름다운 날들에 사무쳤다. 그것은 내 인생에서 처음으로 보람을 느끼고 끈끈한 유대를 다진 행복한 시간이었다. 이어지는 내 인생은 어떻게 될 것인가? 나는 또다시 싸우며 헤쳐 나가고 그리움을 견뎌내며 꿈을 꾸고 홀로 지낼 것이다.

어느 날 이런 예감이 감당할 수 없을 만큼 강렬하게 나를 사로잡은 까닭에 에바 부인을 향한 내 사랑이 갑자기 고통의 불길 속에서 활활 타올랐다. 이를 어쩌나. 이제 곧 그녀를 다시는 보지 못하고, 집 안 곳곳에 흐르는 그녀의 침착하고 다정한 발소리도 다시는 들을 수 없고, 내 탁자 위에 놓인 그녀의 꽃도 다시는 만날 수 없겠지! 나는 무엇을 이루었던가? 그녀를 갖는 대신, 그녀를 쟁취해서 언제까지나 내 소유로 삼는 대신 나는 꿈을 꾸면서 편안한 기억 속에 잠겼다. 그녀가 내게 참된 사랑에 대해 들려준 모든 말이 하나하나 머릿속에 떠올랐다. 수없이 새겨주던 섬세한 경고의 말들, 수없이 속삭이던 나직한 유혹의 목소리들, 어쩌면 약속이었을지도 모를 그 말들. 나는 그 말들로 무엇을 이루었던가? 아무것도! 아무것도 이룬 게 없다!

나는 내 방 한가운데 서서 온 의식을 에바에게 기울여 오직 그녀만 생각했다. 내 영혼의 온 힘을 에바에게 집중해서 그녀에게 내 사랑을 느끼게 하고 그녀를 내게 끌어당기려고 했다. 그녀는 내 품속에 와야 했고 내 포옹을 갈망해야 했다. 내 입맞춤은 사랑으로 무르익은 그녀의 입술을 만족의 숨결이 멈추는 순간까지 다함 없이 파고들어야 했다.

방 안에 서서 잔뜩 긴장하고 있는데 손가락과 발가락이 차가워졌다. 내 몸에서 힘이 스르르 빠져나가는 게 느껴졌다. 내 안에서 무언가가, 무언가 밝고 차가운 것이 잠시 단단하면서도 농밀하게 응결되었다. 한순간이었지만 마음속에 수정 하나를 품고 있는 느낌을 지울 수 없었다. 나는 그것이 내 자아라는 걸 알았다. 차가움이 내 안의 깊은 곳에서 가슴까지 솟아올랐다.

그토록 무서웠던 긴장에서 깨어나자 무언가가 점점 다가오는 게 느껴졌다. 나는 피곤에 지쳐 기진맥진했지만 마음속에서 활활 타오르는 기쁨의 불길로 내 방에 들어오는 에바를 맞을 준비를 했다.

그때 말발굽 소리가 긴 도로를 따라 달그락달그락 둔탁하게 들려왔다. 말발굽 소리는 점점 더 가까이 거세게 울리더니 갑자기 잦아들었다. 나는 창가로 뛰어갔다. 말에서 내리는 데미안이 보였다.

나는 총총걸음으로 바삐 계단을 내려갔다.

"무슨 일이야, 데미안? 어머니는 별일 없는 거지?"

그는 내 말을 흘려듣는 듯했다. 그의 얼굴은 백지장처럼 창백했으며 양쪽 이마에서 땀이 볼을 타고 비 오듯 흘러내렸다. 데미안은 열기로 식식거리는 말의 고삐를 정원 울타리에 묶어두고는 내 팔을 꼭 붙잡고 함께 거리를 따라 내려갔다.

"너 들어서 알고 있는 거야?"

내가 아는 건 아무것도 없었다.

데미안은 내 팔을 꾹 누르더니 연민의 빛이 일렁이는 비밀스러운 특이한 눈길로 내 얼굴을 돌아보았다.

"그래, 친구야. 이제 시작됐다고. 너도 러시아와의 엄청난 긴장 관계를 잘 알고 있잖아."

"뭐? 그럼 전쟁이 난 거야? 전쟁이 터질 줄은 전혀 생각도 못 했어."

근처에 아무도 없었지만 데미안은 소리 낮춰 말했다.

"아직 선포만 안 했을 뿐이지 전쟁이 일어난 건 맞아. 내 말이 틀림없어. 지금까지 이 문제로 너를 성가시게 하고 싶진 않았지만, 내가 처음 말을 꺼낸 이후로 무려 세 번이나 새로운 징후를 보았거든. 그러니까 세상의 멸망도, 지진도, 혁명도 아니라고. 전쟁이야. 너는 전쟁이 세상을 어떻게 마구잡이로 때려 부수는지 똑똑히 보게 될 거야! 그걸 보면서 사람들은 기쁨에 겨워 환호할 거야. 이미 누구라고 할 것 없이 저마다 쾌재를 부르면서 전쟁이 어서 시작되기만 기다려. 삶이 맛없고 김이 빠진다고 생각하니 무언가를 기대하는 거지. 하지만 너는 이제부터 보게 될 거야, 싱클레어. 이건 다만 시작일 뿐이라고. 어쩌면 전쟁이 생각보다 크게 터질지도 몰라.

아주 어마어마한 전쟁 말이야. 하지만 그것도 시작일 뿐이지. 새로운 것이 시작되면 옛것에 집착하는 사람들에게 그 새로운 건 끔찍하게 다가올 거야. 넌 앞으로 어떻게 할 건데?"•

나는 당혹스러웠다. 데미안이 말한 모든 게 아직은 생소하게 들리고 좀처럼 믿기지 않았다.

"모르겠어, 넌 어떻게 하려고?"

"전시戰時 동원령이 떨어지는 대로 곧바로 입대할 거야. 나는 소위이거든."

"너, 소위였어? 그 말은 처음 듣는데."

"그래, 소위가 된 건 내가 세상에 적응하는 방식들 중 하나였어. 너도 알듯이, 나는 밖으로 사람들에게 주목받는 걸 별로 좋아하지 않아. 그러다 보니 내게로 눈길이 쏠릴 여지를 주지 않으려고 항상 좀 까다롭다 싶을 정도로 조심스럽게 행동했지. 내 생각엔 일주일 후면 벌써 전쟁터에 가 있을 거야."

"아니 어떻게 그럴 수가!"

"이봐, 친구. 내가 한 말을 너무 감상적으로 생각하지는 마. 살아 있는 사람들을 향해 총을 쏘라고 명령하는 것이 내게 근본적으로 즐거울 리 없잖아. 하지만 그건 그다지 중요한 문제가 아니라고. 이제 우리는 너나 할 것 없이 거대한 수레바퀴에 휩쓸려 들어갈 거야. 너도 예외는 아니지. 너도 분명히 징집될 거라고."

"데미안, 그럼 네 어머니는 어떻게 하고?"

불과 십오 분 전에 있었던 일이 이제야 다시 생각났다. 세상이

• 헤세는 데미안의 말로 '제1차 세계대전'이 일어나기 직전의 상황을 말하고 있다.

이렇게 변했다는 말인가! 아름다움에 젖은 그 달콤한 모습을 떠올리려고 온 힘을 쏟았건만, 이제 별안간 운명이 위협적인 끔찍한 가면을 새로이 쓰고 나를 바라보았다.

"우리 어머니 말이야? 아, 어머니 걱정은 안 해도 돼. 어머니는 안전하셔. 지금 이 세상 어느 누구보다도 안전하시니 걱정하지 마. 너 우리 어머니를 그토록 사랑하는 거야?"

"데미안, 너 그걸 알고 있었어?" 그가 깔깔대며 한바탕 웃음을 터뜨렸다.

"야! 당연히 알고 있었지. 우리 어머니를 사랑하지도 않으면서 에바 부인이라고 부르는 사람은 아무도 없었으니까. 그건 그렇다 치고, 어쩐 일인데? 너 오늘 어머니나 나를 불렀잖아, 안 그래?"

"맞아, 내가 불렀어. 에바 부인을 불렀지."

"어머니가 그걸 느끼셨나 봐. 갑자기 너한테 가보라면서 나를 보내신 거야. 어머니께 러시아 소식을 알려드리면서 이야기를 나누는 중이었거든."

우리는 서로 발길을 돌렸고 별다른 말이 없었다. 데미안은 묶어둔 말의 고삐를 풀고 말에 올라탔다.

내 방으로 올라오고 나서야 비로소 내가 몹시 지쳤다는 걸 느꼈다. 데미안이 들려준 소식도 나를 피곤하게 했지만 그 전에 겪은 팽팽한 긴장감이 훨씬 더 나를 지치게 했다. 그런데 내가 부르는 소리를 에바 부인이 들었다니! 내 마음속 생각의 길을 따라 그녀에게 다다른 것이다. 그녀는 올 수 있는 사정이었다면 직접 내게 왔을 것이다. 이 모든 게 참으로 놀랍지 않은가! 이 모든 게 정녕 아름답지 않은가! 이제 머지않아 전쟁이 터질 것이다. 우리가 잊지 않고 자주 이야기를 나누었던 일이 이제 모습을 드러낼 것이다. 데미안은 그런 일들에 대해 벌써부터 많은 걸 알고 있었다. 이제 세상의 흐름이 어딘가에서부터 더는 우리를 못 본 체 지나쳐 가지 않는다니 참으로 기이한 일이 아닌가. 세상의 흐름이 이제 갑자기 우리의 심장 한가운데를 관통하고, 모험과 사나운 운명이 우리를 부르고, 우리가 세상에 필요해지는 순간이 온다니, 세상이 변하려고 하는 순간이 지금 아니면 머지않아 온다니 이 얼마나 기이한 일인가. 데미안의 말이 옳았다. 그의 말을 감상적으로 받아들일 수는 없었다. 다만 생각할수록 기묘한 건, 내가 '운명'이라는 이토록 고독한 일을 그렇게 많은 이들과 함께, 온 세상과 함께 경험한다는 점이었다. 그렇다면 잘된 일이다!

나는 마음의 준비가 되어 있었다. 저녁 무렵, 도시 한복판을 걸어가는데 여기저기서 군중의 흥분이 부글부글 끓어올랐다. 발길 닿는 곳마다 '전쟁'이라는 구호가 치솟았다.

나는 에바 부인의 집으로 갔다. 우리는 작은 정자에서 저녁 식사를 했다. 손님은 나밖에 없었다. 아무도 전쟁이라는 말을 입 밖으로 꺼내지 않았다. 다만 늦은 시각에, 내가 그 집을 떠나기 직전에 에바 부인이 말했다. "싱클레어, 당신은 오늘 나를 불렀지요. 내가 직접 가지 못한 이유를 잘 알 거예요. 하지만 이것만은 잊지 말아요. 당신은 이제 누군가를 부르는 법을 알게 되었답니다. 표票를 가진 사람이 당신에게 필요하면 언제든지 오늘처럼 다시 불러요!"

에바 부인은 자리에서 일어나 어스름에 물든 정원의 길을 앞장섰다. 비밀에 가득 찬 그 여인은 침묵에 잠긴 나무들 사이로 흐트러짐 없이 품위 있게 걸어갔다. 그녀의 머리 위에서 자그마한 수많은 별이 다정스레 반짝이고 있었다.

내 이야기의 끝을 맺을 때가 되었다. 모든 상황이 신속히 전개되었다. 곧 전쟁이 일어났고 데미안은 떠났다. 은회색 외투를 입고 군복 차림으로 서 있던 데미안의 모습이 왠지 모르게 낯설었다. 나는 그의 어머니를 집으로 데려다주었다. 나도 곧바로 그녀와 작별 인사를 나누었다. 그녀는 내 입술에 키스하며 나를 잠시 꼭 끌어안았다. 그녀의 커다란 눈이 가까이에서 흔들림 없이 내 눈 속으로 들어와 불타올랐다.

모든 사람이 형제라도 된 듯 친밀해 보였다. 저마다 조국과 명예를 입에 올렸다. 하지만 그것은 운명이었다. 그들 모두는 한순간 운명의 숨김없는 얼굴을 들여다보았다. 젊은이들이 병영을 나와 그들을 기다리던 기차에 몸을 실었다. 나는 그들의 수많은 얼굴에 새겨진 표票를 보았다. 우리가 지닌 표는 아니었지만 사랑과 죽음을 뜻하는 아름답고 기품 있는 표였다. 나도 난생처음 보는 사람들의 포옹을 받았고, 그것을 이해하면서 그들의 포옹 하나하나에 기꺼이 응답했다. 젊은이들은 도취되어 그렇게 행동했다. 운명의 의지에 이끌려 행동한 것은 아니었다. 하지만 도취는 신성했다. 그것은 그들 모두가 흔들어 깨울 듯한 눈길로 운명의 눈을 잠시나마 들여다보는 순간에 생겨난 도취였다.

겨울의 문턱에 이를 무렵 나도 전쟁터에 와 있었다. 불을 뿜는 총격전에 흥분이 솟구치기도 했지만 처음에는 모든 게 실망스러울 뿐이었다. 예전에 나는 이상을 위해 살 수 있는 사람을 눈을 씻고도 찾아보기 힘든 이유를 많이 생각했다. 그런데 이제 나는 많은 사람이, 아니 모든 사람이 이상을 위해 기꺼이 죽을 수 있다는 것을 똑똑히 보았다. 다만 그것은 개인적 이상도, 자유로운 이상도, 스스로 선택한 이상도 아니었다. 그것은 틀림없이 누군가에게 넘겨받은 공동의 이상이었다.

하지만 차츰 시간이 흐르면서 내가 사람들을 과소평가했다는 사실을 알았다. 임무라는 것과 공동의 위험이라는 것이 사람들의 정신을 그토록 획일화했지만, 그럼에도 많은 이들이, 살아 있는 이들과 죽어 가는 이들이 찬란한 빛을 발하며 운명의 의지를 향해 다가가는 모습을 내 눈으로 보았다. 많은 사람, 아주 많은 사람이 공격을 감행하는 순간뿐 아니라 언제라도 무언가에 조금은 홀린 듯 단호하게 아득한 곳을 응시하는 눈빛을 가지고 있었다. 그 눈빛은 목표에 대한 집착을 완전히 떨쳐버리고 자기 자신 안에 있는 엄청난 것에 완전히 헌신하는 것을 의미했다. 그들이 무엇을 생각하고 무엇을 믿든지 간에, 그들은 새로운 미래를 만들어 나가려는 각오를 다진 사람들이었다. 쓸모 있는 사람들이었다. 세상이 전쟁이나 영웅 정신, 명예나 그 밖의 낡은 이상에 더욱 고집스럽게 집착하면 집착할수록, 겉으로 인간성을 외치는 모든 목소리가 현실에 맞지 않는 소리로 더욱 멀리 들리면 들릴수록, 그 모든 것은 단지 피상적인 것에 지나지 않았다. 전쟁의 외면적이고 정치적인 목표에 대한 물음이 피상적인 것에 불과한 것과 마찬가지였다. 무언가가 저 깊은 곳에서 생성되고 있었다. 새로운 인간성 같은 것이 생성되고 있었다. 죽어가는 많은 사람을 나는 보았다. 그들 중 일부는 바로 내 곁에서 죽어갔다. 그들은 자신들이 뿜어내는 증오와 분노, 살육과 파괴가 대상들과는 아무 관련도 없다는 걸 직감한 듯했다.

그렇다, 대상들도 목표들과 마찬가지로 완전히 우연에 따라 조준되었다. 원초적인 감정, 지극히 사나운 감정조차도 실은 적을 향한 것이 아니었다. 피를 부르는 그들의 잔인한 일은 내면을 발산하는 행위일 뿐이었다. 그것은 자신 안에서 갈기갈기 찢긴 영혼을 발산하는 행위에 지나지 않았다. 그 영혼이 미친 듯이 날뛰고 죽이고 초토화하고 스스로 죽으려고 했던 까닭은 새롭게 태어나기 위함이었다. 거대한 새는 알을 깨뜨리고 나오려 몸부림치며 투쟁하고 있었다. 알은 세계였고 세계는 산산이 부서져야 했다.

이른 봄의 어느 날 밤이었다. 우리가 점령한 농장 앞에서 나는 보초를 서고 있었다. 맥 없이 풀 죽은 바람이 스르르 불었다가 이내 자취를 감추곤 했다. 플랑드르의 드높은 하늘 위로 구름 군대가 말을 달리듯 휘리릭 달려가고 있었다. 하늘 뒤쪽 어딘가에 달이 숨어 있을 듯한 예감이 들었다. 나는 이미 하루 종일 불안감에 뒤채인 상태였다. 왠지 모를 걱정이 내 마음을 산란하게 했다. 이제 나는 어두운 초소에서 지금까지 내 인생의 잊을 수 없는 모습들, 에바 부인과 데미안을 간절히 마음속에 그리며 생각에 젖어들었다. 나는 가만히 포플러에 기대어 서서 꿈틀꿈틀 움직이는 하늘을 바라보았다. 하늘에서 밝은 빛이 살짝 반짝이더니 이내 커다란 모습들이 샘솟듯 끊임없이 나타났다. 내 맥박은 이상하리만큼 약해지고 살갗은 바람과 비에 무감각해지고 내면이 불꽃을 반짝이며 깨어날 때 나는 인생의 안내자가 내 주변에 와 있음을 느꼈다.

구름과 구름 사이로 커다란 도시가 보였다. 그 도시에서 수백만 명이 구름떼처럼 몰려나와 탁 트인 드넓은 지역으로 무리 지어 번져 나갔다. 그들 아래 한가운데로 위풍당당한 신의 형상이 나타났

228

다. 머리카락에는 영롱히 빛나는 별들이 장식되어 있고 산처럼 커다란 모습에 표정은 꼭 에바 부인 같았다. 사람들의 행렬은 거대한 동굴 속으로 스며들 듯 그녀의 형상 안으로 사라지더니 결국 한 사람도 보이지 않았다. 여신은 땅바닥에 온몸을 모아 앉았고 그녀의 이마에서는 별 모양의 반점이 밝게 빛나고 있었다. 하나의 꿈이 여신을 지배하는 듯했다. 그녀는 두 눈을 감았고 커다란 얼굴이 고통으로 일그러졌다. 여신은 갑자기 날카로운 소리를 질렀다. 그러자 그녀의 이마에 맺혔던 별들이 하나하나 튀어 올랐다. 빛나는 별 수천 개가 찬란한 아치와 반원의 곡선을 그리며 칠흑처럼 검은 하늘 위로 날아올랐다.

별 하나가 청아한 소리를 흩뿌리며 내게로 휘리릭 날아와 나를 찾는 듯했다. 두리번거리던 별은 절규를 토하며 수천의 불꽃으로 갈라지고 부서졌다. 그 충격으로 나는 허공에 번쩍 들어 올려졌다가 다시 땅바닥에 내동댕이쳐졌다. 우르릉 쾅 천둥소리를 내지르며 세계가 내 위로 무너져 내렸다.

나는 포플러 근처에서 사람들에게 발견되었다. 흙으로 뒤덮인 채 온몸은 상처투성이로 만신창이가 되었다.

나는 어느 지하실에 누워 있었다. 내 머리 위에서 울부짖는 포화 소리가 사방을 찢어놓고 있었다. 나는 마차에 눕혀져 빈 들판을 덜컹거리며 지나갔다. 마차에 있는 동안 거의 잠을 자거나 의식이 없는 상태였다. 하지만 더 깊이 잠들수록, 무언가가 나를 끌어당기는 것을 더욱 강하게 느꼈다. 나를 지배하는 그 무언가의 힘을 따라가는 것이 더욱 뚜렷이 느껴졌다.

나는 어느 마구간의 짚 더미 위에 누워 있었다. 어둠이 눈앞을 가렸고 누군가가 내 손을 밟았다. 하지만 내 내면의 힘은 좀처럼 멈추려 하지 않았고 나를 더욱 강하게 끌어당겼다. 나는 다시 마차에 누워 있었고, 나중에는 들것이나 사다리에 몸을 맡겼다. 어디론가 오라는 명령을 받았다는 느낌이 점점 더 강렬해졌다. 기어이 그곳에 가야 한다는 내적 충동 말고는 아무것도 느끼지 못했다.

마침내 나는 목적지에 이르렀다. 밤이었다. 의식은 완전히 또렷한 상태로 돌아왔다. 방금 전까지만 해도 내 안에서 나를 끌어당기는 충동을 강렬하게 느끼지 않았는가. 나는 이제 어느 홀의 바닥에 눕혀져 있었다. 부름을 받은 그곳에 내가 와 있다는 느낌이 들었다. 주변을 둘러보았다. 내 매트리스 바로 옆에 또 하나의 매트리스가 있었고 거기에 누군가가 있었다. 그는 몸을 앞으로 구부려 나를 바라보았다. 그는 이마에 표票를 가지고 있었다. 바로 막스 데미안이었다.

나는 아무 말도 할 수 없었다. 데미안도 말을 할 수 없었거나 아니면 말을 하려 하지 않았다. 그는 나를 바라보고만 있었다. 벽에 걸린 등불의 빛이 아래로 흘러내려와 그의 얼굴을 비추었다. 그는 입가에 미소를 지었다.

그는 시간의 흐름도 잊은 채 오래도록 내 눈을 들여다보았다. 그는 천천히 얼굴을 내 얼굴 쪽으로 가까이 기울였고 우리는 서로 닿을 듯했다.

"싱클레어!" 그가 속삭이듯 말했다.

나는 데미안의 말을 알아듣는다는 표시로 그에게 눈짓했다.

그는 다시 미소를 지었다. 연민이 흐르는 듯한 미소였다.

"꼬마야!" 그는 미소를 머금고 말했다.

지금 그의 입술이 내 입술에 닿을 듯 아주 가까이에 있었다. 그가 낮은 목소리로 차분히 말을 이어갔다.

"프란츠 크로머를 아직 기억하니?" 그가 물었다.

나는 그에게 눈을 깜빡이며 살며시 웃었다.

"꼬마 싱클레어, 잘 들어! 나는 지금 떠나야 해. 크로머나 아니면 다른 일로 네가 나를 언젠가 다시 필요로 하는 날이 올지도 몰라. 그런 날이 와서 네가 나를 불러도 나는 말이나 기차를 타고 부리나케 달려오지는 않을 거야. 너는 네 안의 목소리에 귀를 기울여야 해. 그러면 네 안의 깊은 곳에 내가 있는 것을 알게 될 거야. 무슨 말인지 알겠니? 그리고 또 한 가지가 있어! 에바 부인이 이렇게 말했거든. 언젠가 네게 나쁜 일이 생기면 에바 부인이 내게 해준 키스를 너한테 그대로 전해주라고 말이야……. 눈을 감아, 싱클레어!"

나는 그의 말을 따라 눈을 감았다. 피가 여전히 조금 묻어 있는 내 입술을 가볍게 스치는 키스가 느껴졌다. 그 느낌과 함께 나는 잠이 들었다.

다음 날 아침 누군가가 나를 깨웠다. 몸 곳곳에 붕대를 감아야 했다. 마침내 정신이 제대로 들어 바로 옆의 매트리스를 얼른 돌아보았다. 거기엔 전혀 본 적이 없는 낯선 사람이 누워 있었다.

붕대를 감을 때 이루 말할 수 없이 고통스러웠다. 그 이후로 내게 일어난 모든 일이 고통의 연속이었다. 하지만 이따금 열쇠를 찾아내 마음의 문을 열고 나 자신 안으로 침잠해 들어가면, 운명의 모습들이 어두운 거울 속에 잠들어 있는 곳으로 온전히 침잠해 들어가 검은 거울 위로 허리를 굽히기만 하면, 내 모습이 뚜렷이 보인다. 내 친구이자 안내자인 데미안, 그를 꼭 닮은 내 모습이.

헤르만 헤세의 문학 세계를 기리며

토마스 만

헤르만 헤세의 손을 마지막으로 잡아본 지 벌써 10년이 지났다. 그동안 너무 많은 일이 벌어졌기에 시간이 그보다 더 많이 흐른 듯 느껴진다. 역사의 흐름 속에서 거대한 사건들이 일어난 이 격동의 시기에도 우리는 각자 끊임없이 손으로 무언가를 만들어 냈다. 그중에서도 불행한 독일이 결국 파국을 맞을 수밖에 없다는 사실을 이미 오래전에 예견했고, 둘이 서로 멀리 떨어져 있었지만 그 과정을 함께 지켜보았다. 때로는 거리가 너무 멀어 소식을 주고받을 수도 없었지만 우리는 늘 서로를 생각하며 같은 시대를 지나왔다. 우리의 길은 기본적으로 정신세계 속에서 뚜렷하게 다른 방향을 향해 나아갔다. 겉보기에는 일정한 거리를 유지하며 각자의 길을 걸어온 것 같다. 그러나 한편으로는 같은 방향을 향해 걷고 있었다고 할 수도 있다. 어떤 의미에서 우리는 동행하는 순례자였고 형제였으며, 좀 더 적절히 표현하면 '동료'였다. 나는 우리 관계를 그가 쓴 『유리알 유희』에서 요제프 크네히트와 베네딕트 수도사 야코부스가 만나는 장면에 빗대어 생각하곤 한다. 이 작품에서 둘의 만남은 '인사를 끝없이 되풀이하고 깊이 존경한다는 뜻을 몸짓으로 보여주는 긴 의례'였다. 마치 성인聖人들이나 대주교들이 서로를 맞이하듯 말이다. 크네히트는 이렇듯 반은 장난스럽고 반은

232

중국식 형식미가 깃든 인사법을 무척 즐거워하며 "이런 예법의 대가인 스승 루디 토마스 폰 데어 트라베(토마스 만 자신을 가리킴-옮긴이)도 분명 즐거워했을 것"이라고 말한다.

그러므로 우리 두 사람 이름이 가끔 함께 언급되는 것은 너무나 자연스러운 일이며 그것을 아무리 기묘하게 한다고 해도 우리는 기꺼이 받아들인다. 뮌헨의 유명한 원로 작곡가가 최근 미국으로 보낸 편지에서 우리 둘을 '비열한 자들'이라고 했다. 우리가 독일 민족이 가장 고귀하고 뛰어나다는 걸 믿지 않기 때문이라고 한다. 그는 독일을 '참새 떼 사이의 카나리아'에 비유했는데, 이 자체가 어처구니없을뿐더러 그 속에 담긴 무지와 고질적인 오만함이 놀라울 뿐이다. 이미 충분히 큰 불행을 겪고도 여전히 깨닫지 못하는 이 불운한 민족에게 말이다.

나는 그 '독일 정신'이라는 의견을 담담히 받아들이겠다. 어쩌면 내 조국에서 나는 하르츠산맥의 감성적인 새들 사이에서 지성을 갖춘 회색 참새에 지나지 않을 것이다. 그래서 1933년에 나를 기꺼이 쫓아냈으면서 이제는 내가 돌아오지 않는다고 깊은 상처라도 입은 듯 호들갑을 떠는 것이다. 그러면 헤세는 어떤가? 그를 배척한 것은 얼마나 무지하고 문화적 교양이 없는 행위인가! 그가 어떻게 '비열한 자'란 말인가! 그는 결코 흔한 부르주아적 카나리아가 아니다. 그는 독일의 숲에서 쫓겨나야 할 게 아니라 노래했어야 하는 나이팅게일이다. 뫼리케(에두아르트 뫼리케, 독일의 시인, 소설가-옮긴이)가 그를 만났다면 감격해서 그를 뜨겁게 안아주었을 것이다. 그는 독일어라는 언어로 가장 순수하고 섬세한 시적 이미지를 창조하고 가장 깊이 있는 예술적 통찰이 담긴 시와 격언을 빚어냈다.

그런데도 그가 독일 정신을 배반했다고? 그는 단지 숭고한 사상을 그 가치를 떨어뜨리는 형식과 분리하려 했을 뿐이고, 자신이 속한 민족에게, 그들이 끔찍한 경험을 하고도 끝내 깨닫지 못하는 진실을 말하려 했을 뿐이다. 그리고 자기 민족이 자아도취에 빠져 저지른 악행이 양심을 뒤흔들었기에 그는 이를 외면하지 않고 으레 말해야 할 바를 말했을 뿐이다.

오늘날은 민족적 개인주의가 사라져 가고, 어떤 문제도 더는 순수하게 국가적 관점에서 해결할 수 없으며, '조국'과 연관된 모든 것이 숨 막히는 지역주의가 되어버리고, 유럽 전체의 전통을 대변하지 못하는 정신은 더 고려할 가치가 없게 되었다. 이런 때에 만약 오늘날에도 진정한 민족성, 특유의 국민성이 가치가 있고 그것이 다채로운 가치를 유지한다고 하더라도 본질적인 것은 언제나 그렇듯이 시끄러운 주장이나 구호가 아니라 실제 성취하는 것이다. 독일에서는, 특히 독일적인 것에 불만이 많은 사람이야말로 가장 참된 독일인이었다. 그리고 창작자 헤세는 잠시 제쳐두더라도, 편집자이자 수집가로서 그가 보여준 헌신적 보편주의야말로 얼마나 독일적 성격을 띠었는가! '세계문학'이라는 개념을 처음 제시한 괴테의 정신을 가장 자연스럽게 이어받은 사람이 바로 그다. 그의 저작 가운데 하나는 1945년 미국 재류외국인 재산보관소에서 공익 목적으로 발행한 『세계문학 총서』이다. 이 책은 방대한 독서량과 동양 사상의 보고寶庫에 대한 친숙함 그리고 '인간 정신의 가장 오래되고 신성한 증언'들에 대한 고귀한 인문주의적 이해를 증명하는 저작이다. 그의 연구를 살펴보면, 1904년에 집필한 성 프란치스코와 보카치오에 대한 에세이들 그리고 도스토옙스키를 다룬

논문『혼돈을 들여다보며』 등이 있다. 또한 그는 중세 이야기와 옛 이탈리아 작가들의 단편, 동양의 옛이야기, 독일 시인들의 노래, 장 파울과 노발리스는 물론 독일의 여러 낭만주의 작가의 작품을 새롭게 편집하여 세상에 내놓았다. 이는 오직 학문적 경외심과 세심한 선별, 편집, 재출판, 깊이 있는 서문 집필로 구성된 업적이며, 보통 학자라면 평생을 바쳐도 하기 어려운 작업이다. 그러나 헤세에게 이러한 일들은 학문적 업적이 아니라 넘쳐흐르는 사랑(그리고 에너지!)에서 비롯했으며, 열정을 다한 취미 활동이었다. 그리고 무엇보다 중요한 것은 이러한 모든 작업이 그의 개인적, 그것도 매우 특별한 개인적 창작 활동과 나란히 이루어졌다는 점이다. 그의 작품은 다층적 사유의 영역을 넘나들며, 세계와 자아의 문제를 탐구하는 깊이에서 동시대 어느 작가와도 비교할 수 없는 독보적 위치에 있다.

더욱이 시인으로서는 편집자이자 기록 보관인 역할을 즐겨서 다른 이들의 원고를 '발굴해 내는' 사람인 듯 꾸미고 자신은 가면 뒤에 숨었다. 그 가장 위대한 예는 그가 말년에 쓴 장엄한 걸작 『유리알 유희』이다. 동서양을 아우르는 모든 인간 문화의 원천에서 길어 올린 이 작품에는 '유희의 대가 토마스 크네히트의 생애 기술 시도, 크네히트의 유고, 헤르만 헤세 편집'이라고 되어 있다. 나는 이 책을 읽으며 강렬한 느낌을 받았다(그때 헤세에게 편지로 전한 내용이지만). 학문적 추론에 기초한 전기傳記의 형식을 취하면서 그 속에 깃든 패러디 요소, 가공의 이야기와 익살스러운 풍자, 무엇보다 언어유희가 이 작품을 지나치게 관념으로 치닫지 않도록 적절히 조율하며, 그로써 작품의 극적 효과가 더욱 돋보인다는 것을.

독일적인가? 그가 만년에 쓴 이 작품과 그 이전의 모든 작품은
그보다 더 독일적일 수 없을 만큼 독일적이다. 세계의 비위를 맞추
려는 시도를 단호히 거부할 만큼, 아무리 애써도 결국 세계적 명성
으로 중화되고야 말 운명에 놓인 독일적이다. 그것이 독일이라는
이름이 가장 고귀한 명성을 얻고 인류의 공감을 불러일으킨 바로
그 전통, 즉 과거의 자유롭고 지적이며 행복한 독일 정신에서 비
롯했으니 말이다. 이 작품은 순결하면서도 대담하다. 환상으로 가
득 차 있으면서도 지극히 지적이다. 전통과 충실함, 기억과 은밀함
이 곳곳에 스며 있지만 결코 과거를 단순히 반복하지는 않는다. 오
히려 친숙하고 내밀한 것들을 새로운 지적 차원으로, 아니 혁명적
수준으로까지 끌어올린다. 물론 그것은 직접적인 정치적·사회적
혁명이 아니라 정신적·시적 혁명이다. 진실하고 정직한 방식으로
미래를 내다보며 미래를 향해 예민한 촉각을 세운다. 나는 이 작품
의 특별하고도 모호하며 유일무이한 매력을 어떻게 표현해야 할지
모르겠다. 이 작품에는 독일 정신이 지닌 낭만적 울림이 있다. 섬세
하고도 불안한 결, 복잡하고도 우울한 느낌이 뒤섞인 유머가 있다.
그러나 그것은 또 완전히 다른, 감상과는 거리가 먼 요소들(유럽적
비평 정신과 정신분석학)과 유기적·개인적으로 결합되어 있다. 예를
들어 이 슈바벤 출신의 서정시인, 전원소설 작가가 빈의 성(性) 심
리학과 맺은 관계는 그의 『나르치스와 골드문트』에서 표현되었듯
이, 그 순수성과 매혹에 독보적인 작품에서 하나의 정신적 역설로
드러난다. 이는 또한 헤세가 프라하 출신의 유대인 천재 프란츠 카
프카에게 매료된 것과 다르지 않다. 그는 카프카를 오래전부터 '독
일 산문 문학에서 무관의 왕'이라 했고, 기회가 있을 때마다 그의

문학적 위대함을 논했다. 그가 파리와 뉴욕에서 명성을 얻기 훨씬 전부터 말이다.

그가 '독일적'이라면 결코 평범하거나 소박한 인물이 아니다. 제1차 세계대전 직후 싱클레어라는 신비로운 인물의 이름으로 발표된 『데미안』이 한 세대 전체에 걸쳐 일으킨 전율을 잊을 수 없다. 이 시적 작품은 놀라울 정도로 정확하게 시대의 신경을 건드렸고, 모든 젊은이는 마치 자신들의 가장 내밀한 삶을 통찰하는 해석자가 바로 그들 가운데에서 탄생한 듯한 기쁨을 맛보았다. 그러나 실상 그들이 찾던 목소리를 들려준 이는 이미 마흔두 살이나 되었다. 그리고 『황야의 이리』가 『율리시스』나 『위폐범들』에 못지않은 대담한 실험적 소설이라는 사실을 굳이 말할 필요가 있을까?

나에게 그의 문학적 생애는 독일 낭만주의의 뿌리이면서 때때로 기묘할 정도로 개인주의적이고 때로는 익살스러울 정도로 토라지며, 때로는 신비로운 갈망 속에서 시대와 세계로부터 소외된 듯 보이지만 결국 우리 시대의 가장 고귀하고 순수한 정신적 탐구와 노력으로 자리한다. 나와 동시대 문인 가운데 일찍이 그를, 이제 성서의 나이(이때 헤세의 나이는 일흔 살-옮긴이)에 이른 그를 나와 가장 가깝고도 소중한 사람으로 여겼고, 우리 사이의 차이만큼이나 유사성에서 비롯한 깊은 공감으로 그의 성장을 지켜보았다. 때때로 비슷한 점에 깜짝 놀라기도 했는데, 그의 작품에서 마치 나 자신의 일부처럼 느껴지는 글들이 있으며, 『요양객』과 『유리알 유희』의 위대한 도입부가 특히 그랬다.

나는 또한 인간 헤세를 사랑한다. 명랑하면서도 사색적인 모습, 장난스럽지만 따뜻한 태도 그리고 안타깝게도 병든 눈까지. 윤곽이 뚜렷한 얼굴을 밝히는 푸른 눈은 슈바벤 지방의 늙은 농부와 닮았다. 나는 그를 14년 전(1933년, 이해에 히틀러가 집권-옮긴이)에야 진정으로 알게 되었다. 그가 집과 가정은 물론 조국까지 잃은 첫 충격에 휩싸여 있던 시절에 나는 스위스 티치노에 있는 그의 아름다운 집과 정원을 자주 찾았다. 그때 나는 그가 무척 부러웠다! 단지 자유로운 나라에서 안전하기 때문만이 아니라 무엇보다 그가 고통스럽게 쟁취한 정신적 자유의 깊이에서 나를 훨씬 능가했기 때문이다. 그는 독일 정치와 철학적으로 철저히 거리를 유지했는데, 그 혼란스러운 날들 속에서 그와 나누는 대화보다 더 위로되고 치유되는 것은 없었다.

나는 10여 년 전부터 그의 작품이 스웨덴의 세계 문학상을 받을 자격이 충분하다고 주장해 왔다. 그가 예순 살에 이 상을 받았다고 해도 결코 이르지 않았을 것이다. 그리고 독일에서 오시에츠키 사건(1935년 노벨평화상을 반나치 운동으로 감금된 오시에츠키가 받은 일-옮긴이)으로 히틀러가 독일인에게 노벨상을 영원히 거부하도록 한 시기에 스위스로 귀화한 이 작가를 수상자로 선택하는 것은 재치 있는 해결책이 될 수도 있었다. 그러나 이제 일흔이 된 작가가 이미 풍요로운 문학적 업적을 더욱 고귀한 경지로 끌어올린 위대한 교양소설 『유리알 유희』를 완성한 지금 이 영예가 그에게 돌아가는 것도 마땅한 일이다. 이 상을 계기로 지금까지 널리 주목받지 못했던 그의 이름이 전 세계로 퍼져나갈 것이다. 미국에서도 틀림없이 그의 명성을 더욱 높이고, 출판계와 독자들의 관심을 불러일으킬 것이다. 그의 창작력이 왕성할 때 쓰인 감동적 산문인 『데미안』의 미국판에 따뜻한 찬사를 담아 공감 어린 서문을 쓰게 되어 매우 기쁘다. 이 책은 작은 책이지만 때때로 작은 책이야말로 가장 강력한 영향력을 발휘하곤 한다. 『젊은 베르테르의 슬픔』이 독일에 미친 영향력을 생각하면 『데미안』과 어느 정도 유사성이 있다고 할 수 있다. 헤세는 자기 창작물이 개인을 넘어 시대 전체에 유효하다고 확신했던 듯하다. 그 증거가 바로 '한 젊은이의 이야기'라는 부제에 의도적으로 담은 모호함이다. 이 부제는 한 개인뿐 아니라 당시 젊은 세대 전체에 적용될 수 있다. 이와 같은 감각은 또한 그가 이 책을 이미 널리 알려진 자기 이름이 아니라 '싱클레어'라는 가명으로 발표했다는 점에서도 드러난다. 싱클레어라는 이름은 횔덜린(프리드리히 횔덜린, 독일의 시인이자 작가-옮긴이)의 주변 인물에게서 따왔으며, 그는 오랫동안 자신이 『데미안』의 저자임을 철저히 감추었다. 나는 당시 그의 출판인이자 나의 출판인이기도 했던 베를린의 S. 피셔에게 편지를 보내 이 놀라운 작품과 '싱클레어'가 누구인지 정보를 달라고 강하게 요청했지만 충실한 피셔는 끝까지 거짓말을 했다. 그는 이 원고를 스위스에서 제삼자에게 받았다고 했다. 그럼에도 작품의 문체를 분석한 비평가들의 연구에 더해 비밀이 새어 나오면서 진실이 서서히 밝혀졌다. 결국 『데미안』 10쇄(사실은 4쇄-옮긴이)부터 헤세 이름이 들어갔다.

책의 마지막 부분에서(『데미안』의 시대 배경은 1914년) 데미안은 친구 싱클레어에게 이렇게 말한다. "전쟁이 일어난 건 맞아. … 하지만 너는 이제부터 보게 될 거야, 싱클레어. 이건 다만 시작일 뿐이라고. 어쩌면 전쟁이 생각보다 크게 터질지도 몰라. 아주 어마어마한 전쟁 말이야. 하지만 그것도 시작일 뿐이지. 새로운 것이 시작되면 옛것에 집착하는 사람들에게 그 새로운 건 끔찍하게 다가올 거야. 넌 앞으로 어떻게 할 건데?"

이에 대한 올바른 대답은 아마도 이렇게 될 것이다. "옛것을 지키면서도 새로운 흐름에 동참한다." 새로운 시대를 가장 잘 섬기는 사람은-헤세가 바로 그런 예인데-옛것을 알고 사랑하며, 그것을 새로운 시대 속으로 가져가는 이들일 것이다.

진정한 '나 자신'을 만나는 내면의 여정

송용구

『데미안』을 낳은 헤세의 성장 과정

독일의 남부 지역 중에서도 슈바벤은 독일 후기 낭만주의 문학의 본고장으로 알려져 있다. 한국의 도시 한복판을 지나가다 보면 이따금 '슈바빙' 혹은 '슈바벵'이라는 호프집 이름이 눈에 들어온다. 독일 맥주를 강조하려고 '슈바벤'을 우리식으로 조금 바꿔 놓은 것이다. 독일의 대문호 헤르만 헤세는 이 슈바벤 지방의 작은 도시 칼브에서 태어났다. 그는 제1, 2차 세계대전의 주범이었던 조국 독일을 떠나 스위스의 '몬타뇰라'에 정착하여 세상을 떠날 때까지 스위스 시민으로 살았다.

헤세는 괴테 이후의 독일 작가 중 세계인이 가장 좋아하는 작가다. 그의 주옥같은 소설 중에는 지금도 한국의 젊은이들이 즐겨 읽는 명작들이 많다. 10대와 청춘 시절의 갈등, 고민, 시련, 꿈, 성장 과정 등을 작가의 체험에 비추어 사실적으로 이야기하기 때문이다. 물론, 헤세의 소설은 모든 세대의 독자가 읽으면서 고개를 끄덕일 만한 '인생론'이라고 말할 수 있다. 그러나 젊은이들의 마음을 이해하고 아픔을 어루만지며 그들의 성장과 성숙을 돕는 따뜻한 카운슬러가 헤르만 헤세라는 주장에 대해 다른 의견을 제시하는 비평가들은 많지 않을 것이다.

그의 아버지 요하네스 헤세는 독실한 기독교 선교사이며 목사였다. 어린 아들의 눈길로 바라본 가정은 언제나 엄격한 기독교 교육의 현장이었다. 마음껏 뛰어놀면서 자유를 만끽해야 할 어린 시절에 헤세는 통제의 사슬에 묶이고 속박의 밧줄에 결박되는 기분이 들었다고 한다. 헤세는 아버지의 기질과는 아주 다르게 태어난 것으로 보인다. 특정한 공간이나 조직에 얽매이는 것을 몹시 싫어했기 때문이다. 아버지는 어린 아들에게 자신의 꿈을 주입했다. 목사가 되라는 것이었다.

헤세는 13세 때 아버지의 강요에 떠밀려 뷔르템베르크 주립 마울브론 수도원 신학교에 입학할 수밖에 없었다. 우수한 학생이 아니면 지원할 수 없는 학교이기에 그곳에 들어가지 못한 다른 소년들은 헤세를 부러운 눈으로 쳐다보았다. 그러나 그는 조금도 기뻐하지 않았다. 기쁘기는커녕 불행의 먹구름이 눈앞을 가리는 심정이었다. 그의 꿈은 목사가 아닌 작가였기 때문이다. 매우 똑똑해서 가족의 기대를 한 몸에 받았지만 헤세는 신학교에 전혀 적응할 수 없었다. 입학한 지 7개월이 지난 어느 날 그는 돈도, 겉옷도 팽개친 채 신학교 기숙사의 담장을 넘어 도주하였다.

"나는 작가 말고는 아무것도 되고 싶지 않아. 아무도 내 갈 길을 막지는 못한다고!"

소년 헤세는 마음속으로 이렇게 수없이 되뇌며 인생의 첫길을 달려갔다. 하지만 그의 길은 순탄하지 않았다. 스스로 신학교를 포기한 후 자살을 시도하고 술집을 전전하는 등 4년 동안 방황을 거듭했다. 방황의 가장 큰 이유는 아버지의 꿈과 아들의 꿈이 서로 대립한 것이었다. 지나치게 엄격한 기독교 가정교육에도 문제가 있었다. 헤세는 '작가가 되는 것'을 인생의 유일한 꿈으로 결정할 만큼 진지하고 당찬 소년이었다. 그는 부모가 강요하는 꿈이 아닌 자신만의 꿈을 이루려고 주체적 의지로 인생의 꽃밭을 가꾸었다.

16세이던 1894년에 그는 고향 칼브의 '페롯' 시계부품 공장에서 견습공으로 일하다가 이듬해 튀빙엔의 '헤켄하우어' 서점에서 견습사원으로 일하기 시작한다. 헤켄하우어 서점 견습 생활은 4년 동안 이어진다. 이 시기가 그의 인생을 결정하는 분수령이 된다. 낮에는 책을 판매하고 저녁에는 원고지에 시를 썼다. 헤세에게 문학의 눈을 뜨게 해준 장르는 시였다. 그의 재능을 높이 평가했던 서점 사장은 출판사를 섭외하여 원고지에 담겨 있던 그의 시작품들을 세상에 내놓았다.

먹구름 속에서 우는 천둥처럼 성장기의 아픔을 인내한 끝에 헤세 인생에서 처음으로 피어난 문학의 꽃은 시집 『낭만의 노래 Romantische Lieder』(1898)였다. 그는 21세에 세상 사람들이 인정하는 시인이 된 것이다. 이 일을 계기로 자신감을 얻은 헤세는 소설 창작에 혼신의 힘을 쏟아 부었다. 스스로 정한 인생의 꿈, 자신만의 주체적 의지, 최선의 노력이 3화음을 이루어 마침내 그의 소설 『유리알 유희』는 1946년 그에게 노벨 문학상의 영예를 안겨준다.

"작가 말고는 아무것도 되지 않겠다"라는 소년 시절의 각오와 다짐에서 알 수 있듯이 헤세는 그 어떤 것에도 굴하지 않는 독립적인 자의식自意識의 날개를 펼쳤다. 편견에 치우친 부모의 희망과 집안의 전통적 가치관은 헤세의 자아를 가두고 있는 '알'과 같았다.

"새는 알을 깨고 나오려 투쟁한다. 알은 세계다. 태어나려고 하는 자는 하나의 세계를 깨뜨려려 한다." (127쪽)

헤세는 '알'의 껍데기를 부수고 마침내 자아실현의 하늘길로 날아오른다. 소설 『데미안Demian』에서 알을 깨뜨리고 비상하는 주인공 싱클레어의 모습은 권위적 편견과 인습적 강요의 사슬을 끊고 가장 나다운 '나 자신'의 길을 선택한 헤세의 자화상이다.

가장 나다운 '나 자신'을 찾아가는 길

헤르만 헤세의 소설 중 우리나라 독자들의 사랑을 독차지하는 작품은 단연코 『데미안』이다. 이 소설은 제1차 세계대전이 종결된 직후인 1919년 '데미안, 에밀 싱클레어의 젊은 날의 이야기'라는 제목으로 처음 발표되었다. 『데미안』의 주인공 에밀 싱클레어도 제1차 세계대전의 한복판에 던져진다. 철갑 공룡들의 괴성처럼 사방에서 으르렁대는 화염의 무법천지! 그 잔혹하고 기괴한 포화의 소굴 속에서 밤하늘의 별무리처럼 무수한 젊은이가 꽃다운 생명을 잃어버렸다. 가까스로 살아남는다고 해도 싱클레어처럼 큰 부상을 당하거나 극단적인 경우에는 팔과 다리를 잘린 채 장애인으로 살아가는 젊은이들이 즐비했다. 전쟁터에 뛰어든 수많은 젊은이가 종전 이후에도 심각한 트라우마의 늪에 빠져 고통을 감내해야 했다. 이렇듯 『데미안』이 처음 읽히기 시작한 시간의 출발점은 독일을 비롯한 유럽의 젊은이들이 몸과 마음에 깊은 상처를 지닌 채 전쟁터에서 돌아와 제2의 인생을 살아내야 하는 지점과 맞물려 있었다.

> "그러나 지금도 내 관심을 사로잡는 유일한 것은 나 자신에게 이르고자 내가 디뎠던 인생의 발걸음뿐이다."(65쪽)

『데미안』은 정신의 공황을 떨쳐버리지 못하던 전쟁 세대 젊은이들에게 갱생의 길을 안내하는 이정표 역할을 했다. 그렇다면 당시 젊은이들에게 소설 『데미안』이 가리키는 새로운 길은 무엇이었을까? "지금도 내 관심을 사로잡는 유일한 것은 나 자신에게 이르고자 내가 디뎠던 인생의 발걸음뿐"이라는 싱클레어의 고백이 암시해 준다. 그 새로운 길은 켜켜이 쌓인 상처와 트라우마의 어둠 속에서도 변함없이 살아 숨 쉬는 '나 자신'을 만나는 길이었다.

> "그 누구든 각자 인생은 자기 자신에게 이르는 길이다. 인생은 자기 자신에게 가는 길을 열려는 노력이며, 그 좁다란 오솔길을 가리키는 이정표다."(7쪽)
> "우리 각자에게 부여된 진정한 소명은 오직 자기 자신에게 이르러야 하는 한 가지 소명뿐이다. (…) 그 자신의 책무는 그때그때 임의로 정한 운명이 아닌 자기 자신의 고유한 운명을 찾아내고 그 운명을 자신 안에서 불굴의 의지로 온전히 살아내는 것이다."(178쪽)

제1차 세계대전의 상흔傷痕이 아직 아물지 않았던 1920년대 수많은 독일인과 유럽인이 『데미안』을 읽고 절망의 밑바닥에서 다시금 일어설 수 있었다. 당시에 『데미안』은 희망을 잃어버린 젊은이들로 하여금 스스로 트라우마의 '알'을 부수고 '나 자신'만의 자유로운 하늘로 비상하도록 이끄는 갱생의 기류氣流 역할을 했다. 소설의 땅으로 걸어 들어간 젊은이들은 싱클레어를 만나 소리 없는 대화를 나누었다.

그들은 싱클레어를 친구로 삼아 서로 갈등을 이해하고 방황의 길동무가 되었다. 그들은 싱클레어의 고뇌와 상처를 자신들의 것으로 받아들이며 동병상련의 심정으로 스스로를 위로할 수 있었다. 마침내 그들은 싱클레어가 걸어갔던 '자기 자신에게 이르는 길'을 발견하고 그 길을 싱클레어와 동행하였다.

헤세의 심리치료를 담당하면서 그와 많은 대화를 나눈 정신분석학자 카를 구스타프 융C. G. Jung. 그의 시각으로『데미안』을 읽는다면 주인공 에밀 싱클레어는 가족과 주변 사람들이 기대하는 사회적 자아Ego가 아닌, 내면 깊은 곳에 앉아 있는 진정한 자아Self를 만나기를 갈망한다.

"모든 것을 알고 있는 누군가가 우리 안에 있다는 것을 꼭 기억하면 좋겠어." (121쪽)

데미안은 싱클레어에게 "모든 것을 알고 있는 누군가가 우리 안에 있다"라고 말하면서 그 '누군가'를 '꼭 기억하라'고 조언한다. 그렇다면 우리 안에 있는 누군가의 실체는 무엇일까? 그것은 융이 말한 '진정한 자아'다. 싱클레어가 고백한 '나 자신' 혹은 '자기 자신'이다.

"나는 다만 내 마음속에서 저절로 우러나오는 삶을 살아가려고 했을 뿐이다. 그것이 어째서 그토록 어려웠을까?" (133쪽)

싱클레어가 추구하는 삶은 '마음속에서 저절로 우러나오는 삶'이다. 그 삶은 일시적 충동이나 욕망에 따라 "그때그때 임의로 정한 운명"이 아니다. 바로 '나 자신'이 내면적 필연성에 따라 '불굴의 의지'로 끝까지 살아내야 하는 '고유한 운명'이다. 이 길을 간다는 것은 결코 쉽지 않지만 마지막 호흡이 멈출 때까지 기어이 가야만 하는 길이다. 단 한 점의 위선과 단 한 겹의 가식조차 바람 속에 허허로이 흩어버리고 '진실' 그 자체로 마주할 수 있는 '자기 자신'과 하나가 되는 길이기 때문이다.

싱클레어는 인습과 규범에 얽매인 세상의 낡은 가치관과 부딪치며 방황의 긴 터널을 통과한다. 그 어두운 미로를 빠져나오기 전까지 그는 쓰디쓴 모래알을 씹는 듯한 좌절의 아픔 속에서 고독의 열병을 앓는다. 고통의 가시덤불에서 벗어나려고 술[酒]과 유희의 세계로 도피하기도 한다. 하지만 괴테의 희곡 『파우스트』에서 흘러나오는 명문장이 떠오른다. "인간은 노력하는 한 방황하기 마련이다. (…) 선한 인간은 어두운 충동 속에서도 결코 옳은 길을 잊지 않는다." 이 문장이 마치 싱클레어의 인생을 내다보는 투시안透視眼 같다는 생각이 든다. 그가 겪은 방황과 절망과 충동은 '자기 자신'이라는 진정한 자아의 해안에 발을 디디려면 헤쳐 나가야 하는 거친 풍랑이었을 뿐이다.

오르간 연주자 피스토리우스와의 대화는 싱클레어 마음속에 잠잠히 가라앉아 있던 데미안의 조언을 생수처럼 끌어올리는 마중물이 되었다. 싱클레어는 "태어나려고 하는 자는 하나의 세계를 깨뜨려야 한다"라는 데미안의 말을 마침내 '나 자신에게 이르는 길'의 로드맵으로 삼는다. 데미안과 피스토리우스 두 사람은 싱클레어로 하여금 '자기 자신에게 이르러야 하는' 고유한 운명을 확신하게 해 준 든든한 조력자였던 것이다.

싱클레어가 가장 나다운 '나 자신'과 합일하는 자아실현에 이르기까지 가장 큰 도움을 준 사람은 데미안이다. 하지만 또 다른 측면에서 보면 데미안은 싱클레어의 마음속에서 사는 그의 '진정한 자아'이기도 하다. 학창 시절 그의 눈에 비친 데미안의 얼굴은 도무지 10대 소년의 모습으로 보이지 않는다. 데미안은 일천 년의 세월을 살아낸 듯 시간의 장벽을 훌쩍 뛰어넘어 다른 차원의 세계에서 살아가는 야릇한 향기를 발산한다. 이는 소설에서 데미안이 단지 특정한 작중인물로만 존재하는 것이 아님을 의미한다. 싱클레어가 도달하려는 성숙의 정점에 앉아 있는 그의 '자아'가 곧 데미안이라는 것을 말해 준다.

시간과 공간을 초월하여 의식과 무의식의 양쪽 세계를 언제든 막힘없이 넘나들며 바깥 세계와 내면세계를 하나의 총체적 세계로 통합하는 싱클레어의 자아가 '데미안'이라는 형상으로 발현되었다고 볼 수 있다. 그렇다면 데미안은 거울 속에 비친 싱클레어 '자신'이며 그림 속에 묘사된 싱클레어의 자화상이다. 소설의 마지막 문장이 이를 대변한다.

"하지만 이따금 열쇠를 찾아내 마음의 문을 열고 나 자신 안으로 침잠해 들어가면, 운명의 모습들이 어두운 거울 속에 잠들어 있는 곳으로 온전히 침잠해 들어가 검은 거울 위로 허리를 굽히기만 하면, 내 모습이 뚜렷이 보인다. 내 친구이자 안내자인 데미안, 그를 꼭 닮은 내 모습이." (231쪽)

우리 시대의 젊은이들에게 주는 『데미안』의 메시지

칸트는 『도덕형이상학 정초』에서 "인간은 목적 그 자체로 존재하며 단지 이런저런 의지가 마음대로 사용할 수 있는 수단이 아니다"라고 말했다. 그러나 지금의 우리는 '목적 그 자체'로 존중받기보다는 돈과 기술을 소유하려는 수단으로 변해 가는 시대를 살고 있지 않은가? 수많은 사람이 물질을 얻는 데 필요한 효용성을 발휘하지 못하면 인간의 존재가치를 인정받지 못하는 '소외'의 아픔을 겪고 있다. 이 아픔의 굴레에서 벗어나려고 의안義眼처럼 굳은 눈으로 저마다 자본의 황금성城을 향해, 테크노 신神의 바벨탑을 향해 앞만 보고 달려가는 풍조가 짙어져 간다.

우리 시대의 젊은이들은 이렇듯 물질만능주의와 기술만능주의가 기괴하게 결합된 시대의 한복판으로 내던져졌다. 수많은 젊은이가 가장 나다운 '나 자신'의 정체성을 발견하지 못하고 스스로 걸어가야 할 '운명'의 길을 찾지 못한 채 방황하고 있다. '자기 자신'이 진심으로 원하는 꿈이 아닌 이 시대 대중이 선호하는 '꿈'의 푯대를 향해 획일화된 인생의 레일을 질주하는 젊은이들이 점점 더 많아진다. 지금은 그 질주에 잠시 브레이크를 걸고 방향을 돌려보자. 『데미안』의 주인공 싱클레어가 그랬던 것처럼 "마음의 문을 열고 나 자신 안으로 침잠해 들어가" 보자. 마음속 깊은 곳에 잠들어 있는 '나 자신'을 깨워 보자. 이 시대의 풍조에 따라 인위적으로 만들어진 꿈의 허상을 '알'을 깨뜨리듯 산산이 부수고 '나 자신'이 갈망하는 나만의 꿈의 하늘로 날아오르자…

헤르만 헤세 연보

1877년 7월 2일 독일 남부 뷔르템베르크주의 소도시 칼브에서 개
        신교 선교사이던 아버지 요하네스 헤세와 어머니 마리 군
        더르트(1842~1902) 사이의 장남으로 태어났다. 외할아버
        지 헤르만 군더르트는 저명한 인도학자이자 선교사였다.
1881년 부모님과 함께 스위스 바젤로 이사했다.
1883년 아버지가 스위스 국적을 얻었다.
1886년 아홉 살 때 다시 칼브로 돌아와 칼브 라틴어 학교의 2학
        년에 편입했다.
1890년 신학교 입학시험을 준비하려고 괴핑엔의 라틴어 학교에
        다녔다. 뷔르템베르크 국가시험에 합격해 신학자가 되는
        첫 번째 관문을 통과했다. 아버지가 뷔르템베르크 국적을
        다시 얻었다.
1891년 열네 살 때 명문 개신교 신학교이자 수도원인 마울브론 기
        숙신학교에 입학했으나 7개월이 지난 1892년 3월에 신학
        교에서 도주하였다. '시인 말고는 아무것도 되지 않겠다'는
        것이 그 이유였다.
1892년 6월에 짝사랑 때문에 자살을 기도한 뒤 정신요양원에서
        생활했다. 11월에 칸슈타트 김나지움에 입학했다.
1893년 김나지움의 학업을 중단하고 10학년 수료 검정고시에 합
        격했다. 에슬링엔의 한 서점에서 판매원 견습을 시작했지
        만 사흘 만에 그만두었다.
1894년 칼브의 시계부품 공장에서 견습공으로 일했다.

250

1895년	튀빙엔의 헤켄하우어 서점에서 견습사원으로 일하며 글을 쓰기 시작했다.

1898년	첫 시집 『낭만의 노래(Romantische Lieder)』를 출간했다.

1899년	산문집 『한밤중의 한 시간(Eine Stunde hinter Mitternacht)』을 펴냈다. 가을에 바젤의 라이히 서점으로 옮겨 1901년 1월까지 근무했다.

1901년	처음으로 이탈리아를 여행했으며 『헤르만 라우셔의 유작과 시(Hinterlassene Schriften und Gedichte von Hermann Lauscher)』를 발표했다.

1902년	『시집(Gedichte)』을 발간했으며 어머니가 사망했다.

1903년	서점을 그만두고 이탈리아를 두 번째로 여행했다.

1904년	소설 『페터 카멘친트(Peter Camenzind)』를 발표했다. 이 책은 제1차 세계대전이 시작될 즈음에 6만 부 이상 판매되면서 경제적 안정 속에서 문학의 길에 전념하게 해주었다. 아홉 살 연상으로 수학가 가문 출신인 마리아 베르누이(1868~1963)와 결혼했다. 보덴 호숫가의 가이엔호펜으로 이주했다.

1905년	큰아들 브루노가 태어났다.

1906년	소설 『수레바퀴 아래서(Unterm Rad)』를 펴냈다. 신학교 경험을 담아 자서전적 요소가 많은 작품이다.

1907년	중단편 소설집 『이편에서(Diesseits)』를 발간했으며 1912년까지 월 2회 발행하는 잡지 『3월』의 공동 발행인으로 활동했다.

1908년	단편집 『이웃 사람들(Nachbarn)』을 발간했다.

1909년	둘째 아들 하이너가 태어났다. 취리히, 독일, 오스트리아로 강연 여행을 다녔으며 빌헬름 라베를 방문했다.

1910년   음악소설 『게르트루트(Gertrud)』를 발간했다.

1911년   시집 『도상에서(Unterwegs)』를 발간했다. 셋째 아들 마르틴이 태어났다. 절친한 화가 한스 슈트르체네거와 함께 인도를 여행했다.

1912년   단편집 『에움길(Umwege)』을 발간했다. 가족과 독일을 떠나 스위스 베른으로 이주했다.

1913년   『인도에서. 인도 여행기(Aus Indien. Aufzeichnungen von einer indischen Reise)』를 발간했다.

1914년   장편소설 『로스할데(Roßhalde)』를 펴냈다. 이 소설은 예술 창작을 인생의 가장 귀한 것으로 여기는 화가의 이야기다. 제1차 세계대전이 일어나자 입대를 자원했으나 현역 복무 부적격 판정을 받고 베른의 독일 공사관에 배치되어 전쟁 포로 후생사업을 맡았다. 독일, 스위스, 오스트리아 잡지에 극단적 애국주의를 비평하는 글을 기고해 매국노라는 비난을 받았다.

1915년   소설 『크눌프, 크눌프 인생의 세 가지 이야기(Knulp, Drei Geschichten aus dem Leben Knulps)』와 시집 『고독한 자의 음악(Musik des Einsamen)』, 단편집 『길에서(Am Weg)』를 펴냈다.

1916년   단편집 『청춘은 아름다워라(Schön ist die Jugend)』를 펴냈다. 아버지의 죽음, 아내의 정신병 악화와 입원, 막내아들 마르틴의 중병에 자신의 신병까지 겹쳐 정신적 위기에 빠졌다. 정신분석학자 카를 구스타프 융의 제자 요제프 베른하르트 랑에게 다음 해까지 심리치료를 받았다.

1917년   에밀 싱클레어라는 이름으로 신문과 잡지에 글을 기고했다.

1919년   에밀 싱클레어라는 가명으로 소설 『데미안, 에밀 싱클레어의 젊은 날의 이야기(Demian-Die Geschichte von Emil Sinclairs Jugend)』를 발표해 인기를 끌며 신인 작가에게 주어지는 폰타네 신인 문학상을 받았다. 『동화집(Märchen)』, 단편집 『작은 정원(Kleiner Garten: Erlebnisse und Dichtungen)』, 정치평론집 『차라투스트라의 귀환(Zarathustras Wiederkehr)』을 펴냈다. 이해 봄에 홀로 스위스 남부 테신주의 산마을 몬타뇰라로 이주한 뒤 집필에 전념했다. 월간지 『생명의 절규』를 공동 발행했다.

1920년　『데미안』이 헤세 본인의 작품임을 고백하고 폰타네 신인 문학상을 반납했다. 수필집 『방랑(Wanderung)』, 『혼란 속으로 향한 시선(Blick ins Chaos)』, 시화집 『화가의 시(Gedichte des Malers)』, 단편집 『클링조어의 마지막 여름(Klingsors letzter Sommer)』을 발간했다. 정신적 안정을 찾기 위해 수채화를 많이 그렸다.

1921년　『시선집(Ausgewählte Gedichte)』을 간행하고 카를 구스타프 융에게 심리치료를 받았다. 화집 『테신에서 그린 11편의 수채화』를 발간했다.

1922년　소설 『싯다르타(Siddhartha)』를 간행했다.

1923년　산문집 『싱클레어의 비망록(Sinclairs Notizbuch)』을 발간했다. 취리히 부근 바덴에서 요양 생활을 시작했으며 부인 마리아 베르누이와 정식으로 이혼했다.

1924년　스위스 국적을 취득하고 스무 살 연하의 루트 뱅어와 재혼했다.

1925년　소설 『요양객(Kurgast)』을 발간했으며 작가 토마스 만을 방문했다.

1926년　『그림책: 묘사(Bilderbuch: Schilderungen)』를 발간했다. 프

로이센 예술원 회원에 피선되었으나 1930년 탈퇴했다.

1927년   소설『뉘른베르크 여행(Die Nürnberger Reise)』, 소설『황야
       의 이리(Der Steppenwolf)』를 발간했다. 50세 생일을 맞아 후
       고 발이 헤세의 전기를 펴냈다. 루트 벵어와 이혼했다.

1928년   수상록『관찰(Betrachtungen)』과 시집『위기(Krisis)』를 발
       간했다.

1929년   시집『밤의 위안(Trost der Nacht)』, 산문집『세계문학 도서
       관(Eine Bibliothek der Weltliteratur)』을 발간했다.

1930년   장편소설『나르치스와 골드문트(Narziß und Goldmund)』를
       발간했다.

1931년   열여덟 살 연하의 예술사가 니돈 돌빈(1895~1966)과 삼혼
       했다.『내면으로 가는 길(Weg nach Innen)』을 발간하고『유
       리알 유희(Das Glasperlenspiel)』를 집필하기 시작했다.

1932년   소설『동방 순례(Die Morgenlandfahrt)』를 간행했다.

1933년   단편집『작은 세상(Kleine Welt)』을 발간했다.

1934년   시선집『생명의 나무에서(Vom Baum des Lebens)』를 발간
       했다.

1935년   단편집『우화집(Fabulierbuch)』을 발간했다.

1936년   전원시집『정원에서 보내는 시간(Stunden im Garten)』을 발
       간했으며 고트프리트 켈러 문학상을 받았다.

1939년   제2차 세계대전이 진행되는 동안 히틀러의 전체주의와 독
       일의 침략전쟁을 비판했다는 이유로 1945년 종전까지 헤
       세 작품의 독일 내 출판이 금지되었다.

1942년   시전집으로『시집(Gedichte)』을 취리히의 프레츠 운트 바
       스무트 출판사에서 발간했다. 독일에서『유리알 유희』의
       출판 허가가 취소되었다.

1943년   장편소설 『유리알 유희(Das Glasperlenspiel)』를 취리히의 프레츠 운트 바스무트 출판사에서 발간했다.

1945년   『복숭아나무와 다른 이야기들(Der Pfirsichbaum und andere Erzählungen)』, 동화집 『꿈의 여정: 새로운 이야기와 동화(Traumfährte: Neue Erzählungen und Märchen)』, 1907년 집필한 미완성 소설 『베르톨트(Berthold)』를 발간했다.

1946년   헤세의 작품이 독일에서 출판 허가를 받아 주어캄프 출판사에서 출간되기 시작했다. 『유리알 유희』로 노벨 문학상을 수상했으며 프랑크푸르트시의 괴테 문학상도 받았다. 『괴테 덕분에(Dank an Goethe)』, 『유럽인(Der Europäer)』, 전쟁과 정치에 대한 시사평론집 『전쟁과 평화(Krieg und Frieden)』를 발간했다.

1947년   스위스 베른 대학에서 명예박사 학위를 받았고, 고향 칼브시의 명예시민이 되었다.

1950년   브라운슈바이크시가 수여하는 빌헬름 라베 문학상을 받았다.

1952년   75세 생일 기념으로 주어캄프 출판사에서 6권짜리 『작품 선집』을 발간했다.

1954년   동화 『픽토르의 변신(Piktors Verwandlungen)』, 『헤르만 헤세와 로맹 롤랑이 주고받은 편지들 Briefwechsel: Hermann Hesse-Romain Rolland』을 발간했다.

1955년   독일 서적협회로부터 평화상을 받았다.

1956년   헤르만 헤세 문학상이 제정되었다.

1957년   80세 생일을 기념하여 『헤세 전집(Gesammelte Schriften)』을 발간했다.

1962년   8월 9일 뇌출혈로 몬타뇰라에서 영면했다.

데미안

초판 1쇄 발행 2025년 04월 25일

지은이 헤르만 헤세
옮긴이 송용구
펴낸이 최훈일

펴낸곳 시간과공간사
출판등록 제2015-000085호
주소 (10594) 경기도 고양시 덕양구 통일로 140 삼송테크노밸리 A동 351호
전화 (02) 325-8144(代)
팩스 (02) 325-8143
이메일 pyongdan@daum.net

ISBN 979-11-90818-35-3 (03850)

※ 이 책은 저작권법에 따라 보호받는 저작물이므로 무단 전재와 복제를 금지하며, 이 책
   내용의 전부 또는 일부를 사용하려면 반드시 저작권자와 시간과공간사의 서면 동의
   를 받아야 합니다.
※ 잘못된 책은 구입하신 곳에서 바꾸어 드립니다.
※ 책값은 뒤표지에 있습니다.